Living Language™

RUSSIAN
DICTIONARY

RUSSIAN – ENGLISH
ENGLISH – RUSSIAN

REVISED AND UPDATED

THE LIVING LANGUAGE™ SERIES
Basic Courses on Cassette

Spanish*   Russian
French*   Hebrew
German*   Japanese*
Italian*
Portuguese (Continental)
Portuguese (Brazilian)
Advanced Spanish
Advanced French
Children's Spanish
Children's French
English for Spanish Speakers
English for French Speakers
English for Italian Speakers
English for German Speakers
English for Chinese Speakers

*Also available on Compact Disc

Living Language Plus®

Spanish   German
French   Italian

Living Language Travel Talk™

Spanish   Russian
French   Japanese
German   Portuguese
Italian

Living Language Fast & Easy

Spanish   Inglés/English for Spanish Speakers
French   Portuguese
Italian   Korean
Japanese   Mandarin Chinese
German   Hungarian
Hebrew   Arabic
Russian   Czech
Polish

Living Language™

RUSSIAN
DICTIONARY
RUSSIAN – ENGLISH
ENGLISH – RUSSIAN

REVISED AND UPDATED

Revised by Nadya L. Peterson, Ph.D.
Assistant Professor of Russian
University of Pennsylvania

Based on the original
by Aron Pressman

CROWN PUBLISHERS, INC., NEW YORK

This work was previously published under the title *Living Language*™ *Common Usage Dictionary: Russian* by Aron Pressman, based on the dictionary developed by Ralph Weiman.

Published by Crown Publishers, Inc., 201 East 50th Street, New York, NY 10022. Member of the Crown Publishing Group.

Random House, Inc. New York, Toronto, London, Sydney, Auckland

LIVING LANGUAGE and colophon are trademarks of Crown Publishers, Inc.

Library of Congress Catalog Card Number: 58-12894

ISBN 0-517-59055-7

1993 Revised and Updated Edition

Manufactured in the United States of America

CONTENTS

INTRODUCTION

The Living Language™ *Russian Dictionary* lists more than 15,000 of the most frequently used Russian words, gives their most important meanings, and illustrates their use. It also includes a Russian pronunciation chart and a set of common expressions useful in everyday situations. This revised edition contains updated phrases and expressions as well as many new entries related to business, technology, and the media. The following is a short description of the basic features of this dictionary.

1. More than one thousand of the most essential Russian words are indicated by the use of an* to their left.

2. Numerous definitions are illustrated with phrases, sentences, and idiomatic expressions. If there is no close English equivalent for a Russian word, or the English equivalent has several meanings, the context of the illustrative sentences helps to clarify the meaning.

3. Because of these useful phrases, the *Living Language*™ *Russian Dictionary* serves as a phrase book and conversation guide. The dictionary is helpful both to beginners who are building up their vocabulary and to advanced students who want to perfect their command of colloquial Russian.

4. The Russian expressions (particularly the idiomatic and colloquial ones) have been translated to their English equivalents. However, literal translations have been added to help the beginner. This dual feature also makes this dictionary useful for translation work.

RUSSIAN PRONUNCIATION CHART

Vowels

The location of a vowel within a word will determine its pronunciation. There is only one stressed syllable in any given Russian word, and the pronunciation of a vowel will change depending on position within a word in relation to the stressed syllable.

Russian Letters	Approximate Sound in English	Phonetic Symbol	Example
А а (in the first syllable of a word, in the syllable before the stressed syllable, or in the stressed syllable)	(c<u>a</u>lm)	ah	банк (b<u>ah</u>nk) такси́ (t<u>ah</u>k-SEE) познако́мить (poh-zn<u>ah</u>-KAW-meet')
А а (in any syllable following the stressed syllable)	(b<u>u</u>t)	uh	ко́шка (KAWSH-k<u>uh</u>)
А а (after a soft consonant)	(m<u>ee</u>t)	ee	чаевы́е (ch<u>ee</u>-yee-VY-yeh)
Э э (stressed)	(s<u>e</u>t)	eh	э́то (<u>EH</u>-tuh)
Э э (after a soft consonant or at the beginning of word)	(m<u>ee</u>t)	ee	экску́рсия (<u>ee</u>k-SKOOR-see-yuh)
Ы ы*	(sympathy)	y	сын (s<u>y</u>n)
О о (stressed)	(l<u>a</u>w)	aw	ко́шка (KAWSH-k<u>uh</u>)
О о (in the first syllable of a word or the syllable before the stressed syllable)	(c<u>a</u>lm)	ah	оди́н (<u>ah</u>-DEEN) голова́ (gah-lah-VAH)

*No equivalent in English. Y pronounced somewhere between the short i sound of sym- and the long ee sound of -thy in sympathy.

Russian Letters	Approximate Sound in English	Phonetic Symbol	Example
О о (in any syllable after the stressed syllable)	(but)	uh	мя́со (MYAH-suh)
У у	(coo)	oo	у́мка (OOM-kuh)
Я я (stressed)	(yonder)	yah	я́сно (YAH-snuh)
Я я (unstressed)	(bee)	ee	ме́сяц (MYEH-seets)
Е е (stressed)	(yet)	yeh	ме́сто (MYEH-stuh)
Е е (before stressed syllable)	(bee)	ee	метро́ (mee-TRAW)
Е е (after stressed syllable)	(but)	uh	мне́ние (MNYEH-nee-uh)
И и	(bee)	ee	Ни́на (NEE-nuh)
И и	(sympathy)	y	саци́ви (sah-TSY-vy)
Ё ё	(yawn)	yaw	ёлка (YAWL-kuh)
Ю ю	(you)	yoo	ю́бка (YOOP-kuh)

Consonants

Some consonants in Russian make more than one sound. This occurs most often when the consonant is located at the end of a word or syllable. The following list of consonants shows all the variations in pronunciation.

Russian Letters	Approximate Sound in English	Phonetic Symbol	Example
Б б	b (bear)	b	бóчка (BAWHC-kuh)
	p (part)	p	зуб (zoop)
В в	v (very)	v	вокзáл (vahg-ZAHL)
	f (full)	f	автóбус (ahf-TAW-boos)
Г г	g (go)	g	гáлстук (GAHL-stook)
	k (bake)	k	дóг (dawk)
Д д	d (dare)	d	дóктор (DAWK-tuhr)
	t (toll)	t	кóд (kawt)
Ж ж	zh (leisure)	zh	кóжа (KAW-zheh)
	sh (show)	sh	лóжка (LAWSH-kuh)
З з	z (zebra)	z	зáвтра (ZAHF-truh)
	s (sign)	s	рáз (rahs)
Й й	always silent	—	хорóший (khah-RAW-shcc)
Ш ш	sh (show)	sh	шýм (SHOOM)
Щ щ	long sh	sh	ящик (YAH-shyk)
Ъ ъ	silent hard sign (separates vowels and consonants, providing a syllable break	—	объяснять (ahb-yee-SNYAT´)
Ь ь	silent soft sign (softens preceding consonant)	´	плáтье (PLAHT´-yeh)

Vowels combined with й

Although **й** does not make a sound on its own, it does affect the pronunciation of vowels, when placed directly after them.

Russian Letters	Approximate Sound in English	Phonetic Symbol	Example
ой	oy (to<u>y</u>)	oy	**мо́й** (M<u>OY</u>)
ай	ie (t<u>ie</u>)	ahy	**ма́й** (M<u>AHY</u>)
ей	yay (<u>yea</u>)	yay	**друзе́й** (droo-<u>ZYAY</u>)

Intonation

Russian intonation is quite different from English intonation. Here, we will briefly discuss the most common Russian intonational constructions. The first is IC-1, which is characteristic of the declarative sentence. In an IC-1 sentence, the words preceding the point of emphasis in the sentence are pronounced on a level, medium tone, smoothly and without pauses. Those words located after the point of emphasis are pronounced on a lower pitch.

Я хочу́ е́сть.   (yah khah-CHOO yehst')   I want to eat.

The second intonational construction is IC-2, used in interrogative sentences that contain a question word. The stressed word in the sentence is pronounced with a slightly rising tone and strong emphasis. Those words that precede it are pronounced on a lower pitch, with a slight fall on the last syllable.

Кто́ говори́т?   (ktaw gah-vah-REET?)   Who is speaking?

IC-3 is used in interrogative sentences that do not contain a question word. As in IC-1, those words which precede the point of emphasis of the sentence are pronounced on a level, medium tone. The stressed part of the sentence is pronounced in a sharply higher tone, and the rest of the sentence is pronounced on a low pitch with a slight fall at the last syllable, as in IC-1 and IC-2.

Вы́ бы́ли в   (vy BY-lee v   Have you been to
Санкт Петербурге?   Sawnkt Peeteerboorgi?)   St. Petersburg?

EXPLANATORY NOTES

Literal translations are in parentheses. Colloquial is abbreviated to coll.

Gender is indicated by m. for masculine, f. for feminine, n. for neuter.

Case is indicated by nom. for nominative, acc. for accusative, dat. for dative, gen. for genitive, inst. for instrumentative, and prep. for prepositional case.

Other abbreviations are:

adj.	adjective	num.	numeral
adv.	adverb	perf.	perfective verb
conj.	conjunction	pl.	plural
det.	determinate verb	prep.	preposition
dim.	diminutive	pron.	pronoun
imp.	imperfective verb	refl.	reflective verb
impers.	impersonal	sg.	singular
	form of verb	tr.	transitive verb
ind.	indeclinable	v.	verb
indet.	indeterminate verb	v.i.	verb intransitive
interj.	interjection	v.t.	verb transitive
intr.	intransitive verb		

Living Language™

RUSSIAN
DICTIONARY

RUSSIAN – ENGLISH
ENGLISH – RUSSIAN

REVISED AND UPDATED

RUSSIAN—ENGLISH

А

*a but, and, or (first letter of alphabet)
Вот ру́чка, а вот бума́га. Here is a pen, and here is paper.
Не он, а его́ сестра́. Not he, but his sister.
Поторопи́сь, а то опозда́ешь. Hurry, or you'll be late.

абажу́р lampshade
абитурие́нт high school graduate applying to a university
абрико́с apricot
абсолю́тный absolute
абстра́ктный abstract
абсу́рд absurdity
довести́ до абсу́рда to carry to the point of absurdity
абсу́рдный absurd
абсце́сс abscess
ава́нс advance
плати́ть ава́нсом to pay in advance
получа́ть ава́нс в счёт зарпла́ты to receive an advance on salary
авантю́ра adventure, gamble
а́вгуст August
в а́вгусте in August
авиа́тор aviator, pilot
авиа́ция aviation, aircraft
*аво́сь perhaps, maybe
наде́яться на аво́сь to take a chance
на аво́сь on the off chance
автобиогра́фия autobiography
*авто́бус bus
автокра́тия autocracy
*автома́т automatic machine
телефо́н-автома́т pay telephone
автомати́ческий automatic
*автомоби́ль (m.) automobile, car
*автоно́мия autonomy
*а́втор author
*авторите́т authority
по́льзоваться авторите́том to use one's authority
а́вторские royalties (to an author)
а́вторское пра́во copyright
*авторучка fountain pen
автосе́рвис auto mechanic shop
аге́нт agent, factor
аге́нтство agency
агита́тор instigator
агита́ция agitation, propaganda
аго́ния agony
агресси́вный aggressive
агре́ссия aggression
агрикульту́ра agriculture
агробиоло́гия agricultural biology
ад hell

адвока́т lawyer
адвокату́ра legal profession, the bar
занима́ться адвокату́рой to be a practicing attorney
*администра́тор administrator
администра́ция administration, management
*а́дрес address
адресова́ть to address, direct
аза́ртно recklessly
аза́ртно игра́ть to gamble
*а́збука alphabet
азо́т nitrogen
за́кись азо́та nitrous oxide
о́кись азо́та nitric oxide
акаде́мия academy
акваре́ль (f.) watercolor
акварели́ст water-color painter
акко́рд chord
аккордео́н accordion
аккура́тность (f.) accuracy, carefulness, punctuality
аккура́тный careful, neat, punctual
акт act
выпускно́й акт graduation ceremony
обвини́тельный акт indictment
актёр actor
активизи́ровать to make more active, stir up
*акти́вно actively
актри́са actress
актуа́льность (f.) topicality
аку́ла shark
акуше́р, акуше́рка obstetrician (m., f.), midwife
акце́нт accent
акционе́р stockholder
а́кция share
а́кции па́дают shares go down (in value)
а́лгебра algebra
алкого́ль (m.) alcohol
алкого́льный напи́ток alcoholic beverage, strong drink
алкало́ид alkaloid
алле́я avenue, path
алта́рь (m.) altar
алфави́т alphabet
по алфави́ту in alphabetical order
альбо́м album
альтруи́зм altruism, unselfishness
алюми́ний aluminum
амби́ция ambition, self-love, pride
амбулато́рия clinic
Аме́рика America
америка́нец, америка́нка American (m., f.)
америка́нский American (adj.)
*ана́лиз analysis, test
сде́лать ана́лиз кро́ви to take a blood test

анало́гия analogy
анана́с pineapple
анато́мия anatomy
а́нгел angel
англи́йский English
  англи́йская була́вка safety pin
  по-англи́йски in English
англича́нин (m.) Englishman
англича́нка (f.) Englishwoman
анекдо́т anecdote, joke
анке́та questionnaire, survey
  запо́лнить анке́ту to fill in a form
анкети́рование polling, surveying,
  evaluation
анса́мбль musical group
антагони́ст antagonist
антагонисти́ческий antagonistic
антипа́тия antipathy, aversion
  пита́ть антипа́тию к чему́-
  нибу́дь to feel an aversion for
  something
  почу́вствовать антипа́тию к
  кому́-нибу́дь to take a dislike to
  someone
антрополо́гия anthropology
анчо́ус anchovy
аншла́г the "sold out" notice
  Пье́са идёт с аншла́гом. The
  house (play) is sold out every night.
апельси́н orange
аплоди́ровать to applaud, cheer
*аппара́т apparatus, instrument
  фотоаппара́т camera
*аппети́т appetite
  прия́тного аппети́та bon appe.tit
аппети́тный appetizing, tempting
апре́ль (m.) April
*апте́ка drugstore, pharmacy
аранжи́ровать to arrange
арбу́з watermelon
*аре́ст arrest
  взять под аре́ст to arrest
*арифме́тика arithmetic
*а́рмия army
арома́т aroma, fragrance, perfume
арома́тный aromatic, scented
арти́ст, арти́стка artist, master, actor
  (m.,f.)
артисти́ческий artistic
археоло́гия archeology
архите́ктор architect
аспира́нт postgraduate student
аспири́н aspirin
ассортиме́нт selection, assortment
ассоциа́ция association
  по ассоциа́ции by association of
  ideas

а́тлас atlas
атле́т athlete
атмосфе́ра atmosphere
а́томный atomic
  а́томная эне́ргия atomic energy
аттеста́т зре́лости high school diploma
аукцио́н auction
  продава́ть с аукцио́на to sell by
  auction
аутотре́нинг self-training
афи́ша poster, bill, placard
ах! oh!, ah!
а́хать (а́хнуть) to exclaim, gasp, sigh
  он и а́хнуть не успе́л before he
  knew where he was (he didn't even
  have time to gasp)
аэродро́м airfield

Б

ба́бочка butterfly
*ба́бушка grandmother
бага́ж baggage
  ручно́й бага́ж hand or small luggage
  у́мственный бага́ж store of
  knowledge
ба́за base, basis
  подводи́ть ба́зу под что́-нибудь
  to give good grounds for something
  сырьева́я ба́за source of raw materials
  экономи́ческая ба́за economic
  basis
*база́р market
  устро́ить база́р to create an uproar
бази́ровать(ся) (imp.) to be based on,
  rest on, depend
бакале́йный grocer
  бакале́йная ла́вка grocery store
бакала́вр holder of Bachelor of Arts
  degree
  сте́пень бакала́вра Bachelor of
  Arts degree
баклажа́н eggplant
бактериоло́гия bacteriology
*бал dancing party, ball
бала́нс balance
бале́т ballet
*балко́н balcony
бало́ванный spoiled (by indulgence)
*балова́ть to spoil, indulge
ба́ловень pet (about a person),
  favorite
  быть о́бщим ба́ловнем to be a
  general favorite
бана́н banana
*банк bank
*ба́нка jar

бараба́н drum
  бараба́нная перепо́нка eardrum
бара́нина mutton, lamb
  бара́нина жа́реная roast lamb
ба́рхат velvet
барье́р barrier
бассе́йн basin
  бассе́йн для пла́вания swimming pool
  бассе́йн реки́ river basin
*__бастова́ть__ to strike, to go on strike
*__башма́к__ shoe
  быть под башмако́м у жены́ to be henpecked
*__бе́гать, бежа́ть__ to run
  бежа́ть бего́м (спеши́ть) to hurry
  Его́ глаза́ бе́гают. He has roving eyes.
бе́гло fluently, superficially
  Он бе́гло говори́т по-ру́сски. He speaks Russian fluently.
  Я бе́гло просмотре́л кни́гу. I looked the book over superficially.
бего́м running, double-quick
  Беги́ бего́м! Hurry! (Come on the double!)
*__беда́__ misfortune, trouble
  Быть беде́! Look out for trouble!
  В то́м-то и беда́. That's just the trouble.
  Не беда́. It doesn't matter.
бедне́ть (обедне́ть) to become poor
*__бе́дность__ (f.) poverty
  Бе́дность не поро́к. Poverty is not a vice.
  бе́дность по́чвы poverty of the soil
бе́дный poor, unfortunate
бедня́га, бедня́жка poor fellow, poor thing (m., f.)
бедро́ thigh
*__бе́дствие__ calamity, disaster
*__без__ without (prep. with gen.)
безбе́дно comfortably
  жить безбе́дно to be fairly well off financially
безболе́зненный painless
безви́нный innocent, guiltless
безвку́сие lack of taste
безвку́сный tasteless
безво́лие lack of will
безвре́дный harmless, innocuous
безвре́менно untimely
безвре́менье hard times
*__безгра́мотность__ illiteracy
безгра́мотный illiterate
безда́рно untalented
безда́рность (f.) mediocrity, lack of talent
безде́йствие inactivity
безде́льничать (imp.) to idle, loaf
безду́шный heartless, callous

безжи́зненный lifeless, insipid
*__беззабо́тный__ carefree, lighthearted
беззако́нный lawless, unlawful
застенчивый shameless, impudent
беззащи́тный defenseless, unprotected
беззву́чный soundless, silent
*__безнадёжность__ (f.) hopelessness
безнадзо́рность (f.) neglect
*__безнра́вственность__ (f.) immorality
безнра́вственный immoral, dissolute
*__безобра́зие__ outrage, disgrace
  Там творя́тся безобра́зия. Disgraceful things are going on there.
  Что за безобра́зие! It's scandalous!
*__безопа́сность__ (f.) safety, security
безотве́тственность (f.) irresponsibility
*__безрабо́тица__ unemployment
безразли́чие indifference
безразли́чно indifferently
  Мне соверше́нно безразли́чно. It's all the same to me.
безу́мец madman
безу́мие folly, insanity
  люби́ть до безу́мия to be madly in love
безу́мно madly, terribly
  быть безу́мно уста́лым to be terribly tired
  люби́ть безу́мно to love madly
*__безусло́вно__ undoubtedly, absolutely
безуспе́шно unsuccessfully
безыску́сственный unaffected, simple
бейсболи́ст baseball player
бейсбо́льный baseball (adj.)
беко́н bacon
бе́лка squirrel
беллетри́ст fiction writer
беллетри́стика fiction
белоку́рый blond, fair-haired
  белоку́рая же́нщина blonde (woman)
*__бе́лый__ white
белье́ linen
  ни́жнее белье́ underwear
  посте́льное белье́ bedclothes
бензи́н benzine, gasoline
бе́рег shore, coast, bank
берёза birch tree
бере́менная pregnant
бере́чь (сбере́чь) to guard, save, take care of
  бере́чь своё вре́мя to make the most of one's time
  бере́чь своё здоро́вье to take care of one's health
  бере́чь та́йну to keep a secret
бес demon, devil

бесе́да conversation, talk
бесе́довать (imp.) to converse, talk
бесконе́чно infinitely, endlessly
бесконе́чность (f.) endlessness, eternity
беспа́мятность (f.) forgetfulness
беспа́мятство unconsciousness, frenzy
*бесплáтно free of charge, gratis
бесподо́бный matchless, incomparable
*беспоко́ить to worry, to disturb
*беспоко́иться to be anxious, to worry about
    Не беспоко́йтесь. Don't trouble yourself. Don't worry.
беспоко́йный troubled, uneasy
бесполе́зность (f.) uselessness
*беспо́мощность helplessness
*беспоря́док disorder, confusion
беспричи́нно without cause, without reason
беспу́тный dissipated, dissolute
бессерде́чность (f.) heartlessness, callousness
бесси́льный feeble, weak, helpless
бессме́ртный immortal
бессмы́сленно senselessly, foolishly
бессо́вестный dishonest, unscrupulous
бессты́дный shameless
беста́ктный tactless
бестсе́ллер best-seller
бесце́льный aimless
бесце́нный priceless, invaluable, beloved
бесче́стить (обесче́стить) to disgrace, dishonor
бесчу́вственный unfeeling, insensible
    бесчу́вственный челове́к unfeeling person
    находи́ться в бесчу́вственном состоя́нии to be unconscious
бе́шенство fury, rage
    довести́ до бе́шенства to drive wild
библиоте́ка library
Би́блия Bible
бизнесме́н businessman
бикарбона́т bicarbonate
биле́т ticket
биллио́н billion
бино́кль binoculars
бинт bandage
бинтова́ть (забинтова́ть) to bandage
*биогра́фия biography
био́лог biologist
биоло́гия biology
биосвя́зь ESP
биохи́мик biochemist
биохи́мия biochemistry

биполя́рность (f.) bipolarity
би́ржа stock exchange, stock market
бирю́к lone wolf, morose fellow
    смотре́ть бирюко́м to look sullen
бис encore
бисульфа́т bisulphate
*бить (поби́ть) to beat, hit, struggle against
    бить в цель to hit the mark
    бить в ладо́ши to clap hands
    бить ключо́м to be in full swing
    бить на эффе́кт to strike for effect
    бить трево́гу to sound the alarm
би́ться to fight with, hit, strike, beat
    би́ться над зада́чей to struggle with a problem
    как он ни би́лся no matter how he tried
    Се́рдце си́льно бьётся. The heart is beating hard.
*бифште́кс steak
    бифште́кс натура́льный regular steak
    бифште́кс ру́бленый chopped steak
бла́го blessing, good
    Жела́ю вам всех благ. I wish you every happiness.
*благодари́ть (поблагодари́ть) to thank
благода́рность (f.) gratitude, thanks
благода́рный grateful
благодаря́ thanks to (with dat.)
    благодаря́ тому́, что thanks to the fact that
благоду́шие good humor, placidity
благонра́вие good behavior
*благополу́чно all right, well
    Всё ко́нчилось благополу́чно. Everything ended happily.
благослове́ние blessings
благотвори́тель (m.) philanthropist, benefactor
блаже́нство bliss, felicity
    на верху́ блаже́нства in perfect bliss
бледне́ть (побледне́ть) to grow pale
    бледне́ть от стра́ха to blanch with terror
*бле́дность (f.) pallor, colorlessness
блеск luster, brilliance
*блесну́ть flash, make a brilliant display
    Блесну́ла мо́лния. Lightning flashed.
    У меня́ блесну́ла мысль. An idea flashed across my mind.
    Он лю́бит блесну́ть свои́м умо́м. He likes to show off his wit.
*блесте́ть shine, glitter, sparkle
    глаза́ блестя́т eyes sparkle

Он ниче́м не бле́щет.   He does not shine in anything.

блестя́ще   brilliantly

    Дела́ иду́т блестя́ще.   Things are going excellently.

*близ   near (prep. with gen.)

бли́зиться   to draw near, to approach

бли́зкий   near, close, similar (to)

    бли́зкий ро́дственник   close relative

    бли́зкий по ду́ху челове́к   kindred spirit

*бли́зко (от)   near

близнецы́   twins

*близору́кий   nearsighted

бли́нчики   pancakes

*блонди́н, блонди́нка   blond or fair-haired person (m.,f.)

*блу́зка   blouse

блю́до   dish, course

    его́ люби́мое блю́до   his favorite dish

    обе́д из трёх блюд   three-course dinner

*Бог   God

    ра́ди бо́га   for God's sake

богате́ть (разбогате́ть)   to grow rich

бога́тство   wealth

    есте́ственные бога́тства   natural resources

*бога́тый   rich, wealthy

*бо́дрый   cheerful, brisk

боже́ственный   divine

*бо́йкий   smart, sharp, ready

    бо́йкий ум   ready wit

*бок   side

    сбо́ку   from the side

    на боку́   sideways

*бо́лее   more

*боле́знь   (f.) illness, disease

*боле́ть (заболе́ть)   to ache, hurt

    У меня́ боли́т голова́.   I have a headache.

    У него́ боля́т зу́бы.   His teeth ache. He has a toothache.

боль   (f.) pain, heartache

    душе́вная боль   mental suffering

*больни́ца   hospital

*бо́льно   painful

    Ему́ бо́льно.   He is in pain.

    ему́ бо́льно, что   it grieves him that

больно́й   sick

    больно́е воображе́ние   morbid imagination

    больно́й вопро́с   sore subject

*бо́льше   more

    бо́льше всего́   most of all

    бо́льше никогда́   never again

    Он бо́льше не живёт там.   He doesn't live there anymore.

болта́ть   to chatter, babble

    болта́ть глу́пости   to talk nonsense

болту́н, болту́нья   chatterbox (m., f.)

*большинство́   majority

*большо́й   big

    Большо́е спаси́бо.   Thanks a lot.

бормота́ть (пробормота́ть)   to mutter, mumble

бо́рный   boric

    бо́рная кислота́   boric acid

*борода́   beard

*боро́ться   to fight, contend, struggle

    боро́ться с сами́м собо́й   to struggle with oneself

*борьба́   struggle, fight, wrestling

*босико́м   barefooted

*бося́к   hobo

*боти́нок   boot

боя́знь   (f.) dread, fear

*боя́ться   to fear

    Бою́сь сказа́ть.   I am afraid to say.

    Бою́сь, что он не придёт.   I am afraid he won't come.

    Не бо́йся.   Don't worry. Don't be afraid.

* брак   marriage, wedlock; defective goods

*брат   brother

    двою́родный брат   first cousin

*брать (взять)   to take

    брать взаймы́   to borrow

    брать на себя́ сме́лость   to take the liberty

    брать себя́ в ру́ки   to pull oneself together

бра́ться (взя́ться)   to undertake, begin

    бра́ться за чте́ние   to begin to read

    Он взя́лся за э́ту рабо́ту.   He undertook the work.

бред   delirium

бриллиа́нт   diamond

бри́тва   razor

бри́тый   clean-shaven

*бри́ть-ся (побри́ть-ся)   to shave (oneself)

бровь   (f.) eyebrow

броди́ть   to wander, roam, rove (only by foot)

бром   bromide

    бро́мистый ка́лий   potassium bromide

*броса́ть (бро́сить)   to throw, cast

    броса́ть взгля́д   to cast a look

    броса́ть ка́мни   to throw stones

    броса́ть кури́ть   to give up smoking

    броса́ть семью́   to desert one's family

броса́ться (бро́ситься)   to throw oneself, to dash

    броса́ться на по́мощь   to rush to help

броса́ться на ше́ю кому́-нибу́дь
to throw one's arms around someone's neck
брошю́ра pamphlet
*брю́ки trousers
*брюне́т, брюне́тка dark-haired
person, brunet, brunette
*бу́дет that will do, that's enough
Бу́дет тебе́ пла́кать! Stop crying!
буди́льник alarm clock
*буди́ть (разбуди́ть) to awaken
*бу́дто as if, as though, apparently
Говоря́т, бу́дто он уе́хал. It
seems (they say) that he has gone
away.
У вас тако́й вид, бу́дто вы не
по́няли. You look as if you did not
understand.
бу́дущее (noun) the future
в бу́дущем in the future
бу́дущий future
на бу́дущей неде́ле next week
*бу́ква letter (of the alphabet)
буква́льно literally, word for word
*бу́лка roll of (bread)
бульва́р avenue, boulevard
*бума́га document, paper
бума́жник wallet
бума́жный cotton, paper
бума́жная мате́рия cotton material
бу́рный stormy
*бу́ря tempest, bad storm
*бутербро́д sandwich
*буты́лка bottle
*быва́ть to be sometimes
быва́ет, что it happens that
Ве́чером он быва́ет до́ма. He is
at home in the evenings.
Он когда́-то ча́сто быва́л у них.
At one time he visited them often.
*бы́вший former
бы́вший президе́нт former president
*бы́стро rapidly
быстрота́ speed
бы́стрый quick, rapid
бытовы́е отхо́ды household
refuse
*быть to be
бюдже́т budget

В

*в to, into—direction (with acc.) in,
at—location (with prep.)
в 1944 году́ in 1944
в слу́чае, е́сли if, in case
в три часа́ at three o'clock
в четве́рг on Thursday
в январе́ in January

Я иду́ в го́род. I am going to the
city.
Я живу́ в го́роде. I live in the city.
*ваго́н railway car
ва́жничать to put on airs
ва́жно importantly
Ва́жно, что он пойдёт. It is
important that he go.
*ва́жный important, pompous
ва́за vase, bowl
*вака́нсия vacancy
вальс waltz
*ва́нна bath
приня́ть ва́нну to take a bath
ва́нная bathroom
ва́режки mittens
*варёный boiled, cooked
*варе́нье jam, preserves
вариа́ция variation
*вари́ть (свари́ть) boil, cook
вари́ть-ся (свари́ть-ся) to be cooking
*ваш, ва́ша, ва́ше, ва́ши your,
yours
*вбира́ть to absorb
введе́ние introduction, preface
вводи́ть (ввести́) to introduce
ввести́ зако́н в де́йствие to
implement a law
вводи́ть кого́-нибудь в
заблужде́ние to lead someone
astray
вводи́ть мо́ду to introduce a fashion
*вдво́е double, twice
вдво́е бо́льше twice as much
вдво́е ме́ньше half as much
Мы вдвоём пошли́. The two of us
went.
вдова́ widow
вдове́ц widower
*вдоль along (prep. with gen.)
вдохнове́ние inspiration
*вдруг suddenly
вду́мчивость (f.) thoughfulness
ведро́ (с му́сором) trash can
веду́щий leading, chief
веду́щий (телепереда́чи) TV-show
host
*ве́жливость (f.) politeness, courtesy
ве́жливый polite, courteous
*везде́ everywhere
*век century, epoch
Век живи́, век учи́сь. Live and
learn.
ве́ксель (m.) promissory note, bill of
exchange
*вели́кий great, big
*великоду́шно generously, magnan-
imously
*великоле́пно splendidly, fine
*велосипе́д bicycle

*ве́на vein
вентиля́тор ventilator, fan
*венча́ть (повенча́ть) to marry (in church)
*ве́ра faith, belief
*верёвка rope, cord, string
ве́рить (пове́рить) to believe, trust
*ве́рно right, correctly
  ве́рно говори́ть to speak correctly
  ве́рно петь to sing on key
  соверше́нно ве́рно quite right
*верну́ть (ся)—see возвраща́ть (ся)
ве́рный correct, right, faithful
  ве́рный друг true friend
вероя́тность (f.) probability
  по всей вероя́тности in all probability
вертика́льно vertically
*верх top, head
  е́здить верхо́м to ride horseback
  одержа́ть верх to gain the upper hand
верши́на top, summit
*вес weight, influence
  изли́шек ве́са overweight
  име́ть большо́й вес to be very influential
  приба́вить в ве́се to put on weight
  уде́льный вес specific weight or gravity
весели́ться to enjoy oneself
*весёлый cheerful, gay
*весна́ spring
  весно́й in the spring
*вести́, води́ть (повести́) to lead, conduct
  вести́ войну́ to carry on a war
  вести́ дом to manage a household
  вести́ собра́ние to conduct a meeting
  Куда́ ведёт э́та доро́га? Where does this road lead?
  Он о́чень пло́хо ведёт себя́. He behaves badly.
*весь, вся, всё, все all, the whole
  во весь го́лос at the top of one's lungs
  всего́ хоро́шего all of the best
  всё же all the same
  всё-таки nevertheless
весьма́ very, extremely
*ве́тер wind, breeze
ве́тхий decrepit, dilapidated
  ве́тхое пла́тье threadbare clothes
*ве́чер evening, evening party
  ве́чером in the evening
*вечери́нка evening party
*ве́чный eternal, everlasting
*ве́шалка clothes stand, hanger
*ве́шать (пове́сить) to hang up
  ве́шать го́лову to hang one's head, be dejected
*вещь (f.) thing
  Вот э́то вещь! That's something like it!
  Э́то хоро́шая вещь. That's a good thing.
взад и вперёд to and fro
взаи́мно mutually
  взаи́мная по́мощь mutual aid
взаперти́ locked up
  жить взаперти́ to live in seclusion
взволно́ванно with emotion, with agitation
*взгляд look, stare, glance
  бро́сить взгляд to cast a glance
  на мой взгляд in my opinion
  на пе́рвый взгляд on first sight
*вздор nonsense
вздох deep breath, sigh
*вздыха́ть (вздохну́ть) to breathe, heave a sigh, yearn for
*взро́слый grown-up, adult
взрыв explosion, outburst
  взрыв сме́ха outburst of laughter
*взять—see брать
*вид appearance, view
  вид из окна́ view from the window
  име́йте в виду́ keep in mind, take notice (imperative)
  У вас уста́лый вид. You look tired.
видеомагнитофо́н VCR
*ви́деть (уви́деть) to see
ви́димо apparently
*ви́дно visible, clear
  всем бы́ло ви́дно, что it was clear to everyone that
визи́т call, visit
  прийти́ с визи́том к кому́-нибу́дь to pay someone a visit
*ви́лка fork
  электри́ческая ви́лка electric plug
вина́ fault, guilt
  Ва́ша вина́. It's your fault.
  свали́ть вину́ на кого́-либо to put the blame on someone
виндсерфинг wind-surfing
*вино́ wine
*винова́тый guilty
  Я винова́т. It's my fault.
виногра́д grapes
*висе́ть to hang, be suspended
  Пальто́ виси́т в шкафу́. The coat is hanging in the closet.
витри́на display window
*ви́шня cherry
вкла́дывать (вложи́ть) to put in, insert
  вкла́дывать в конве́рт to enclose in an envelope
  вкла́дывать всю ду́шу во что́-либо to put one's whole soul into something
*включа́ть (включи́ть) to include, insert
  включа́ть ра́дио to switch on the radio
*вкус taste
  быть го́рьким на вкус to taste bitter
  одева́ться со вку́сом to dress tastefully

челове́к со вку́сом a man of taste
Э́то не по моему́ вку́су. That's not to my taste.
вку́сный tasty
владе́ть to own, possess, control
владе́ть аудито́рией to hold one's audience
владе́ть свое́й те́мой to be master of one's subject
владе́ть собо́й to control oneself
*власть (f.) power, authority, rule
*влия́ние influence, authority
влия́ть (повлия́ть) to influence
влюблённый in love
влюблённая па́ра loving couple
*влюбля́ться (влюби́ться) to fall in love
вме́сте together
*вме́сто instead of (prep. with gen.)
вме́шивать-ся (вмеша́ть-ся) to interfere, implicate
вме́шиваться в чужи́е дела́ to meddle with other people's business
*внача́ле at first, in the beginning
*вне outside (prep. with genitive)
вне зако́на illegal
вне себя́ от ра́дости beside oneself with joy
вне сомне́ния without a doubt
вне́шний outward, outer
вне́шний вид outer appearance
вне́шняя поли́тика foreign policy
вниз down, downward
спуска́ться вниз to go down, descend
*внизу́ below
Он внизу́. He is down below.
*внима́ние attention
обрати́ть внима́ние to pay attention
внима́тельно carefully, attentively
*внук grandson
вну́тренний inner, internal
вну́тренние боле́зни internal diseases
вну́тренние причи́ны intrinsic causes
*внутри́ inside, within (prep. with gen.)
*во вре́мя during (prep. with gen.)
во́время on time
*во́все quite
во́все не not at all
*вода́ water
как с гу́ся вода́ like water off a duck's back
*води́ть, вести́ (повести́) to lead, conduct
*во́дка vodka
водоворо́т whirlpool
водоро́д hydrogen
возбужда́ть (возбуди́ть) to excite, arouse

возбужда́ть аппети́т to stimulate the appetite
возбужда́ть наде́жды to raise hopes
возбуждённый excited
*возвраща́ть (верну́ть) to return, give back
возвраща́ться (верну́ться) to return, come back
*во́здух air
возду́шный airy
возду́шные за́мки castles in the air
возду́шный ша́рик balloon
*вози́ть, везти́ to carry, transport (by conveyance)
*возмо́жно possible, it may be likely
возмо́жно скоре́е as soon as possible
ско́лько возмо́жно as much as possible
возмо́жность (f.) possibility, opportunity
материа́льные возмо́жности means (financial)
во́зраст age
одного́ во́зраста of the same age
*война́ war
«Война́ и мир» "War and Peace"
*войти́—see входи́ть
*вокза́л railway station
*вокру́г round, around (prep. with gen.)
говори́ть вокру́г да о́коло to beat around the bush
*волна́ wave
волне́ние agitation, emotion
быть в волне́нии to be agitated
На о́зере волне́ние. The lake is rough.
*во́лосы hair
*во́льность (f.) liberty, freedom
позволя́ть себе́ во́льности to take liberties
поэти́ческая во́льность poetic license
вольфра́м tungsten
*во́ля will
име́ть си́лу во́ли to have will power
Он на во́ле. He is free (from captivity).
по до́брой во́ле voluntarily
*вообража́ть (вообрази́ть) to imagine, fancy
воображе́ние imagination
вообрази́ть—see вообража́ть
*вообще́ in general, altogether
вообще́ говоря́ generally speaking
Он вообще́ тако́й. He is always like that.
*вопро́с question

вопро́с жи́зни и сме́рти matter of life or death

Вопро́с не в э́том. That is not the question.

оста́ться под вопро́сом to remain undecided

спо́рный вопро́с moot point

*воро́та gates

*воротни́к collar

восемна́дцать eighteen

восемна́дцатый eighteenth

во́семь eight

восклица́ть (воскли́кнуть) to exclaim

воскресе́ние resurrection

*воскресе́нье Sunday

воспита́ние upbringing, training

воспи́тывать (воспита́ть) to bring up, educate, train

воспо́льзоваться to take advantage of, profit by

воспо́льзоваться слу́чаем to take advantage of the opportunity

воспомина́ние recollection, reminiscence

Оста́лось одно́ воспомина́ние. All that is left is memory.

воспреща́ть(ся) (воспрети́ть) to prohibit

вход воспреща́ется no admittance

кури́ть воспреща́ется no smoking

восто́к east

восто́рг delight, enthusiasm

быть в восто́рге to be in raptures

*восхити́тельный delightful, exquisite

восьмидеся́тый eightieth

восьмо́й eighth

*вот here is, here are

Вот как! Is that so!

вот почему́ that's why

Вот приме́р. Here is an example.

впервы́е for the first time, first

*вперёд forward, in the future

плати́ть вперёд to pay in advance

Часы́ иду́т вперёд. The clock is fast.

впереди́ in front, before

У него́ ещё це́лая жизнь впереди́. His whole life is before him.

*впечатле́ние impression, effect

вполго́лоса in an undertone, under one's breath

вполне́ quite, fully

вполне́ доста́точно quite enough

вполне́ заслужи́ть fully deserve

вполне́ успоко́енный fully reassured

впуска́ть (впусти́ть) to let in, admit

*враг enemy, foe

*врач physician, doctor

*вре́дно harmful, injurious

Ему́ вре́дно кури́ть. It's bad for him to smoke.

*вре́мя time

во́время on time

во все времена́ at all times

вре́мя го́да season

Вре́мя пока́жет. Time will tell.

всё вре́мя all the time

в ско́ром вре́мени soon

за после́днее вре́мя lately

всевозмо́жный all kinds of, every possible sort

всевозмо́жные сре́дства every possible means

всегда́ always

всерьёз seriously, in earnest

всё-таки all the same, nevertheless

вска́кивать (вскочи́ть) to jump onto, leap up

вскочи́ть на́ ноги to jump to one's feet

вскипа́ть (вскипе́ть) to boil up

*вслух aloud

*вспомина́ть (вспо́мнить) to recollect, recall

вспо́мнить—see вспомина́ть

вспоте́ть—see поте́ть

встава́ть (встать) to get up, rise

Встал вопро́с. The question arose.

встать гру́дью за что́-нибудь to stand up staunchly for something

встать на́ ноги to become independent

встать—see встава́ть

*встре́ча meeting, reception

при встре́че с ке́м-нибудь on meeting someone

оказа́ть раду́шную встре́чу to give a hearty welcome to

встре́тить(ся)—see встреча́ть(ся)

встреча́ть-ся (встре́тить-ся) to meet

встреча́ть госте́й to welcome one's guests

встреча́ть ла́сковое отноше́ние to meet with kindness

встреча́ться с затрудне́ниями to meet with difficulties

*вступа́ть (вступи́ть) to enter, join

вступа́ть в до́лжность to assume office

вступа́ть в спор to enter into an argument

вступа́ть в си́лу to come into effect

вступи́ть—see вступа́ть

*вся́кий any, every

во вся́кое вре́мя at any time

во вся́ком слу́чае at any rate

Вся́кое быва́ет. Anything is possible.

вся́кий раз each time

на вся́кий слу́чай   just in case
вта́йне   in secret
вта́лкивать (втолкну́ть)   to push, shove (into something)
втолкну́ть—see вта́лкивать
*вто́рник   Tuesday
   во вто́рник   on Tuesday
   по вто́рникам   every Tuesday, on Tuesdays
*второ́й   second
*вход   entrance
   пла́та за вход   admission fee
*входи́ть (войти́)   to enter, go or come in (on foot)
   войти́ в исто́рию   to go down in history
   входи́ть в долги́   to get into debt
   входи́ть в привы́чку   to become a habit
   входи́ть в соглаше́ние   to enter into an agreement
*вчера́   yesterday
   иска́ть вчера́шнего дня   to run a wild-goose chase
въезд   entrance, entry
въезжа́ть (въе́хать)   to drive in, enter (by vehicle)
въе́хать—see въезжа́ть
*вы   you (plural, or polite form)
*выбира́ть (вы́брать)   to choose, select
вы́брать—see выбира́ть
вы́бор   choice, selection
   У него́ нет вы́бора.   He has no choice.
*выбра́сывать (вы́бросить)   to throw out, reject
   вы́бросить из головы́   to put out of one's head
   вы́бросить това́р на ры́нок   to throw goods on the market
вы́годно   advantageously, it is profitable
выдава́ть (вы́дать)   to distribute, give out
выделе́ние   isolation (chem.)
вы́делить(ся)—see выделя́ть(ся)
выделя́ть(ся) (вы́делить-ся)   to single out, to isolate
вы́держать—see выде́рживать
выде́рживать (вы́держать)   to sustain, endure
   вы́держать экза́мен   to pass an examination
   вы́держать хара́ктер   to stand firm
   Он не вы́держал и запла́кал.   He broke down and cried.
   Он не мог э́того бо́льше вы́держать.   He could not stand it any longer.
вы́держка   self-control, endurance
вы́думанный   made-up, invented

выду́мывать (вы́думать)   to invent, fabricate
вы́звать—see вызыва́ть
вызыва́ть (вы́звать)   to call, send for, challenge
   вы́звать на дуэ́ль   to challenge to a duel
   вызыва́ть из ко́мнаты   to call out of the room
   вы́звать любопы́тство   to provoke curiosity
вы́играть—see выи́грывать
выи́грывать (вы́играть)   to win
   вы́играть де́ло   to win one's case
   От э́того он то́лько вы́играет.   He will only benefit from that.
вы́йти—see выходи́ть
вы́кройка   sewing pattern
вылива́ть (вы́лить)   to pour out, empty
вы́лить see вылива́ть
вынима́ть (вы́нуть)   to pull out, draw out
вы́нуть—see вынима́ть
вы́нудить—see вынужда́ть
вынужда́ть (вы́нудить)   to compel, make
   вынужда́ть призна́ние   to force admission or recognition
выпа́ривание   evaporation, steaming
выпа́ривать—see па́рить
вы́пить—see пить
выполне́ние   fulfillment, realization
вы́полнить—see выполня́ть
*выполня́ть (вы́полнить)   to carry out, fulfill
   выполня́ть жела́ния   to fulfill wishes
   выполня́ть свои́ обя́занности   to carry out one's duties
вы́пуск   graduating class
выпускни́к   senior (in high school), graduate
выраба́тывать (вы́работать)   to manufacture, work out
вы́работать—see выраба́тывать
*выража́ть(ся) (вы́разить-ся)   to express (oneself), voice
   выража́ть слова́ми   to put into words
   Мне тру́дно выража́ться по-ру́сски.   It is difficult to express myself in Russian.
   мя́гко выража́ясь   to put it mildly
выраже́ние   expression
   идиомати́ческое выраже́ние   idiomatic expression
   Он знал по выраже́нию её лица́.   He knew by her look.
вы́разить(ся)—see выража́ть(ся)
выраста́ть (вы́расти)   to grow up, increase

вырастать на 20% to increase by 20%

вы́расти—see вырастать

выска́кивать (вы́скочить) to jump out, leap out

вы́скочить—see выска́кивать

высо́кий (adj.) high, tall
  высо́кий челове́к tall fellow
  высо́кие це́ли lofty aims

*высоко́ (adv.) high

высота́ height

вы́ставка exposition, display

выстира́ть—see стира́ть

вы́стрел shot

высу́шивать (вы́сушить) to dry

вы́сушить—see высу́шивать

*вы́сший highest

вы́тереть—see вытира́ть

вытира́ть (вы́тереть) to wipe dry

выу́чивать (вы́учить) to learn, teach
  вы́учить наизу́сть to learn by heart

вы́учить—see выу́чивать

*вы́ход exit, way out, coming out
  вы́ход на у́лицу exit to street
  по́сле вы́хода кни́ги after the book had appeared
  У него́ не́ было друго́го вы́хода. He had no other way out.

выходи́ть (вы́йти) to go out (on foot)
  вы́йти из мо́ды to go out of fashion
  вы́йти в отста́вку to resign, retire
  вы́йти за́муж to get married (of women)
  выходи́ть и́з дому to go out of the house
  Из э́того ничего́ не вы́йдет. Nothing will come of it.
  Кни́га уже́ вы́шла. The book was already published.
  Окно́ выхо́дит в сад. The window faces the garden.

выходно́й день day off

вычита́ние subtraction

вяза́ть (связа́ть) to knit, crochet, bind up

вя́ло limply, sluggishly

Г

гада́лка fortune-teller

га́дость (f.) filth, muck
  сде́лать га́дость кому́-либо to play a dirty trick on someone, double-cross

газ gas, gauze, gossamer

газе́та newspaper

газоли́н gasoline

гала́нтный gallant

газо́н lawn, grass

га́йка nut (screw)

галере́я gallery

галло́н gallon

гало́ша overshoes, rubbers

га́лстук necktie

гара́ж garage

гаранти́ровать to guarantee

гара́нтия guarantee, security

гардеро́б wardrobe

гармо́ния harmony

гармони́ст accordion player

гарни́р garnish, vegetables served with main course

гастроно́м grocery store

*где́ where–location
  где́-то somewhere
  где́-нибудь anywhere

гениа́льность (f.) genius, greatness

*ге́ний (noun, m.) genius

геогра́фия geography

геоме́трия geometry

*геро́й (noun, m.) hero

ги́бкий flexible, pliant

ги́бнуть (поги́бнуть) to perish

гига́нтский gigantic
  дви́гаться гига́нтскими шага́ми to progress at a great rate

гипно́з hypnosis

*гита́ра guitar

*глава́ head, chief
  глава́ прави́тельства head of the government
  стоя́ть во главе́ to be at the head of

глава́ chapter

*гла́вный main, chief

*глаго́л verb

*гла́дить (погла́дить) to iron, press, caress

гла́дкий smooth, even, sleek
  гла́дкая доро́га smooth road
  гла́дкий материа́л solid-color material

*глаз eye

*глота́ть to swallow, gulp
  глота́ть слёзы to choke down one's tears

глото́к one swallow, mouthful

*глубо́кий deep
  занима́ться до глубо́кой но́чи to work until late at night
  глубо́кая печа́ль deep sorrow
  глубо́кая таре́лка soup plate

глубоко́ deeply, profoundly

*глу́пость (f.) foolishness

глу́пый foolish, stupid

*глухо́й deaf
  глухо́й лес dense forest
  глуха́я ночь still night

Он глух к мои́м про́сьбам. He is deaf to my entreaties.
Он соверше́нно глух. He is completely deaf.

гляде́ть (погляде́ть) to look at, gaze at

гнев anger, ire

гнездо́ nest

гнуть (согну́ть) to bend, drive
  гнуть спи́ну перед ке́м-либо to kowtow to someone
  Я ви́жу, куда́ он гнёт. I see what he is driving at.

__говори́ть (сказа́ть)__ to say, tell
  говори́ть по-ру́сски to speak Russian
  говоря́т they say
  Он говори́т, что он бо́лен. He says he is ill.
  Он сказа́л, что он бо́лен. He said he is ill.

__год__ year

годи́ться to be fit for, serve
  ни на что́ не годи́тся not fit for anything
  Он не годи́тся в учителя́. He is not suited to be a teacher.

годовщи́на anniversary

__голова́__ head, mind
  Мне пришла́ в го́лову мысль. A thought occurred to me.
  потеря́ть го́лову to lose one's head
  челове́к с голово́й a man with sense

__го́лод__ hunger
  умира́ть с го́лоду to starve to death

голо́дный hungry

__го́лос__ voice
  в оди́н го́лос unanimously
  пра́во го́лоса the right to vote

го́лый naked, bald
  го́лые но́ги bare legs
  спать на го́лом полу́ to sleep on the bare floor

гоня́ть to drive, chase

__гора́__ mountain
  ходи́ть по гора́м to climb mountains

__гора́здо__ much, by far
  гора́здо лу́чше much better

го́рдый proud

__го́ре__ grief, misfortune

__горе́ть__ to burn, shine
  горе́ть в жару́ to burn with fever
  горе́ть жела́нием to burn with desire
  Дом гори́т. The house is burning.

горизонта́льно horizontally

__го́рло__ throat
  во всё го́рло at the top of one's lungs

__го́род__ town, city
  за́ город out of town (direction)
  за го́родом out of town (location)

гороско́п horoscope

горо́шек peas

горчи́ца mustard

__го́рький__ bitter

__горя́чий__ hot, passionate (objects or emotions)
  горя́чее жела́ние ardent wish
  горя́чий ко́фе hot coffee
  горя́чее сочу́вствие heartfelt sympathy

го́спиталь (m.) hospital

господи́н Mr., sir

госпожа́ Mrs., lady

гости́ная living room

гости́ница hotel

__гость__ (m.) guest
  У нас сего́дня го́сти. We have company today.
  ходи́ть в го́сти to visit

госуда́рство state

__гото́вить (приго́товить)__ to prepare, make ready, cook
  гото́вить кни́гу к печа́ти to prepare a book for the press
  гото́вить уро́к to do a lesson
  Она́ хорошо́ гото́вит. She is a good cook.

гото́виться (пригото́виться) to prepare oneself

гото́вый ready, prepared
  гото́вое пла́тье ready-made clothes
  Обе́д гото́в. Dinner is ready.
  Он гото́в на всё. He is ready to do anything.

гра́дус degree
  у́гол в 60 гра́дусов angle of 60 degrees
  Сего́дня 10 гра́дусов тепла́. The temperature is 10 degrees above zero today.

граждани́н, гражда́нка citizen (m., f.)

грамма́тика grammar

гра́мотность (f.) literacy

грани́ца boundary, border
  вы́йти из грани́ц to overstep the limits
  за грани́цу abroad

грацио́зный gracefully

гребешо́к comb

__греть (согре́ть)__ to warm up, heat
  греть суп to warm up the soup

__грех__ sin

гре́шный sinful

гриб mushroom

__гроза́__ thunderstorm, tempest

гро́зный terrible, threatening

грома́дный enormous

гро́мкий loud

*гро́мко loudly
гру́бый rough, coarse
  гру́бая мате́рия coarse material
  гру́бая оши́бка flagrant error
  гру́бый вкус bad taste
  гру́бое сло́во rude word
*грудь (f.) breast, chest, bosom
гру́ппа group
*грусти́ть to be sad, melancholy
гру́стный sad, melancholy
  У него́ гру́стное настрое́ние. He
  is in low spirits.
гру́ша pear
гря́зный dirty, muddy
*грязь (f.) dirt, filth
*губа́ lip
*гуля́ть (погуля́ть) to walk, take a
  stroll
гуманита́рный humanitarian
*густо́й thick, dense
  густы́е бро́ви bushy eyebrows
  густо́й лес dense forest
  густы́е сли́вки heavy cream
  густо́й тума́н heavy fog

Д

*да yes
да and, but
  да ещё and what is more
  он да я he and I
  Он охо́тно сде́лал бы э́то, да у
  него́ нет вре́мени. He would
  gladly do it, but he has no time.
дава́й, дава́йте let us (with inf.)
*дава́ть (дать) to give, allow
  дава́ть своё согла́сие to give
  one's consent
  дать конце́рт to give a concert
  дать ме́сто to make room for
  Ему́ не да́ли говори́ть. They
  didn't let him speak.
давле́ние pressure
  высо́кое давле́ние high pressure
  ока́зывать давле́ние to put pressure on
  под давле́нием under pressure
*давно́ long ago, for a long time
  давны́м-давно́ long ago
  Уже́ давно́ пора́ уходи́ть. It is
  high time to go.
*да́же even
далёкий distant, remote
  далёкое про́шлое remote past
  Они́ далёкие друг дру́гу лю́ди.
  They have little in common.
*далеко́ far
  далеко́ за́ полночь long after midnight
  Он далеко́ не дура́к. He is far

from being a fool.
*дальнозо́ркий farsighted
*да́льше farther
*да́ма lady
дар gift
дари́ть (подари́ть) to give a present
*да́ром gratis, in vain
  Весь день да́ром пропа́л. The
  whole day has been wasted.
  Он э́того и да́ром не возьмёт.
  He wouldn't even have it as a gift.
*дать—see дава́ть
*да́ча country house, summer cottage
  е́хать на да́чу to go to the country
  на да́че in the country
два, две two
  ка́ждые два дня every other day
два́дцать twenty
двадца́тый twentieth
двена́дцать twelve
двена́дцатый twelfth
*дверь (f.) door
  поли́тика откры́тых двере́й
  open-door policy
  при закры́тых дверя́х in private,
  closed hearing
две́сти two hundred
дви́гатель (m.) motor
*дви́гать-ся (дви́нуть-ся) to move,
  set in motion
*движе́ние motion, movement, traffic
  мно́го движе́ния на доро́ге a lot
  of traffic on the road
  Он ве́чно в движе́нии. He is
  always on the move.
  рабо́чее движе́ние working class
  movement
дви́нуть(ся)—see дви́гать(ся)
дво́е two (collective)
  Их дво́е. There are two of them.
двойно́й double, twofold
двою́родный брат, двою́родная
  сестра́ first cousin (m., f.)
двуспа́льная крова́ть double bed
*де́вочка little girl
*де́вушка young girl (unmarried)
девяно́сто ninety
девяно́стый ninetieth
девятна́дцать nineteen
девятна́дцатый nineteenth
де́вять nine
  девятьсо́т nine hundred
девя́тый ninth
*де́душка (m.) grandfather
  де́душка моро́з Santa Claus
  (Grandfather Frost)
дежу́рить to be on duty
*де́йствие action, act, effect
  Де́йствие происхо́дит в Москве́.
  The action takes place in Moscow.
  ока́зывать де́йствие to have an
  effect on

приводить в действие to put into
action

пьеса в трёх действиях play in
three acts

*действительно really, actually

действовать (подействовать) to
act, operate, function

действовать на нервы to get on
one's nerves

Как действовать дальше? What
is to be done next?

Лекарство уже действует. The
medicine is already taking effect.

декабрь (m.) December

декольте low-necked (dress)

делать (сделать) to do, make

делать вид, что to pretend

делать визит to pay a visit

делать доклад to make a report

делать кого-либо счастливым
to make someone happy

делать работу to do work

делать шляпы to make hats

нечего делать nothing to do

делаться (сделаться) to become,
grow

Там делаются странные вещи.
Strange things happen there.

Что с ним сделалось? What has
happened to him?

деление division

деликатность (f.) gentleness, tact

*делить (разделить) to divide

делить пополам to divide in half

разделить сумму, двадцать на
пять to divide twenty by five

делиться (разделиться) to divide
(into), share

делиться впечатлениями to share
impressions, compare notes

Она во всём делится со мной.
She shares everything with me.

Река делится на два рукава.
The river divides into two arms.

*дело matter, business

В том-то и дело. That's the point.

В чём дело? What's the matter?

говорить по делу to speak about
business

дело в том, что the fact is, that

дело мира cause of peace

Как дела? How are things?

на самом деле as a matter of fact

У меня много дел. I have many
things to do.

Это моё дело. That is my affair.

*день (m.) day

в два часа дня two o'clock in the
afternoon

в один прекрасный день one
fine day

день рождения birthday

днём in the daytime

со дня на день from day to day

через день every other day

*деньги (pl.) money

деревенский village, country (adj.)

*деревня village, country

в деревне in the country

*дерево tree

деревянный wooden

*держать to hold, keep

держать в курсе событий to
inform about a current situation

держать в тайне to keep a secret

держать кого-нибудь за руку to
hold someone by the hand

держать пари to make a bet

держать слово to keep one's word

держать экзамен to take an exam

держаться (imp.) to hold on, stick to

держаться на ногах to keep on
one's feet

держаться того взгляда to hold
to the opinion

Держись! Hold steady!

Пуговица держится на ниточке.
The button is hanging by a thread.

дерзкий impudent, insolent, daring,
fresh

дерзость (f.) impudence, insolence

десерт dessert

десятка ten-ruble bill

десять ten

десятый tenth

*деталь (f.) detail

детально in detail

детектив mystery (film, book); detec-
tive

*дети children

детский child's, children's

детский городок playground

детский сад kindergarten

*детство childhood

впадать в детство to be in one's
second childhood

с детства from childhood

дефект defect, blemish

*дёшево cheaply

дёшево отделаться to get off
cheap

Это дёшево стоит. It is worth little.

дешёвый inexpensive

джентльмен gentleman

диагноз diagnosis

диагонально diagonally

диалект dialect

диван, sofa

диета diet

соблюдать диету to be on a diet

дикий wild, savage

диктовка dictation

писать диктовку to take dictation

диктор announcer

14

*дире́ктор director, manager
дирижёр conductor of an orchestra
дирижи́ровать to conduct an orchestra
дисбала́нс imbalance
диску́ссия discussion, debate
*дисципли́на discipline
*длина́ length
дли́нный long (distance)
*для for, intended for (prep. with gen.)
дно bottom
*до as far as, until, up to, before (with genitive)
  до сих пор until this time
  до свида́ния goodbye
  от... до... from...to...
доба́вить—see добавля́ть
добавле́ние addition, supplement
*добавля́ть (доба́вить) to add to, supplement
*добро́ good
  де́лать кому́-либо добро́ to be good to someone
  Он жела́ет вам добра́. He wishes you well.
*доброво́лец volunteer
*доброво́льно voluntarily, by one's own will
доброде́тель (f.) virtue
*доброду́шный good-natured
доброта́ kindness, goodness
*до́брый good, kind
  бу́дьте добры́ would you be so kind
  всего́ до́брого all the best
  до́брый ве́чер good evening
  до́брый день good afternoon
  до́брое у́тро good morning
*дове́рие faith, confidence, trust
дове́рить—see доверя́ть
дове́рчивость (f.) trustfulness
доверя́ть (дове́рить) to entrust, commit
*дово́льно enough, rather
  Дово́льно! Enough! That will do.
  Он дово́льно хорошо́ говори́т. He speaks rather well.
дово́льный satisfied, pleased with
*догада́ться—see догадыва́ться
догадываться (догада́ться) to guess, surmise
*догна́ть—see догоня́ть
договори́ться (perf.) to come to an understanding
*догово́р agreement, contract, treaty
догоня́ть (догна́ть) to catch up, gain on
*доезжа́ть (дое́хать) to get as far as, reach (by vehicle)
  Он не дое́хал до го́рода. He didn't reach the city.
дое́хать—see доезжа́ть
*дождеви́к raincoat

*дождь (m.) rain
  Дождь идёт. It is raining.
до́за dose
доказа́ть—see дока́зывать
доказа́тельство proof, evidence
доказа́ть—see дока́зывать
*дока́зывать (доказа́ть) to prove, show
  счита́ть дока́занным to take for granted
  Это дока́зывает его́ вину́. This proves his guilt.
*докла́д lecture, paper, report
  де́лать докла́д to make a report, give a talk
до́ктор doctor
документа́льный documentary (film)
*долг debt
  брать в долг to borrow
  входи́ть в долги́ to get into debt
  долг че́сти debt of honor
  плати́ть долг to pay a debt
*до́лго for a long time
*до́лжен, должна́, должно́, должны́ to owe, have to, be obliged to, must
  должно́ быть probably
  Ско́лько мы вам должны́? How much do we owe you?
  Я должна́ написа́ть пи́сьма. I must write letters.
до́ллар dollar
*дом house, home
  до́ма at home
  Дом моде́лей house of couture
  домо́й homeward (direction toward)
  и́з дому out of the house
дополни́тельный additional, supplementary
*доро́га road, way
  в доро́ге on a trip
  да́льняя доро́га long journey
  желе́зная доро́га railroad
  Нам с ва́ми по доро́ге. We go the same way.
  по доро́ге туда́ on the way there
до́рого expensively
*дорого́й dear, expensive
  дорого́й мой my dear
  Она́ ему́ дорога́. She is dear to him.
доса́да vexation, annoyance
  с доса́ды out of vexation
доска́ board, blackboard
  от доски́ до доски́ from cover to cover
*достава́ть to get, obtain, reach
доста́точно enough
доста́ть—see достава́ть
достига́ть (дости́гнуть) to reach, attain (with genitive)
  достига́ть бе́рега to reach land
  достига́ть свое́й це́ли to attain one's objectives

достигнуть—see достигать
*достижение achievement
достоинство dignity, value
  монета малого достоинства a coin of small denomination
  чувство собственного достоинства self-respect
достойный deserving, worthy
досуг leisure
  на досуге at leisure
досыта to one's heart's content
  наесться досыта to eat one's fill
*доход profit, return
*дочь (f.) daughter
драгоценность (f.) jewel, treasure
драгоценный precious
*драма drama
*драться (imp.) to fight
дремать to dose, drowse
дрова (pl.) firewood
*дрожать (imp.) to quiver, shake
  дрожать за кого-либо to tremble for someone's safety
  дрожать от радости to thrill with joy
  дрожать от холода to shiver with cold
*друг friend
  друг друга each other
  друг другу to each other
  друг о друге about each other
*другой other, another, different
  другими словами in other words
  и тот и другой both
  один за другим one after another
  Он мне казался другим. He seemed different to me.
  с другой стороны on the other hand
*дружба friendship
дружеский friendly
  по-дружески in a friendly way
*думать (подумать) to think, believe
дурак fool
дурно badly
дурной evil, ill
*дуть (imp.) to blow
  Ветер дует. It's windy.
  Здесь дует. There's a draft here.
*дух spirit, courage
  быть не в духе to be out of spirits
  злой дух evil spirit
  не в моём духе not to my taste
  падать духом to lose courage
духи perfume, scent
духовка oven
духовный spiritual
  духовная жизнь spiritual life
душ shower
*душа soul
  в глубине души at heart

всей душой with all one's heart and soul
  говорить с душой to speak with feeling
  сколько душе угодно to one's heart's content
душно stuffy
дуэт duet
*дым smoke
  Нет дыма без огня. Where there's smoke there's fire.
дыня melon
дыра, дырка hole
дыхание breathing
*дышать (imp.) to breathe
*дюжина dozen
*дядя (m.) uncle

Е Ё

европейский European
*его, её, его his, hers, its
*еда food
  во время еды while eating
*едва hardly, just
  Он едва начал говорить. He had just begun to speak.
  Он едва не упал. He nearly fell.
  Он едва поднял это. He could hardly lift it.
единообразие uniformity
единственно only
  единственно возможный способ the only possible way
*единственный only, sole
ежегодно annually
ежедневно daily
*ездить, ехать (imp.) to go (ride, travel)
ёлка fir tree, Christmas tree
  ёлочный базар Christmas tree market
ерунда nonsense!
*если if
*естественный natural
*есть (съесть) to eat
  Я хочу есть. I want to eat.
*есть to be (present tense), is
ехать—see ездить
*ещё more, still, yet
  Ещё бы! And how!
  ещё по стаканчику another glass each
  ещё раз once again
  Он ещё не ел. He hasn't eaten yet.
  Он пока ещё останется здесь. He'll stay here for the time being.
  Хотите ещё кофе? Would you like more coffee?
  Что ещё? What else?

Ж

жа́дный greedy
жа́жда thirst, craving
  возбужда́ть жа́жду to make thirsty
  жа́жда зна́ний thirst for knowledge
*жале́ть (пожале́ть) to regret, be sorry
жа́лкий pitiful, wretched
жа́лоба complaint
жа́лованье salary
*жа́ловаться (пожа́ловаться) to complain
жа́лость (f.) pity
*жаль It is a pity.
  Ему́ жаль куска́ хле́ба. He grudges a bit of bread.
  Как жаль! What a shame!
  Очень жаль. It's a great pity.
жар heat, fever
  говори́ть с жа́ром to speak with fervor
  У него́ жар. He has a fever.
жара́ heat
жа́реный fried
жа́рить(ся) (imp.) to fry
жа́ркий hot, ardent
  жа́ркий кли́мат hot climate
  жа́ркий спор heated discussion
*жа́рко hot (of weather or room temperature)
жарко́е roast meat, pot roast
*ждать (подожда́ть) to wait
  Вре́мя не ждёт. There's no time to be lost.
  Она́ его́ ждёт. She is waiting for him.
жела́ние desire, wish
*жела́ть (пожела́ть) to wish, covet
железа́ gland
*желе́зный ferrous
  желе́зная доро́га railroad
  желе́зная дисципли́на iron discipline
желе́зо iron
желто́к egg yolk
жёлтый yellow
желу́док stomach
же́мчуг pearl
*жена́ wife
жена́тый married (of men)
*жени́ться (пожени́ться) to marry
же́нский feminine, womanish
*же́нщина woman
же́ртва sacrifice, victim
жест gesture
жесто́кий cruel, brutal

жесто́кость (f.) cruelty
жечь (сжечь) to burn (down, up)
жи́во vividly, with animation
*живо́й live, animated, vivacious
  жив и здоро́в safe and sound
  живо́й ум lively wit
  живо́й язы́к living language
  живы́е кра́ски vivid colors
  живы́е цветы́ natural flowers
жи́вопись (f.) painting
живо́тное (noun) animal
жи́дкий liquid, fluid (adj.)
жи́дкость (f.) liquid, fluid
жи́зненность (f.) vitality
*жизнь (f.) life
  борьба́ за жизнь struggle for existence
  вопро́с жи́зни и сме́рти question of life or death
  о́браз жи́зни way of life
  проводи́ть что́-либо в жизнь to put something into practice
*жили́ще dwelling, living quarters
жир fat, grease
*жи́рный fat, greasy, rich
  жи́рная земля́ rich soil
  жи́рное пятно́ grease spot
жи́тель inhabitant, resident
*жить to live
жре́бий fate, destiny, lot
  Жре́бий пал на него́. The lot fell to him.
  тяну́ть жре́бий to draw lots
жу́лик rogue, swindler
журна́л periodical, magazine
журнали́ст journalist

З

*за for, behind, beyond—direction (with acc.) behind, beyond, after; for—location (with instrumental)
бежа́ть за ке́м-либо to run after someone
боро́ться за свобо́ду to fight for freedom
быть за мир to be for peace
день за днём day after day
за ва́ше здоро́вье to your health (toast)
за обе́дом during dinner
за после́днее вре́мя recently
Ко́шка была́ за шка́фом. The cat was behind the bureau.
купи́ть за де́сять рубле́й to buy for ten rubles
Она́ пошла́ за у́гол. She went around the corner.
Она́ сиди́т за столо́м. She is sitting at the table.

Он счáстлив за неё. He is happy
for her sake.

Он уéхал зá город. He went out
of town.

Они живýт зá городом. They
live out of town.

послáть за дóктором to send for
the doctor

садиться за стол to sit down at the
table

забáва amusement

забáвный amusing, funny

забастóвка strike

*заблудиться to get lost, lose oneself

заблуждáться to err, be mistaken

*заболéть (perf.) to fall ill

забóта anxiety, trouble

*забывáть (забыть) to forget

забыть—see забывáть

завéдовать to manage, to head

Он завéдует шкóлой. He heads the
school.

завидовать (позавидовать) to envy

Я не завидую вам. I don't envy
you.

зависеть to depend (on)

Это зависит от обстоятельств.
It depends on circumstances.

зависимость (f.) dependence

завистливый envious

зáвисть (f.) envy

завлекáть (завлéчь) to entice,
seduce

завлéчь—see завлекáть

*завóд plant, works, factory

*зáвтра tomorrow

*зáвтрак breakfast

на зáвтрак for breakfast

зáвтракать (позáвтракать) to have
breakfast

*завязáть—see завязывать

завязывать (завязáть) to tie up,
knot

*загáдка riddle

загáр suntan, sunburn

зáговор plot, conspiracy

заговорить (perf.) to start to talk

загорéть (perf.), загорáть (impf.)
to become tanned, bake in the sun

*заграница foreign countries

загрязнéние окружáющей среды
pollution of the environment

*задавáть (задáть) to give, set

задавáть вопрóс to ask a question

задавáть тон to set the fashion

задáть—see задавáть

задáние task, mission

*задáча problem

задержáть—see задéрживать

задéрживать (задержáть) to
detain, delay

Егó задержáли. He was delayed.

задержáть дыхáние to hold one's
breath

задержáть уплáту to hold back
payment

*зáдний back, hind

задóлго long in advance

задýмчивость (f.) pensiveness

задýматься (perf.) to become
thoughtful

зажéчь—see зажигáть

заживáть (зажить) to heal

*зажигáть (зажéчь) to light, set fire
to

зажигáлка cigarette lighter

зажить—see заживáть

заинтересовáться (perf.) to become
interested in

зайти—see заходить

*закáз order

*закáзывать (заказáть) to order
something to be made or done

заказáть—see закáзывать

*закáт sunset

закипáть (закипéть) to begin
to boil

закипéть—see закипáть

заключáть (заключить) to conclude, infer

заключáть договóр to conclude a
treaty

заключáть речь to finish a speech

из вáших слов я заключáю
from what you say I can conclude

Из чегó вы заключáете? What
makes you think that?

заключáться to consist of

трýдность заключáется в том,
что the difficulty lies in the fact that

заключéние conclusion, inference

заключить—see заключáть

*закóн ruling, law

вне закóна unlawful

Её слóво для негó закóн. Her
word is law with him.

по закóну according to law

закóнный legal, legitimate

закружить (perf.) to turn, send
whirling

закружить комý-либо гóлову to
turn someone's head

закружиться—see кружиться

*закрывáть (закрыть) to shut, close

закрыть лицó рукáми to cover
one's face with one's hands

закрыть на ключ to lock

закрыть собрáние to close the
meeting

закрыть шкóлу to close down the
school

закрыть—see закрывáть

закрытый closed

закýпка purchase

де́лать заку́пки   to buy supplies

закури́ть   to light up a cigarette or pipe

заку́сывать (закуси́ть)   to have a bite to eat

закуси́ть—see заку́сывать

зал   hall, reception room

зама́нчивый   tempting, alluring

*заме́на   replacement, substitution

замени́ть—see заменя́ть

*заменя́ть (замени́ть)   to substitute

замени́ть мета́лл де́ревом   to substitute wood for metal

Не́кому его́ замени́ть.   There is no one to take his place.

*замерза́ть (замёрзнуть)   to freeze

Река́ замёрзла.   The river has frozen up.

замёрзнуть—see замерза́ть

*замести́тель   (m.) substitute

замести́ть—see замеща́ть

заме́тить—see замеча́ть

*заме́тно   noticeably, it is noticeable

Заме́тно, как он постаре́л.   It is noticeable how he has aged.

Он заме́тно постаре́л.   He looks much older.

*замеча́ние   remark, observation, reproof

сде́лать замеча́ние   to reprove

*замеча́тельно   remarkable, out of the ordinary

замеча́тельный   remarkable

замеча́ть (заме́тить)   to notice, observe

замеща́ть (замести́ть)   to act as substitute for

замо́к   lock

запере́ть на замо́к   to lock up

*замолча́ть (замо́лкнуть)   to become silent

замо́лкнуть—see замолча́ть

заморо́женный   frozen

заморо́женные проду́кты   frozen foods

*за́муж   married (of women)

быть за́мужем за ке́м-либо   to be married to someone

вы́йти за́муж за кого́-либо   to get married to someone

за́мужем   to be married

за́навес   curtain

*занима́ть (заня́ть)   to occupy, take up, borrow

Его́ занима́ет вопро́с.   He is pre-occupied with the question.

занима́ть до́лжность   to fill a position

занима́ть кварти́ру   to occupy an apartment

занима́ть мно́го ме́ста   to take up a lot of room

занима́ть пе́рвое ме́сто   to take first place

*занима́ться (заня́ться)   to be occupied with, to study

занима́ться спо́ртом   to go in for sports

занима́ться хозя́йством   to be occupied with one's household duties

Она́ занима́ется.   She is studying.

*заня́тие   occupation, employment

за́нятый   busy

заня́ть(ся)—see занима́ть(ся)

заостри́ть—see заостря́ть

*заостря́ть (заостри́ть)   to sharpen, emphasize

заостри́ть каранда́ш   to sharpen a pencil

заостря́ть противоре́чия   to emphasize the contradictions

за́пад   west

за́падный   western

*запа́с   fund, supply

большо́й запа́с слов   large vocabulary

быть в запа́се   to be in the military reserve

проверя́ть запа́с   to take stock

*за́пах   smell, odor

запере́ть—see запира́ть

*запира́ть (запере́ть)   to lock

*запи́ска   note

запи́ски   notes, memoirs

запи́сывать-ся (записа́ть-ся)   to write down, record

записа́ться в кружо́к   to join a club

записа́ться к врачу́   to make an appointment with the doctor

запи́сывать на плёнку/пласти́нку   to record

запи́сывать ле́кцию   to take notes on a lecture

записа́ть(ся)—see запи́сывать(ся)

запла́кать (пла́кать)   (perf.) to burst into tears, begin to cry

заплати́ть—see плати́ть

заполня́ть (запо́лнить)   to fill in, occupy

заполня́ть анке́ту   to fill in a questionnaire

заполня́ть вре́мя   to occupy time

запо́лнить—see заполня́ть

запомина́ть (запо́мнить)   to memorize

запо́мнить—see запомина́ть

запрети́ть—see запреща́ть

*запреща́ть (запрети́ть)   to forbid, prohibit

запреща́ется   it is forbidden

*зараба́тывать (зарабо́тать)   to earn

зараба́тывать мно́го де́нег   to earn a lot of money

зарабо́тать—see зараба́тывать
*зара́нее beforehand
заре́зать—see ре́зать
зарубе́жный foreign
заря́ daybreak, dawn
заслу́живать (заслужи́ть) to deserve, merit
  заслужи́ть чьё-либо дове́рие to earn someone's confidence
заслужи́ть—see заслу́живать
засмея́ться (perf.) to burst out laughing
засну́ть—see засыпа́ть
заста́вить—see заставля́ть
*заставля́ть (заста́вить) to force, compel
  Он заста́вил его́ замолча́ть. He silenced him.
  Он заста́вил нас ждать. He made us wait.
засте́нчивость (f.) shyness, bashfulness
засте́нчивый shy, bashful
засчита́ть—see засчи́тывать
засчи́тывать (засчита́ть) to take into consideration
*засыпа́ть (засну́ть) to fall asleep
*зате́м thereupon, subsequently
зате́рянный lost
*зато́ on the other hand
*затрудне́ние difficulty, embarrassment
  вы́йти из затрудне́ния to get out of difficulty
  де́нежное затрудне́ние financial difficulty
заходи́ть (зайти́) to call on, drop in, stop in on the way
захоте́ть to begin wanting something, suddenly want to, get a desire to
захоте́ться–see хоте́ться
*заче́м why, wherefore, what for
заче́ркивать (зачеркну́ть) to cross out
зашто́пать—see што́пать
защити́ть—see защища́ть
*защища́ть (защити́ть) to defend, protect
  защища́ть диссерта́цию to defend one's thesis
*звать (imp.) to call
  Как вас зову́т? What is your name?
  звать на по́мощь to cry for help
*звезда́ star
  звезда́ пе́рвой величины́ star of the first magnitude
  звезда́ экра́на film star
  па́дающие звёзды falling stars
звёздочка asterisk, little star
*зверь (m.) wild animal, beast
звон peal, ringing

звон в уша́х ringing in the ears
*звони́ть (позвони́ть) to ring
  Вы не туда́ звони́те. You've got the wrong number.
  звони́ть по телефо́ну to telephone
зво́нкий ringing, clear
*звоно́к ring
  Я жду ва́шего звонка́. I am waiting for your phone call.
*звук sound
  гла́сный звук vowel
  не издава́ть ни зву́ка never utter a sound
  пусто́й звук merely a name
  согла́сный звук consonant
зву́чно loudly, sonorously
зда́ние building
здесь here
зде́шний of this place, local
  Он не зде́шний. He is a stranger here.
здоро́ваться (поздоро́ваться) to greet, to say, "How do you do?"
здо́рово well done! magnificently
  Мы здо́рово порабо́тали. We have done good work.
здоро́вый healthy, strong
  здоро́вый кли́мат healthful climate
  здоро́вая пи́ща wholesome food
  Он здоро́вый ма́льчик. He's a healthy youngster.
*здоро́вье health
  пить за здоро́вье кого́-либо to drink to someone's health
*здра́вствуйте how do you do, hello
зева́ть (зевну́ть) to yawn
зевну́ть—see зева́ть
зелёный green
*зе́лень (f.) greens, vegetables
*земля́ earth, land, soil
*зе́ркало mirror
*зерно́ grain, seed, kernel
*зима́ winter
  зимо́й in the winter
  Ско́лько лет, ско́лько зим! I haven't seen you in ages!
зли́ться (imp.) to be in a bad temper, to be angry
зло evil, harm
злой wicked, vicious, angry
змея́ snake, serpent
знак sign, symbol
  вопроси́тельный знак question mark
  дать знак to give a signal
  де́нежный знак bank note
  знак ра́венства sign of equality
*знако́миться (познако́миться) to become acquainted with
знако́мый (noun or adj.) acquaintance or familiar

Он мой знако́мый. He is an acquaintance of mine.

У него́ знако́мое лицо́. He has a familiar face.

знамени́тый famous

зна́ние knowledge

знато́к expert

*__знать__ to know

дава́ть себя́ знать to make itself felt

дать знать кому́-либо to let someone know

знать в лицо́ to know by sight

наско́лько я зна́ю as far as I know

не знать поко́я to know no rest

значе́ние significance, meaning

име́ть ва́жное значе́ние to have particular importance

значи́тельно considerably, significantly

зна́чить to mean, signify

Что э́то зна́чит? What does that mean?

зо́лото gold

золото́й golden, gilded

зо́нтик umbrella

зре́ние sight

по́ле зре́ния field of vision

сла́бое зре́ние weak eyesight

то́чка зре́ния point of view

*__зуб__ tooth

зубно́й dental

зубно́й врач dentist

И Й

*__и__ and, also

и... и... both... and...

и так да́лее and so forth

иго́лка needle

сиде́ть как на иго́лках to be on pins and needles

иглотерапи́я acupuncture

*__игра́__ game, acting performance

аза́ртная игра́ game of chance

за игро́й at play

игра́ приро́ды freak of nature

*__игра́ть (сыгра́ть)__ to play, perform

игра́ть в ка́рты, в мяч to play cards, play ball

игра́ть на роя́ле, на скри́пке to play the piano, the violin

игра́ть роль to play a part

Э́то не игра́ет ро́ли. It is of no importance.

*__игру́шка__ toy

идеалисти́чески idealistic

идеа́льный perfect, ideal

иде́йный lofty, high-principled

*__иде́я__ idea, conception

гениа́льная иде́я brilliant idea

иде́я рома́на theme of a novel

навя́зчивая иде́я fixed idea

*__идти́, ходи́ть__ to go, walk

Вот он идёт. Here he comes.

Де́ло хорошо́ идёт. Business is going well.

Дождь идёт. It is raining.

идти́ как по ма́слу to go swimmingly

идти́ пешко́м to go by foot

Иду́т перегово́ры. Negotiations are going on.

Лес идёт до реки́. The forest goes as far as the river.

О чём речь? What are you talking about?

По́езд идёт в пять. The train leaves at five o'clock.

Фильм идёт. A movie is playing.

Э́тот цвет вам идёт. That color becomes you.

*__из__ from, out of (with gen.)

из-за because of, from behind

из-под from under

из стра́ха out of fear

лу́чший из всех best of all

оди́н из его́ друзе́й one of his friends

пить из стака́на to drink from a glass

приезжа́ть из Москвы́ to arrive from Moscow

сде́лано из де́рева made of wood

изба́вить see избавля́ть

избавля́ть (изба́вить) to save, deliver from

изба́ви Бог! God forbid!

избавля́ть от сме́рти to save from death

Изба́вьте меня́ от ва́ших замеча́ний. Spare me your remarks

избало́ванный spoiled (child)

избега́ть (избе́гнуть) to avoid, shun

избе́гнуть—see избега́ть

избра́ние election

и́збранный selected

изве́стие news, information

изве́стно it is known

ему́ изве́стно he is aware

наско́лько мне изве́стно as far as I know

изве́стность (f.) reputation, fame

изве́стный well-known, famous

извине́ние apology

извини́ть(ся)—see извиня́ть (ся)

*__извиня́ть-ся (извини́ть-ся)__ to forgive, pardon (apologize)

Она́ извини́лась. She apologized.

издава́ть (изда́ть) to publish

и́здали from far away

изда́ние publication, edition

изда́ть—see издава́ть
издёрганный harried, worried, run-down
изжо́га heartburn
*из-за from behind
  вста́ть из-за стола́ to get up from the table
  из-за до́ма from behind the house
  Из-за ле́ни она́ не ко́нчила рабо́ту. Out of laziness she didn't finish her work.
излече́ние recovery, cure
изле́чивать (излечи́ть) to cure
излечи́ть—see изле́чивать
изли́шек surplus, excess
изли́шество overindulgence
изло́манный broken
измене́ние change, alteration
измени́ть—see изменя́ть
изменя́ть (измени́ть) to change, alter, betray
изнаси́ловать—see наси́ловать
изобража́ть (изобрази́ть) to depict, portray, imitate
изобрази́ть—see изобража́ть
изоли́рованный isolated
и́зредка now and then, seldom
изуми́тельный amazing, wonderful
изумле́ние amazement, consternation
изуча́ть (изучи́ть) to study, learn
изучи́ть—see изуча́ть
изю́м raisins
изя́щный refined, elegant, graceful
ико́на icon, sacred image
икра́ roe, caviar
икс-лучи́ X-rays
*и́ли or
  и́ли... и́ли... either... or...
иллю́зия illusion
иллюстра́тор illustrator
имби́рь (m.) ginger
име́ние estate
и́менно namely, exactly, just
  Вот и́менно! Exactly!
  Вот и́менно э́то он и говори́л. That's exactly what he was saying.
и́менно потому́ just because
*име́ть to have, bear (in mind)
  име́йте в виду́, что don't forget that
  име́ть большо́е значе́ние to matter very much
  име́ть бу́дущность to have a future
  име́ть возмо́жность to be a possibility
  име́ть де́ло с ке́м-либо to have to do with someone
  име́ть успе́х to make a success
и́мидж image

иму́щество property, belongings
*и́мя name
  и́мя прилага́тельное adjective
  и́мя существи́тельное noun
  челове́к с и́менем a well-known man
*и́наче differently, otherwise
инде́йка turkey
индивидуали́ст individualist
индивидуа́льность (f.) individuality
инжене́р engineer
инжи́р fig
инициати́ва initiative
*иногда́ sometimes
ино́й different, other
  ины́ми слова́ми in other words
  не кто ино́й, как no other than
  тот и́ли ино́й one or another
инопланетя́нин alien(n.)
иностра́нец foreigner
институ́т institute
инстру́ктор instructor
инструме́нт instrument
интеллиге́нтный cultured, educated
интервью́ interview
интере́с interest
интере́сный interesting, attractive
  Она́ о́чень интере́сная же́нщина. She is a very attractive woman.
интересова́ться(заинтересова́ться) to be interested in
инти́мность (f.) intimacy
иро́ния irony
*иска́ть to seek, search
исключа́ть (исключи́ть) to exclude, eliminate
исключе́ние exception
исключи́тельно exceptionally
исключи́ть—see исключа́ть
ископа́емое fossil, mineral
и́скра spark
и́скренний sincere, frank, unaffected
искуси́тель (m.) tempter
искуси́ть—see искуша́ть
иску́сственный artificial
иску́сство art, skill
искуша́ть (искуси́ть) to tempt, seduce
искуше́ние temptation
испа́нец, испа́нка Spaniard (m., f.)
испа́нский Spanish
испари́ться (perf.) to evaporate
и́споведь (f.) confession
исполне́ние fulfillment, execution
исполни́тель performer
испо́лнить—see исполня́ть
исполня́ть (испо́лнить) to carry out, fulfill
испо́ртить(ся)—see по́ртить(ся)
испо́рченный spoiled, rotten
испра́вить(ся)—see исправля́ть(ся)

исправля́ть (испра́вить) to correct, repair
*испу́г fright, scare
испуга́ть(ся)–see пуга́ть(ся)
иссле́дование investigation, research
иссле́довать (imp.) to investigate, explore
и́стина truth
и́стинно truly
истори́ческий historical
*исто́рия history, story, tale
истра́тить–see тра́тить
исчеза́ть (исче́знуть) to disappear, vanish
исче́знуть–see исчеза́ть
италья́нец, италья́нка Italian (m.,f.)
италья́нский Italian (adj.)
и т. п. (и тому́ подо́бное) and the like, etc.
*их their, theirs, them (gen. and acc. of они́)
ию́ль (m.) July
ию́нь (m.) June

К

к to, toward, for (with dat.)
  заходи́ть к кому́-либо to call on someone
  к ва́шим услу́гам at your service
  к сожале́нию unfortunately
  к сча́стью fortunately
  к тому́ же moreover
  Он добр к ней. He is kind to her.
  он нашёл к свое́й ра́дости, что he found to his joy that
  Это ни к чему́. It's of no use.
кабине́т study, consulting room
каблу́к heel
  быть у кого́-либо под каблуко́м to be under someone's thumb
кавале́р partner, admirer
кавы́чки quotation marks
*ка́ждый every, each
*каза́ться (показа́ться) to seem, appear
  Ка́жется, бу́дет дождь. It looks like rain.
  каза́лось бы one would think
  ка́жется, что it seems that
  мне ка́жется it seems to me
  Он ка́жется у́мным. He seems to be clever.
*как how, what, as, like
  Бу́дьте как до́ма. Make yourself at home.
  Вот как! Is that so!
  как бу́дто бы as if
  как бы не так nothing of the sort

Как вас зову́т? What is your name?
как ви́дно as can be seen
как до́лго how long
Как он э́то сде́лал? How did he do it?
как то́лько as soon as
с тех пор, как since
широ́кий как мо́ре wide as the sea
Это как раз то, что мне ну́жно. That's exactly what I need.
как-нибу́дь somehow, anyhow
како́й what, what a, what kind of
  Кака́я краси́вая де́вушка! What a pretty girl!
  Како́й он у́мный! How clever he is!
  како́й-то a certain
  Каку́ю кни́гу вы чита́ете? What book are you reading?
какофо́ния cacophony, noise
*как-то somehow
  Он ка́к-то устро́ился. He arranged it somehow.
календа́рь (m.) calendar
ка́менный stony, hard
ка́мень (m.) stone, rock
  драгоце́нный ка́мень precious stone
  моги́льный ка́мень tombstone
  се́рдце как ка́мень heart of stone
  У него́ ка́мень лежи́т на се́рдце. A weight lies heavy on his heart.
ка́мерный chamber
  ка́мерная му́зыка chamber music
ками́н fireplace, chimney
кандида́т candidate
кани́кулы (only pl.) vacation, school holiday
кану́н eve
  кану́н но́вого го́да New Year's Eve
канцеля́рия office
капита́л capital
капита́н captain
*ка́пля drop
  похо́жи как две ка́пли воды́ like two peas in a pod
  после́дняя ка́пля the last straw
капри́з whim, caprice
капри́зничать (imp.) to be naughty, cranky
*капу́ста cabbage
  цветна́я капу́ста cauliflower
*каранда́ш pencil
карма́н pocket
карнава́л carnival
ка́рта card, map, chart
  коло́да карт pack of playing cards
карти́на picture
карто́фель (m.) potatoes
  карто́фельное пюре́ mashed potatoes

ка́рточка card, photograph
  ка́рточка вин wine list
карье́ра career
каса́ться (косну́ться) to touch, concern
  что каса́ется меня́ as far as I am concerned
  Э́то его́ не каса́ется. That is not his business.
ка́сса box office, cashier's office
кассе́ты cassettes (tapes)
кастрю́ля pot, pan, saucepan
катало́г catalogue
ката́ться (поката́ться) to ride, drive (for pleasure)
  ката́ться на конька́х to skate
категори́чески categorically
катего́рия category
кача́ние rocking, swinging
кача́ть (качну́ть) to rock, swing
  Ве́тер кача́ет дере́вья. The wind shakes the trees.
  Он кача́л голово́й. He shook his head.
ка́чество quality, virtue
  в ка́честве наблюда́теля in the capacity of an observer
  высо́кого ка́чества of high quality
качну́ть—see **кача́ть**
*****ка́ша** cereal, porridge, jumble
  гре́чневая ка́ша buckwheat cereal
  завари́ть ка́шу to stir up trouble
  У него́ ка́ша во рту́. He mumbles.
ка́шель (m.) cough
*****ка́шлять** to cough
квадра́т square
квалифика́ция qualification
квалифици́рованный qualified, skilled
кварта́л block, quarter of the year
*****кварти́ра** apartment
ке́ды canvas high-tops
кекс cake
кейс attaché case
ке́пка cap
кероси́н kerosene
киломе́тр kilometer
кино́ movies
кио́ск kiosk, stand
  кни́жный кио́ск book stand
кипе́ние boiling
  то́чка кипе́ния boiling point
кипе́ть (imp.) to boil, seethe
  кипе́ть зло́бой to boil with hatred
  Рабо́та кипи́т. Work is in full swing.
кипято́к boiling water
кисе́ль (m.) jellylike pudding, dessert
кислоро́д oxygen
кислота́ sourness, acid
  кисло́тные дожди́ acid rain
ки́слый sour

кита́ец, китая́нка Chinese (m., f.)
кита́йский Chinese (adj.)
кичли́вый conceited
кла́дбище cemetery
кла́няться (поклони́ться) to bow, greet
класс class
классифика́ция classification
класси́ческий classical
*****класть (положи́ть)** to lay, put (in a horizontal position)
  класть на ме́сто to put something in its place
  класть са́хар в чай to put sugar in one's tea
  класть фунда́мент to lay a foundation
  положи́ть коне́ц чему́-либо to put an end to something
  положи́ть себе́ на таре́лку to help oneself to food
клевета́ slander
кле́ить to glue, paste
кле́йкий sticky
кли́мат climate
кли́чка nickname
клуб club
клубни́ка strawberry
клю́ква cranberry
ключ key, clue
*****кни́га** book
ковёр rug
*****когда́** when
  когда́-нибудь sometime
  когда́-то once, formerly
кое-ка́к haphazardly
ко́жа skin
коке́тка coquette
коке́тничать (imp.) to flirt, pose, show off
ко́лба retort (chemical)
*****колбаса́** sausage
коле́но knee
колесо́ wheel
коли́чество quantity, number, amount
колле́га colleague
колле́дж college
ко́локол bell
колосса́льный colossal
*****колхо́з** collective farm
колхо́зник collective farmer
колыбе́ль (f.) cradle
кольцо́ ring
  кольцо́ ды́ма ring of smoke
  обруча́льное кольцо́ wedding ring
колю́чий prickly, thorny
кома́нда team
кома́ндовать to give orders, command
комбина́т industrial complex
комбина́ция combination
коме́дия comedy (play)

коми́ссия committee, commission
кома́р mosquito
коммерса́нт business person
комме́рция commerce, trade
комме́рческий commercial
*ко́мната room
комо́д chest of drawers
компане́йский sociable
компа́ния company
  весёлая компа́ния lively crowd
компенса́ция compensation
комплиме́нт compliment
компози́тор composer
компо́т compote
компроми́сс compromise
компью́тер computer
конве́рт envelope
*коне́ц end
  в конце́ дня at the close of the
    day
  в конце́ концо́в in the end
  приходи́ть к концу́ to come to an
    end
  Пришёл коне́ц It was the end. The
    end came.
  своди́ть концы́ с конца́ми to
    make both ends meet
*коне́чно of course, certainly
конкре́тный concrete, specific
конкуре́нт rival, competitor
конкуре́нция competition
консервати́вный conservative
конспе́кт summary, synopsis
конститу́ция constitution
конструкти́вный constructive
ко́нсул consul
ко́нсульство consulate
консульта́нт consultant
контине́нт continent
конто́ра office
контра́кт contract, agreement
контра́ст contrast
контро́ль (m.) control
  под контро́лем under the control
конфе́та candy
конфирма́ция confirmation (church)
конфли́кт conflict
конфу́зиться (сконфу́зиться) to
  become embarrassed
концентра́т concentrated product
  пищевы́е концентра́ты food con-
    centrates
конце́рт concert
концерта́нт concert performer
*конча́ть (ко́нчить) to end, finish
  конча́ть рабо́ту to finish one's
    work
  конча́ть университе́т to finish
    college, to graduate
  пло́хо ко́нчить to come to a bad
    end
  конча́ться (ко́нчиться) to end,
    finish

ко́нчиться ниче́м to come to nothing
на э́том всё и ко́нчилось and
  that was the end of it
Шко́ла конча́ется в середи́не
  ма́я. School is over in the middle
  of May.
ко́нчено enough, finished
  Всё ко́нчено. All is over.
ко́нчик tip
ко́нчить(ся)–see конча́ть(ся)
конь (m.) horse, steed
  Дарёному коню́ в зу́бы не
    смо́трят. Never look a gift horse in
    the mouth.
конькѝ (pl.) skates
коньѐк cognac
кооперати́в cooperative (n.,adj.)
коопера́тор cooperator, member of a
  cooperative
*копе́йка kopeck
  до после́дней копе́йки to the last
    penny
  копе́йка в копе́йку exactly
копи́рка carbon paper
копи́ровать (скопи́ровать) to
  copy, imitate
ко́пия duplicate, copy
  снима́ть ко́пию чего́-либо to
    make a copy of something
кора́ crust, bark
кора́бль (m.) ship, vessel
коренно́й жи́тель native
*ко́рень (m.) root
  в ко́рне fundamentally
  вырыва́ть с ко́рнем to tear up by
    the roots
  квадра́тный ко́рень square root
  красне́ть до корне́й воло́с to
    blush to the roots of one's hair
  пусти́ть ко́рни to take root
  смотре́ть в ко́рень чего́-либо to
    get at the root of something
корзи́на basket
  корзи́на для бума́ги wastepaper
    basket
коридо́р corridor
кори́чневый brown
корми́ть (накорми́ть) to feed
  Здесь хорошо́ ко́рмят. The food
    is good here.
  корми́ть обеща́ниями to feed
    with promises
коро́бка box
коро́ва cow
коро́нка crown
  ста́вить коро́нку на зуб to put a
    crown on a tooth
коро́ткий short
  в коро́ткий срок in a short time
  коро́ткая волна́ short wave
  коро́ткий путь short cut

ко́ротко briefly
коротко говоря́ in short
коро́че shorter
ко́рпус body
дипломати́ческий ко́рпус diplomatic corps
пода́ться всем ко́рпусом вперёд lean forward
корре́ктор proofreader
корреспонде́нт correspondent, reporter
корыстолю́бие self-interest, greed
коры́то trough
коря́вый rough, uneven
коса́ braid, scythe
заплета́ть ко́су to braid one's hair
косме́тика cosmetics
космети́ческий кабине́т beauty parlor
косну́ться–see каса́ться
косо́й slanting, oblique, cross-eyed
костёр bonfire, campfire
кость (f.) bone
игра́ть в ко́сти to play or throw dice
промо́кнуть до косте́й to get drenched to the skin
слоно́вая кость ivory
костю́м suit
костя́к skeleton
кот tomcat
котёнок kitten
котле́та cutlet
*кото́рый which, who
в кото́ром часу́ at what time
его́ мать, кото́рая живёт далеко́ his mother who lives far off
кото́рый из них which of them
Кото́рый час? What time is it?
кни́га, кото́рая лежи́т на столе́ the book lying on the table
ко́фе coffee
кофе́йник coffeepot
ко́фта woman's jacket
ко́фточка blouse
ко́шка cat
кошма́р nightmare
кра́жа theft, larceny
край (m.) border, edge
на са́мом краю́ on the very brink
по края́м along the edges
по́лный до краёв filled to the brim
кра́йне (adv.) extremely
*кра́йний extreme, the last
в кра́йнем слу́чае at the worst
кра́йности extremes
кра́йняя необходи́мость urgency
по кра́йней ме́ре at least
краса́вец, краса́вица handsome man, handsome woman
краси́вый beautiful, handsome

кра́сить-ся (покра́сить-ся) to color, paint
кра́ситься to put make-up on
кра́ска paint, dye
акваре́льная кра́ска water colors
ма́сляная кра́ска oil paint
писа́ть кра́сками to paint
красне́ть (покрасне́ть) to redden, blush
кра́сный red
красота́ beauty
красть (укра́сть) to steal
кра́ткий short, brief
крахма́л starch
кра́шеный painted, colored
креве́тка shrimp
крем cream
крем для бритья́ shaving cream
Кремль Kremlin
*кре́пкий strong, firm
кре́пкое здоро́вье robust health
кре́пкая ткань strong cloth
кре́пкий чай strong tea
кре́пко fast, strong
Держи́тесь кре́пко! Hold tight!
кре́пко заду́маться to fall into deep thought
кре́пко спать to sleep soundly
кре́сло armchair
крест cross
крести́ть (окрести́ть) to baptize
криво́й crooked, curved
кри́зис crisis
крик cry, shout
после́дний крик мо́ды last word in fashion
кри́кнуть–see крича́ть
криста́лл crystal
кристаллиза́ция crystallization
кри́тика criticism
ни́же вся́кой кри́тики beneath criticism
крити́ческий critical
*крича́ть (кри́кнуть) to shout, scream
кров shelter
крова́ть (f.) bed
кровь (f.) blood
*кро́ме besides, except (with gen.)
кро́ме того́ besides that
кро́ме шу́ток joking aside
кроссо́вки running shoes
круг circle
в семе́йном кругу́ in the family circle
круг знако́мых circle of acquaintances
пло́щадь кру́га area of a circle
прави́тельственные круги́ government circles
кру́глый round
в кру́глых ци́фрах in round numbers

кру́глый год the whole year round
круго́м (adv.) around, round
  Вы круго́м винова́ты. You alone
  are to blame.
  Он круго́м до́лжен. He owes
  money all around.
  поверну́ться круго́м to turn
  around
кружи́ться (закружи́ться) to spin,
  go round
  У него́ кру́жится голова́. He
  feels dizzy.
кру́пный large-scale, big
крути́ть to twist, roll up
круто́й steep
крыло́ wing
  подреза́ть кры́лья кому́-либо to
  clip someone's wings
крыльцо́ porch
кры́тый sheltered, covered
  кры́тый мост covered bridge
кры́ша roof
кста́ти (adv.) by the way
  Замеча́ние бы́ло сде́лано кста́ти.
  The remark was to the point.
  Кста́ти, как его́ здоро́вье? By
  the way, how is he?
*кто who
  кто́-нибудь anyone
  кто́-то someone
ку́бики children's playing blocks
*куда́ where, in which direction,
  where to (answer should be in
  accusative case)
кудря́вый curly
кузе́н, кузи́на cousin (m., f.)
ку́кла doll
  теа́тр ку́кол puppet show
кукуру́за corn
кула́к fist
*культу́ра culture
культу́рный educated, cultured
купа́льный bathing
купа́льник bathing suit
*купа́ться (искупа́ться) to bathe
  купа́ться в зо́лоте to roll in
  money
купи́ть–see покупа́ть
куре́ние smoking
кури́ть (imp.) to smoke
ку́рица hen, chicken
куро́рт health resort
курс course
куса́ть (imp.) to bite off, sting
*кусо́чек, кусо́к piece
ку́хня kitchen
*ку́шать to eat or take some food
  Пожа́луйста, ку́шайте пиро́г.
  Please have some pie.
куше́тка couch

Л

лаборато́рия laboratory
лавр laurel
  ла́вровый лист bay leaf
  пожина́ть ла́вры to reap laurels
  почи́ть на ла́врах to rest on one's
  laurels
ла́герь (m.) camp
*ла́дно very well, all right
лакони́ческий laconic, short-spoken
ла́мпа lamp
ла́ндыш lily of the valley
ла́ска caress, endearment
ласка́тельный caressing, endearing
  ласка́тельное и́мя pet name
  (diminutive)
ласка́ть (imp.) to caress, fondle, pet
  ласка́ть себя́ наде́ждой to flatter
  oneself with hope
ла́сковый affectionate, tender, sweet
ла́ять (imp.) to bark
лгать (imp.) to lie
лев lion
*ле́вый left
  встать с ле́вой ноги́ to get up
  on the wrong side of the bed
*лёгкий light, easy
  лёгкая инду́стрия light industry
  лёгкая просту́да slight cold
  лёгкая рабо́та light work
  лёгкий слог easy style
легко́ lightly, easily
  Он легко́ отде́лался. He got off
  easy.
легкомы́сленно thoughtlessly, light-
  mindedly
легкомы́сленность (f.) lightness,
  thoughtlessness
ле́гче easier, lighter
лёд ice
  Лёд разби́т. The ice is broken.
ледени́ть (imp.) to freeze, chill
*лежа́ть (imp.) to lie
  Го́род лежи́т на берегу́ мо́ря.
  The town is by the seashore.
  Он лежи́т в посте́ли. He stays
  in bed.
лека́рство medicine
ле́ктор lecturer
ле́кция lecture
лени́вый lazy
ле́нта ribbon
лентя́й, лентя́йка lazy person (m.,f.)
лень (f.) laziness, idleness
лес forest, woods
ле́стница stairway, stairs, ladder
ле́стный flattering, complimentary
лесть (f.) flattery
лета́ years

Они одни́х лет. They are the same age.

Ско́лько вам лет? How old are you?

*лета́ть, лете́ть (полете́ть) to fly
  лете́ть на всех пара́х to rush at full speed

ле́тний summer (adj.)

*ле́то summer
  ле́том in the summer
  на всё ле́то for the whole summer

лету́чий flying (adj.)
  лету́чая мышь bat

лётчик pilot

лече́ние medical treatment
  на лече́нии undergoing medical treatment

лечи́ть (imp.) to treat medically

лечь—see ложи́ться

ли whether, if
  ли… ли… whether… or…
  сего́дня ли, за́втра ли whether today or tomorrow
  Он не по́мнит, ви́дел ли он его́. He doesn't remember whether he has seen him.
  Посмотри́, там ли де́ти. Go and see if the children are there.

ли́бо or
  ли́бо… ли́бо… either… or…

лигату́ра alloy

ли́лия lily

лило́вый lilac, violet (color)

лимо́н lemon
  лимо́нная кислота́ citric acid

лине́йка ruler

ли́ния line
  крива́я ли́ния curved line
  ли́ния поведе́ния line of policy
  ли́ния наиме́ньшего сопротивле́ния the path of least resistance

лири́ческий lyrical

лист leaf, sheet
  дрожа́ть как лист to tremble like a leaf
  загла́вный лист title page

литера́тор writer, man of letters

литерату́ра literature

*лить (нали́ть) to pour, run (of liquid)
  Дождь льёт как из ведра́. The rain is coming down in buckets.
  лить слёзы to shed tears

лифт elevator

ли́фчик brassiere

лихора́дочный feverish

*лицо́ face
  в лице́ кого́-либо in the person of someone
  де́йствующие ли́ца cast (of a play)
  знать в лицо́ to know by sight
  исче́знуть с лица́ земли́ to disap-

pear from the face of the earth

Э́то ему́ к лицу́. This becomes him.

ли́чно personally

ли́чность (f.) personality
  переходи́ть на ли́чности to become personal

ли́чный personal

лиша́ть (лиши́ть) to deprive, rob
  лиша́ть кого́-либо насле́дства to disinherit someone
  Он лишён чу́вства ме́ры. He lacks a sense of proportion. He doesn't know when to stop.

лише́ние deprivation

лиши́ть—see лиша́ть

ли́шний extra, superfluous, unnecessary

лоб forehead

*лови́ть (пойма́ть) to catch
  лови́ть ка́ждое сло́во to devour every word
  лови́ть моме́нт to seize an opportunity
  лови́ть ры́бу to fish

ло́вкий adroit, deft

логи́ческий logical

ло́дка boat

ложи́ться (лечь) to lie down
  ложи́ться спать to go to bed
  На него́ ло́жится обя́занность. It is his duty.

ло́жка spoon
  столо́вая ло́жка tablespoon
  ча́йная ло́жка teaspoon

ложь (f.) lie, falsehood

ло́коть (m.) elbow

лома́ть (слома́ть) to break

ло́паться (ло́пнуть) to break, burst
  чуть не ло́пнуть со́ сме́ху to burst one's sides laughing

ло́пнуть—see ло́паться

лососи́на salmon

лотере́я lottery

ло́шадь (f.) horse

луг meadow

лу́жа puddle, pool
  сесть в лу́жу to get into a mess, to blunder

лужа́йка lawn

лук onion

луна́ moon

луч ray, beam

*лу́чше better
  как нельзя́ лу́чше never better
  лу́чше всего́ best of all
  Лу́чше оста́ться здесь. It is better to stay here.
  Мне лу́чше. I am better.
  тем лу́чше so much the better

лу́чший better, best
  всего́ лу́чшего all the best
  к лу́чшему for the better

лы́жи   skis
лы́сина   bald spot
лы́сый   bald, bald-headed
любе́зность   (f.) courtesy, kindness
любе́зный   polite, amiable, oblig-ing
люби́мец   pet, favorite
люби́мый   favorite, loved one
люби́тель   (m.) amateur, fancier
   люби́тельский спекта́кль   ama-teur performance
   Он люби́тель цвето́в.   He loves flowers.
люби́ть   (imp.) to like, to love
   Он её лю́бит.   He loves her.
   Он лю́бит, когда́ она́ поёт.   He likes her to sing.
любова́ться   (imp.) to admire
любо́вный   loving, amorous
*любо́вь   (f.) love
любозна́тельный   inquisitive, curi-ous
любо́й   every, any
   любо́е вре́мя   at any time
любопы́тство   curiosity
любопы́тный   curious
лю́бящий   loving, affectionate
*лю́ди   (nom. pl. of челове́к)   peo-ple, men and women
   лю́ди у́мственного труда́   white-collar workers
   лю́ди физи́ческого труда́   blue-collar workers
лю́стра   chandelier
лягу́шка   frog

М

маг   magician
*магази́н   store, shop
   магази́н гото́вого пла́тья   ready-made clothing store
   универса́льный магази́н   depart-ment store
магни́т   magnet
магнитофо́н   tape recorder
ма́зать   (imp.) to grease, lubricate, spread
   ма́зать хлеб ма́слом   to butter the bread
мазу́т   fuel oil
мазь   (f.) ointment
*май   (m.) May
ма́йка   T-shirt, tank top
майоне́з   mayonnaise
ма́кси   long skirt
максима́льный   maximum, highest possible
ма́ксимум   maximum, upper limit
   вы́жать ма́ксимум из   to get the most out of

ма́ленький   small, little
мали́на   raspberries
*ма́ло   little, few
   ма́ло изве́стный   little-known
   ма́ло наро́ду   few people
   ма́ло того́   moreover
   ма́ло того́, что   it is not enough that
   Мы его́ ма́ло ви́дим.   We see little of him.
малоду́шие   faintheartedness
малоизве́стный   little-known, not popular
малоле́тний   juvenile, under-age
ма́ло-пома́лу   gradually, little by little
ма́лый   small
   Зна́ния его́ сли́шком малы́.   His knowledge is scanty.
   ма́лый ро́стом   short
   са́мое ма́лое   the least
*ма́льчик   boy, lad
ма́ма   mama
манеке́нщица   model
мане́ра   manner, style
   У него́ хоро́шие мане́ры.   He has good manners.
ма́рка   stamp, mark; make, brand
ма́ркетинг   marketing
мармела́д   fruit jelly
март   March
маршру́т   route, itinerary
масли́на   olive
*ма́сло   butter, oil
   всё идёт, как по ма́слу.   Things are going swimmingly.
   писа́ть ма́слом   to paint in oils
ма́сса   mass, a large amount
   в ма́ссе   as a whole
   ма́сса рабо́ты   a lot of work
ма́стер   master
   быть ма́стером своего́ де́ла   to be an expert at one's job
ма́стерски   (adv.) skillfully
матема́тик   mathematician
матема́тика   mathematics
материа́л   material, stuff, fabric
   строи́тельные материа́лы   build-ing materials
   Это хоро́ший материа́л для кинокарти́ны.   That would be good material for a film.
материали́зм   materialism
мате́рия   cloth, fabric
матра́с   mattress
матро́с   sailor
мать   (f.) mother
маха́ть   (махну́ть) to wave, flap
   махну́ть руко́й   to give up as hope-less
   Он махну́л мне руко́й.   He waved his hand to me.
махну́ть—see маха́ть
маши́на   car; machine, engine

машина́льно absentmindedly, mechanically
маши́ни́стка typist (woman)
маши́нка typewriter
машинопи́сный typewritten
машиностро́е́ние mechanical engineering
мгла haze
мгнове́ние instant, moment
ме́бель (f.) furniture
меблиро́ванный furnished
мёд honey
медве́дь (m.) bear
медици́на medicine (field of)
ме́дленно slowly
ме́длить (imp.) to linger, hesitate, be slow
ме́дный copper (adj.)
медо́вый honeyed
  медо́вый ме́сяц honeymoon
  медо́вые ре́чи honeyed words
медсестра́ nurse
медь (f.) copper
*ме́жду between, among (with inst.)
  ме́жду двумя́ и тремя́ between two and three o'clock
  ме́жду на́ми говоря́ just between us
  ме́жду о́кнами between the windows
  ме́жду про́чим by the way
  ме́жду тем meanwhile
  чита́ть ме́жду строк to read between the lines
междунаро́дный international
мезони́н attic
мел chalk
меланхоли́ческий melancholy (adj.)
меланхо́лия melancholy
ме́лкий small, petty, shallow
  ме́лкие де́ньги small change
  ме́лкий дождь drizzling rain
  ме́лкий челове́к petty person
мелоди́ческий melodious
мело́дия melody
ме́лочность (f.) meanness, pettiness
ме́лочь (f.) small things, small change, details
мель (f.) shoal, shallow
мелька́ть (мелькну́ть) to flash, gleam
  У него́ мелькну́ла мысль. An idea flashed across his mind.
мелькну́ть–see мелька́ть
ме́неджер manager
ме́нее less
  бо́лее и́ли ме́нее more or less
  Ему́ ме́нее сорока́ лет. He is not forty yet.
  ме́нее всего́ least of all
  тем не ме́нее nevertheless
*ме́ньше smaller, less
  не бо́льше не ме́ньше как nei-

ther more nor less than
ме́ньший lesser, younger
  ме́ньшая часть lesser part
меньшинство́ minority
меню́ menu
меня́ть-ся (поменя́ть-ся) to change
  меня́ть де́ньги to change one's money
  меня́ть пла́тье to change one's clothes
  меня́ть своё мне́ние to change one's opinion
  меня́ться роля́ми to switch roles
ме́ра measure
  в значи́тельной ме́ре in a large measure
  ме́ры длины́ linear measure
  не знать ме́ры to be immoderate, to know no limits
  по кра́йней ме́ре at least
  реши́тельные ме́ры drastic measures
  соблюда́ть ме́ру to keep within limits
мерза́вец villain
мёрзлый frozen
мёрзнуть (imp.) to freeze
ме́рить (приме́рить, сме́рить) to measure
  приме́рить пла́тье to try on a dress
  сме́рить взгля́дом to measure with one's eyes, to give a dirty look
мероприя́тие arranged event
мёртвый dead, lifeless
  мёртвая тишина́ dead silence
  мёртвая то́чка standstill
  мёртвый язы́к dead language
  спать мёртвым сном to be sound asleep, to sleep like a rock
ме́стный local
  ме́стный жи́тель inhabitant
*ме́сто place, seat, locality
  знать своё ме́сто to know one's place
  иска́ть ме́ста to look for a job
  Нет ме́ста. There is no room.
  уступа́ть ме́сто кому́-либо to give up one's place to someone
  хоро́шее ме́сто для до́ма an excellent site for a house
местоиме́ние pronoun
*ме́сяц month, moon
мета́лл metal
металлу́рг metallurgist
металлурги́я metallurgy
метла́ broom
ме́тод method
мето́дика methods
методи́ческий systematic, methodical
метр meter
метро́ subway

механиза́ция   mechanization
механизи́рованный   mechanized
меха́ник   engineer
меха́ника   mechanics
механи́ческий   mechanical
меч   sword
меч-ры́ба   swordfish
мечта́   daydream
мечта́тельный   dreamy, pensive
мечта́ть   (imp.) to daydream
*меша́ть   to hinder
   е́сли ничто́ не помеша́ет   if noth-
    ing interferes
мешо́к   bag, sack
   Костю́м сиди́т на нём мешко́м.
    His clothes are baggy.
   мешки́ под глаза́ми   bags under
    one's eyes
миг   instant, moment
   ми́гом   in a flash
мига́ть (мигну́ть)   to blink, wink
   мигну́ть кому́-либо   to wink at
    someone
мигну́ть—see мига́ть
микроско́п   microscope
микрофо́н   microphone
милиционе́р   policeman
мили́ция   police station
миллиа́рд   billion
миллио́н   million
милосе́рдие   mercy, clemency
ми́лость   (f.) favor, grace
   быть в ми́лости у кого́-либо   to
    be in someone's good graces
   из ми́лости   out of charity
   ми́лости про́сим   welcome
   Сде́лайте ми́лость.   Do me a favor.
*ми́лый   dear, lovely
ми́ля   mile
ми́мо   past, by (prep. with gen.)
мимолётный   fleeting
ми́на   mine
минда́ль   (m.) almond
минера́л   mineral
ми́нимум   minimum
ми́ни-ЭВМ   electronic minicomputer
минова́ть   (imp.) to escape, pass
   Ему́ э́того не минова́ть.   He can-
    not escape it.
   Опа́сность минова́ла.   The danger
    is past.
   Чему́ быть, того́ не минова́ть.
    What will be, will be.
*мину́та   minute
   под влия́нием мину́ты   on the
    spur of the moment
   Подожди́те мину́ту.   Wait a
    minute.
   сию́ мину́ту   this very minute
*мир   peace, world
   литерату́рный мир   literary world
   Мир победи́т войну́.   Peace will

    triumph over war.
   со всего́ ми́ра   from every corner of
    the globe
*мири́ться (помири́ться)   to recon-
   cile
   помири́ться с кем-ли́бо   to be
    reconciled with someone
   примири́ться со свои́м
    положе́нием   to reconcile oneself
    to one's situation
ми́рный   peaceful
мировоззре́ние   world outlook
ми́ска   basin, soup tureen
ми́стика   mysticism
мла́дший   younger, junior
мне́ние   opinion
   быть о себе́ сли́шком высо́кого
    мне́ния   to think too much of one-
    self
   Я того́ мне́ния.   I am of that opin-
    ion.
мно́гие   many
   во мно́гих отноше́ниях   in many
    respects
*мно́го   much, many, a lot
   мно́го рабо́ты   much work
   о́чень мно́го   very much
   прошло́ мно́го вре́мени   a long
    time passed
многозначи́тельно   significantly
многокра́тно   repeatedly
многообра́зие   variety, diversity
многосторо́нний   versatile, many-
   sided
многоуважа́емый   respected
многоуго́льник   polygon
мно́жество   great number
   Их бы́ло мно́жество.   There were
    many of them.
моги́ла   grave
мо́да   fashion, vogue
   быть оде́тым по мо́де   to be fash-
    ionably dressed
модерни́зм   modernism
мо́дный   fashionable, stylish
мо́жет быть   perhaps
   Не мо́жет быть.   It is impossible.
*мо́жно   one may, it is possible
   е́сли мо́жно   if possible
   Здесь мо́жно кури́ть.   One may
    smoke here.
   как мо́жно скоре́е   as soon as
    possible
   Мо́жно откры́ть окно́?   May I
    open the window?
мозг   brain
*мой, моя́, моё, мои́   my
мо́кнуть   (imp.) to become wet
мо́кро   It is wet.
   На у́лице мо́кро.   It is wet outside.
мо́крый   wet, moist
моле́кула   molecule

молекуля́рный вес molecular weight

моли́тва prayer

моли́ть (imp.) to pray, entreat

мо́лния lightning

молодёжь (f. collective) youth, young people

*молоде́ц fine fellow

вести́ себя́ молодцо́м to behave oneself magnificently

Молоде́ц! Well done!

молодо́й young, youthful, new

мо́лодость (f.) youth

не пе́рвой мо́лодости not in one's first youth

молоко́ milk

мо́лот hammer, mallet

мо́лча (adv.) silently, without a word

молчали́вый taciturn, silent

молча́ние silence

молча́ть (imp.) to be silent

моль (f.) moth

моме́нт moment, instant

момента́льно instantly

моне́та coin

зво́нкая моне́та hard cash

плати́ть кому́-либо то́й же моне́той to pay someone in his own coin

приня́ть за чи́стую моне́ту to take at its face value

моното́нность (f.) monotony

мора́ль (f.) moral

мора́льный moral, ethical

мо́ре sea

морко́вь (f.) carrot

моро́женое ice cream

моро́женый frozen, chilled

моро́з frost, freezing weather

морска́я сви́нка guinea pig

морщи́на wrinkle (facial)

москви́ч inhabitant of Moscow

моско́вский Moscow (adj.)

мост bridge

мото́р motor, engine

*мочь (смочь) to be able

мрак gloom, darkness

мра́мор marble

мра́чный gloomy, somber

мсти́тельность (f.) vindictiveness, vengefulness

*мсти́ть (отомсти́ть) to avenge oneself

мудре́ц sage, wise man

му́дрость (f.) wisdom

му́дрый wise, sage

муж husband

му́жество courage, fortitude

мужско́й (grammatical) masculine

мужско́й портно́й men's tailor

*мужчи́на (m.) man

музе́й museum

му́зыка music

музыка́льный musical

музыка́нт musician

му́ка torment, torture

мука́ flour

мультипликацио́нный фильм cartoon, animated film

му́мия mummy

мураве́й ant

му́скул muscle

му́сор rubbish, refuse

мусоросжига́тельная печь incinerator

му́тный dull, cloudy, muddy

лови́ть ры́бу в му́тной воде́ to fish in troubled waters

му́ха fly

де́лать из му́хи слона́ to make mountains out of molehills

Кака́я му́ха его́ укуси́ла? What's troubling him?

муче́ние torture, torment

му́чить (imp.) to torment, worry

Э́то му́чит мою́ со́весть. It lies heavily on my conscience.

*мы we

мы́ло soap

мы́сленно mentally

мы́слить to think, reflect

мысль (f.) thought, idea

Мысль пришла́ ему́ в го́лову. A thought occurred to him.

предвзя́тая мысль preconceived idea

мы́слящий thinking, intellectual

мы́ть-ся (помы́ть-ся, вы́мыть-ся) to wash (oneself)

мышь (f.) mouse

лету́чая мышь bat

мя́гкий soft, gentle

мя́гкий звук mellow sound

мя́гкий кли́мат mild climate

мя́гкое движе́ние gentle movement

мя́гкое се́рдце soft heart

мя́гко softly, mildly

мя́гкость (f.) softness, gentleness

мягчи́ть (смягчи́ть) to soften

мя́со meat

мяч ball

игра́ть в мяч to play ball

Н

*на on, onto–direction–(with acc.); for extent of time (with acc.); on, in, at–location–(with prep.)

говори́ть на иностра́нном языке́ to speak in a foreign language

е́хать на по́езде to ride on the train

име́ть что́-либо на свое́й со́вести to have something on one's conscience

Кни́га лежи́т на столе́. The book is lying on the table.

на э́той неде́ле this week

на се́вер to the north

на се́вере in the north

Он прие́хал на неде́лю. He came for a week.

переводи́ть на друго́й язы́к to translate into a different language

помно́жить пять на три to multiply five by three

ре́зать на куски́ to cut into pieces

сесть на по́езд to take the train

уро́к на за́втра lesson for tomorrow

Я положи́л кни́гу на стол. I put the book on the table.

на, на́те here, here you are, take it (familiar)

набира́ть–набра́ть очки́ to earn points (also in sports)

набира́ться (набра́ться) to accumulate, acquire

набра́ться но́вых сил to find new strength

набра́ться ума́ to acquire wisdom

наблюда́тель (m.) observer

наблюда́ть (imp.) to observe, keep one's eyes on, control

набо́жность (f.) devotion, piety

набра́ться–see **набира́ться**

набро́сок sketch, outline

наве́к, наве́ки forever

***наве́рно** surely, most likely

наве́рх up, upward (motion toward)

наверху́ above, upstairs

на́волочка pillowcase

навсегда́ forever

навстре́чу to meet

идти́ навстре́чу кому́-либо to go to meet someone

навы́ворот inside out

нагиба́ть (нагну́ть) to bend

на́глость (f.) impudence, insolence

нагляде́ться (perf.) to see enough

не нагляде́ться на кого́-либо never to be tired of looking at someone

нагну́ть–see **нагиба́ть**

нагоня́ть - нагна́ть це́ну to inflate the price, to boost the value

нагото́ве in readiness, at call

держа́ть нагото́ве to keep in readiness

награ́да reward, prize

нагрева́ть (нагре́ть) to warm, heat

нагре́ть see **нагрева́ть**

***над** above, over (with inst.)

висе́ть над столо́м to hang over the table

засыпа́ть над кни́гой to fall asleep over a book

рабо́тать над те́мой to work at a subject

смея́ться над ке́м-либо to laugh about someone

наде́жда hope

в наде́жде in the hope of

пита́ть наде́жды to cherish hopes

подава́ть наде́жды to offer hope, to show promise,

наде́жность (f.) reliability

наде́жный reliable, trustworthy

надели́ть–see **наделя́ть**

наделя́ть (надели́ть) to allot, provide

***наде́яться** (imp.) to hope

наде́яться на кого́-либо to rely on someone

Я наде́юсь уви́деть вас сего́дня. I hope to see you today.

на́до its is necessary, one must

мне на́до I must

на́добность (f.) necessity

в слу́чае на́добности in case of need

Нет никако́й на́добности. There is no need whatever.

надоеда́ть (надое́сть) to pester, bore

Он мне до́ смерти надое́л. He bored me to death.

надое́сть–see **надоеда́ть**

надо́лго for a long time

надписа́ть–see **надпи́сывать**

надпи́сывать (надписа́ть) to inscribe

на́дпись (f.) inscription

надува́ть (наду́ть) to inflate, puff out

наду́ть гу́бы to pout

наду́ть–see **надува́ть**

наеда́ться (нае́сться) to eat one's fill

нае́сться–see **наеда́ться**

нажа́ть–see **нажима́ть**

нажима́ть (нажа́ть) to press, put pressure on

нажи́ться (perf.) to make a fortune

***наза́д** back, backward

смотре́ть наза́д to look back

тому́ наза́д ago

мно́го лет тому́ наза́д many years ago

шаг наза́д a step backward

назва́ние name (inanimate things)

назва́ть (ся)–see **называ́ть (ся)**

назнача́ть (назна́чить) to appoint, fix, set

назнача́ть день to set a day

назнача́ть це́ну to fix a price

назна́чить–see **назнача́ть**

называ́ть (назва́ть) to call, name

Де́вочку нельзя́ назва́ть краса́вицей. The girl cannot be called a beauty.

Его́ называ́ют Ва́ней. They call him Vanya.

называ́ть ве́щи свои́ми имена́ми to call a spade a spade

наибо́лее most

  наибо́лее удо́бный most convenient

наизу́сть by heart

  знать наизу́сть to know from memory

найти́ (сь)—see **находи́ть (ся)**

нака́з order, instruction

наказа́ние punishment

накану́не on the eve of

наклоне́ние inclination, mood (gram.)

накло́нность (f.) inclination, leaning

  име́ть накло́нность к чему́-либо to have an inclination for something

наконе́ц at last, finally

накорми́ть—see **корми́ть**

накрахма́ленный starched stiff

накрыва́ть (накры́ть) to cover

  накрыва́ть стол ска́тертью to cover the table with a cloth

  накры́ть стол to set the table

накры́ть—see **накрыва́ть**

нале́во to the left

*****налива́ть (нали́ть)** to pour out, fill

  нали́ть ча́шку ча́я to pour out a cup of tea

нали́ть—see **налива́ть**

нали́чный available, on hand

  нали́чные (де́ньги) cash on hand

нало́г tax

намёк hint

  поня́ть намёк to take a hint

  сде́лать намёк to drop a hint

намека́ть (намекну́ть) to hint at, imply

намекну́ть—see **намека́ть**

наме́рение intention, purpose

наме́ренный intentional, deliberate

наме́тить—see **намеча́ть**

намётка basting

намеча́ть (наме́тить) to plan, outline

намока́ть (намо́кнуть) to get wet

намо́кнуть—see **намока́ть**

нанима́ть (наня́ть) to rent, hire

наня́ть—see **нанима́ть**

наоборо́т on the contrary

напева́ть (напе́ть) to hum

напе́ть—see **напева́ть**

напеча́тать—see **печа́тать**

написа́ние spelling

написа́ть—see **писа́ть**

напи́ток drink, beverage

напо́лнить—see **наполня́ть**

наполня́ть (напо́лнить) to fill

напомина́ние reminder

напомина́ть (напо́мнить) to remind

  напо́мним, что we would remind you that

  Он напомина́ет свою́ мать. He resembles his mother.

напо́мнить - see **напомина́ть**

напра́вить - see **направля́ть**

направле́ние direction, trend

  во всех направле́ниях in all directions

  литерату́рное направле́ние literary school

направля́ть (напра́вить) to direct, turn

  Меня́ напра́вили к вам. I was directed to you.

  направля́ть внима́ние to direct attention

  направля́ть свои́ шаги́ to direct one's steps

напра́во to the right

напра́сно in vain, to no purpose, wrongly

  вы напра́сно так ду́маете you are mistaken if you think that

  Его́ напра́сно обвини́ли. He was wrongly accused.

  Напра́сно ждать чего́-либо от него́. It is useless to expect anything of him.

наприме́р for instance

напрока́т for hire (only object, not person)

  взять напрока́т to hire

*****напро́тив** on the contrary

напряга́ть (напря́чь) to strain

напряже́ние effort, tension

  высо́кое напряже́ние high tension

напряжённый strained, tense

напря́чь—see **напряга́ть**

напи́сано it is written

напу́ганный frightened, scared

напуга́ть (perf.) to frighten

напуга́ться to become frightened

напу́дриться—see **пу́дриться**

напуска́ть (напусти́ть) to fill

  напусти́ть воды́ в ва́нну to fill a bathtub

напусти́ть—see **напуска́ть**

нараспе́в in a singsong voice

нареза́ть (наре́зать) to slice, to cut into pieces

наре́зать—see **нареза́ть**

нарисова́ть—see **рисова́ть**

*****наро́д** nation, people

  мно́го наро́ду crowd, many people

наро́дность (f.) nationality

наро́дный folk, national

наро́чно purposely
  как наро́чно as luck would have it
нару́жно outwardly
нару́жность (f.) appearance, exterior
наруша́ть (нару́шить) to break, disturb
  наруша́ть поко́й to disturb the peace
  наруша́ть сло́во to break one's promise
наруше́ние breach, violation
нару́шить—see **наруша́ть**
наря́д attire, smart clothes
наря́дно smartly (dressed)
наряду́ side by side, at the same time
  наряду́ с э́тим at the same time
насеко́мое insect
населе́ние population
наси́лие violence, coercion
наси́ловать (изнаси́ловать) to force, violate, rape
наси́льно by force, under compulsion
наскво́зь through, throughout
  ви́деть кого́-либо наскво́зь to see through someone
  наскво́зь промо́кнуть to get wet through
наско́лько how much, as far as
  наско́лько мне изве́стно as far as I know
  Наско́лько он ста́рше вас? How much older is he than you?
на́скоро hastily, carelessly
  де́лать что́-либо на́скоро to do something carelessly
наску́чить (perf.) to bore, annoy
  Мне наску́чило э́то. I am bored by this.
наслади́ться—see **наслажда́ться**
наслажда́ться (наслади́ться) to take pleasure in, enjoy
  наслажда́ться му́зыкой to enjoy the music
наслажде́ние delight, enjoyment
насле́дник heir, successor
насле́довать (imp.) to inherit, succeed
насле́дственный hereditary
насле́дство inheritance, legacy
насмеха́ться (imp.) to mock, deride
насме́шка mocking
на́сморк head cold
насоли́ть—see **соли́ть**
насо́с pump
наста́ивать (настоя́ть) to insist on, persist
  наста́ивать на своём to insist on having one's own way
на́стежь (adv.) wide
  О́кна бы́ли на́стежь откры́ты. The windows were wide open.

настига́ть (насти́гнуть) to overtake
насти́гнуть—see **настига́ть**
насто́йчивость (f.) persistence, insistence
насто́йчивый persistent, urgent
насто́лько so, this much
настоя́тельность (f.) urgency
настоя́ть—see **наста́ивать**
настоя́щее the present (noun)
настоя́щий present, real, genuine
  настоя́щее вре́мя present tense
  настоя́щий друг true friend
  настоя́щий мужчи́на real man
настрое́ние mood, frame of mind
  быть в настрое́нии to be in good spirits
  У меня́ нет для э́того настрое́ния. I am not in the mood for that.
наступа́ть (наступи́ть) to come (of time)
  наступи́ла весна́. Spring came.
  Наступи́ло коро́ткое молча́ние. A brief silence ensued.
наступи́ть—see **наступа́ть**
наступле́ние coming, approach, offensive attack (military)
насчёт as regards, concerning
  насчёт э́того so far as that matter is concerned
насы́пать—see **насыпа́ть**
насыпа́ть (насы́пать) to pour, fill (dry products)
насы́тить—see **насыща́ть**
насыща́ть (насы́тить) to saturate, satiate
насы́щенность (f.) saturation
насы́щенный saturated
нату́ра nature
  Он по нату́ре о́чень до́брый челове́к. He is a kind man by nature.
  плати́ть нату́рой to pay in kind
  рисова́ть с нату́ры to paint from life
  Э́то ста́ло у него́ второ́й нату́рой. It became second nature with him.
нату́ральный natural
  в натура́льную величину́ life-size
  натура́льный шёлк genuine silk
нау́ка science, study
  занима́ться нау́кой to be a scientist
  то́чные нау́ки exact sciences
научи́ть (perf.) to teach
  научи́ть кого́-либо англи́йскому языку́ to teach someone English
научи́ться (perf.) to learn something
нау́чно scientifically
нау́чно-иссле́довательский (adj.) scholarly

нау́чный scientific
  нау́чный сотру́дник research
  assistant
наха́льство impudence
находи́ть (найти́) to find, discover
  Его́ нахо́дят у́мным. He is considered clever
  находи́ть утеше́ние to find comfort
  Он ника́к не мог найти́
  причи́ну э́того. He never man-
  aged to discover the cause of it.
находи́ться (найти́сь) to be found
  or situated
  Дом нахо́дится в па́рке The
  house is in a park.
  Он всегда́ найдётся. He is never
  at a loss.
  Рабо́та для всех найдётся. We
  will find work for everyone.
нахму́риться—see хму́риться
националисти́ческий nationalistic
национа́льность (f.) nationality
на́ция nation
*нача́ло beginning
  в нача́ле го́да in the beginning of
  the year
  для нача́ла to start with
  с нача́ла from the beginning
нача́льный elementary, initial
  нача́льные гла́вы рома́на opening chapters of the novel
  нача́льная шко́ла elementary
  school
нача́ть—see начина́ть
начина́ть (нача́ть) to begin, start
  нача́ть пить to start drinking
  начина́ть день прогу́лкой to
  begin the day with a walk
  Он на́чал рабо́тать He began
  working.
начина́ющий beginner
начи́нка filling, stuffing
начи́танный well-read
*наш, на́ша, на́ше, на́ши our
нашива́ть (наши́ть) to sew on
наши́ть—seee нашива́ть
нашуме́ть (perf.) to make much noise
*не not
  не́ на кого положи́ться no one
  to rely on
  не то́лько not only
  не тру́дный, но не просто́й not
  difficult but not simple
  Он не мо́жет чита́ть. He cannot
  read.
  Э́то не ва́ша кни́га. It is not your
  book.
  Э́то не так. That is not so.
  Э́то не шу́тка. It is no joke.
не- negative prefix with adjectives,
  "un-"

неаккура́тный inaccurate, unpunctu-
  al, messy
небе́сный celestial, heavenly
неблагода́рность (f.) ingratitude
неблагоразу́мие imprudence
неблагоскло́нность (f.) unfavorable
  attitude
*не́бо sky, heaven
  быть на седьмо́м не́бе to be in
  seventh heaven
  под откры́тым не́бом in the open
  air
небоскрёб skyscraper
небо́сь it is most likely, one must be
  Он, небо́сь, уста́л. He must be tired.
*небре́жность (f.) carelessness, neg-
  ligence
небре́жный careless, slipshod
небри́тый unshaven
небыва́лый unprecedented, fantastic
небью́щийся unbreakable
  небью́щееся стекло́ safety glass
нева́жно (interj.) never mind, it
  is unimportant
нева́жно (adv.) poorly, indifferently
  Он себя́ нева́жно чу́вствует.
  He doesn't feel well.
  Рабо́та сде́лана нева́жно. The
  work is poorly done.
неве́дение ignorance
  находи́ться в неве́дении to be in
  ignorance
неве́домый unknown, mysterious
неве́жество ignorance
неве́жественный ignorant
неве́жливый impolite, rude
неве́рно incorrectly
невероя́тно incredibly, inconceivably
невероя́тность (f.) incredibility
невесо́мость (f.) weightlessness
неве́ста (f.) fiancée, bride
невзго́да (f.) adversity
невзра́чный homely, ill-favored
неви́димый invisible
неви́нность (f.) innocence, naiveté
неви́нный innocent, harmless
невку́сный not tasty
невнима́тельный inattentive, careless
невозвра́тность irrevocability
невозде́ржанность lack of self-control
невозмо́жно impossible, it is impossible
нево́льно involuntarily, unintentionally
невоспи́танный unmannerly
невреди́мый safe, unharmed
невы́годно disadvantageously, it is
  not advantageous
  ста́вить в невы́годное положе́-
  ние to place at a disadvantage
*негати́вный negative

*не́где   nowhere, no place (plus infinitive)

Не́где сесть.   There is nowhere to sit.

него́дность   (f.) unfitness, worthlessness

негодова́ние   indignation

негодя́й   scoundrel, villain

негра́мотность   (f.) illiteracy

неграцио́зный   ungraceful

*неда́вно   recently, not long ago

*недалеко́   not far

Им недалеко́ идти́.   They have a short way to go.

недалеко́ то вре́мя, когда́   the time is not far, when

недалёкость   (f.) narrow-mindedness, dull-wittedness

неда́ром   not without reason, not in vain

неда́ром говоря́т   not without reason is it said

неделика́тный   indelicate, rough

*неде́ля   week

ка́ждую неде́лю   every week

че́рез неде́лю   in a week

недёшево   at a considerable price

Э́то ему́ недёшево доста́лось.   It cost him dearly.

недове́рие   distrust

недове́рчивый   distrustful

недово́льный   dissatisfied

недово́льство   dissatisfaction, discontent

недоеда́ние   malnutrition

недоко́нченный   unfinished

недо́лго   not long

недо́лго ду́мая   without a second thought

недооце́нивать (недооцени́ть)   to underestimate, undervalue

недооцени́ть see недооце́нивать

недоразуме́ние   misunderstanding

недостава́ть (недоста́ть)   to lack, be missing

Ему́ недостаёт слов, что́бы вы́разить…   he cannot find words to express…

Нам о́чень недостава́ло вас.   We missed you very much.

Чего́ вам недостаёт?   What do you lack?

недоста́ток   shortage, defect

за недоста́тком чего́-либо   for want of something

име́ть серьёзные недоста́тки   to have serious shortcomings

недоста́точно   insufficiently

недоста́ть—see недостава́ть

недостижи́мый   unattainable

недосто́йный   unworthy

недоуме́ние   bewilderment, perplexity

недохо́дный   unprofitable

недружелю́бный   unfriendly

недурно́   not bad! (adj.), rather well (adv.)

неесте́ственный   unnatural, affected

неже́натый   unmarried (of a man)

не́жность   (f.) tenderness

не́жный   tender, delicate, loving

не́жный во́зраст   tender age

не́жное здоро́вье   delicate health

не́жный сын   loving son

незабыва́емый   unforgettable

незави́симость   (f.) independence

незави́симый   independent

незако́нный   illegal

незакономе́рный   irregular

незако́нченный   incomplete, unfinished

незаме́тно   imperceptible, not noticeable

незаму́жняя   unmarried (of women)

незаслу́женный   undeserved

нездоро́вый   unwell, indisposed

незнако́мец   stranger

незначи́тельный   negligible, unimportant

незре́лый   unripe, immature

неизве́стно   It is not known.

неизве́стный   unknown, obscure

неи́скренний   insincere

неи́скренность   (f.) insincerity

неискушённый   inexperienced, unsophisticated

неквалифици́рованный   unskilled

*не́который   some

до не́которой сте́пени   to a certain extent

не́которое вре́мя   some time

не́которые из них   some of them

некраси́вый   unattractive, ugly

некульту́рный   uncivilized, uncultured

неле́пость   (f.) absurdity

неле́пый   ridiculous, incongruous

нелётный (о пого́де)   nonflying, unsuitable for flying, (about weather)

нелицеме́рный   sincere, frank

нело́вкий   awkward, clumsy, inconvenient

нело́вкое молча́ние   awkward silence

оказа́ться в нело́вком положе́нии   to find oneself in an awkward situation

*нельзя́   it is impossible, one cannot

Здесь кури́ть нельзя́.   Smoking is not permitted here.

как нельзя́ лу́чше   in the best way possible

Там нельзя́ дыша́ть.   It is impossible to breath there.

нелюбе́зность   (f.) coldness, discourtesy

нелюбе́зный   ungracious, discourteous

нелюди́мый unsociable
неме́дленно immediately
не́мец, не́мка German (m., f.)
неме́цкий German (adj.)
немилосе́рдный merciless, unmerciful
немину́емо inevitably, unavoidably
*немно́го a little, a few
немно́жко a trifle, a bit
немо́й mute, deathly still
  немо́е обожа́ние mute adoration
  немо́й dumb man
ненави́деть (imp.) to hate, detest
не́нависть (f.) hatred
ненадёжный unreliable, untrustworthy
ненадо́лго for a short while
ненаме́ренно unintentionally
необразо́ванный uneducated
необходи́мо it is necessary
  Необходи́мо ко́нчить рабо́ту.
  It is necessary to finish the work.
необходи́мость (f.) necessity
необходи́мый necessary, indispensable
необыкнове́нный unusual
неограни́ченный unlimited
неодобри́тельный disapproving
неодушевлённый inanimate
неожи́данно unexpectedly
неожи́данность (f.) suddenness, unexpectedness
неопра́вданный unjustified
неопределённый indefinite, indeterminate
нео́пытный inexperienced
неоргани́ческий inorganic (chemistry)
неотврати́мость (f.) inevitability
неотчётливый vague, indistinct
неохо́та reluctance
неохо́тно unwillingly, reluctantly
неплодоро́дный barren, infertile
неплохо́й not bad, quite good
неподви́жно motionless
неподви́жный immovable, stationary
неподку́пный incorruptible, someone who can't be bought
неподходя́щий unsuitable, inappropriate
неполноце́нность (f.) inferiority
непо́лный incomplete, imperfect
непонима́ние incomprehension, misunderstanding
непоря́дочный dishonorable, ungentlemanly
непоси́льный beyond one's strength
*непра́вда untruth, falsehood
непра́вильно irregularly, erroneously, incorrectly
*непреме́нно certainly, without fail
непреодоли́мый insurmountable, unconquerable

непреры́вно uninterruptedly, continuously
непреры́вность (f.) continuity
неприве́тливый unfriendly, ungracious
непривлека́тельный uninviting, unpleasant
неприли́чный indecent, unseemly
  Како́е неприли́чное поведе́ние!
  What disgraceful behavior!
непринуждённо without embarrassment, nonchalantly
  чу́вствовать себя́ непринуждённо
  to feel at ease
непринуждённый natural, free and easy
  непринуждённая по́за natural attitude, poise
неприя́тно unpleasant, it is unpleasant
неприя́тность (f.) trouble, annoyance
неприя́тный unpleasant, disagreeable
непрости́тельный unpardonable, inexcusable
непрямо́й indirect, hypocritical
нера́венство inequality
неразлу́чный inseparable
неразу́мие foolishness, unreason
неразу́мный unreasonable, unwise
нерасчётливость (f.) extravagance
нерасчётливый extravagant, wasteful
нерв nerve
  де́йствовать кому́-либо на не́рвы
  to get on someone's nerves
  страда́ть не́рвами to have a nervous disease
не́рвничать (imp.) to be nervous
не́рвный nervous
нереши́тельность (f.) indecision
неро́вный uneven, rough
несвя́зно incoherently
несгора́емый fireproof
*не́сколько several, some, a few
нескро́мный immodest, indiscreet
несло́жный simple, uncomplicated
неслы́шный inaudible
несмотря́ на то, что despite the fact that
несно́сный unbearable, intolerable
несоверше́нный imperfect, incomplete
несовмести́мый incompatible
несогла́сие dissent, disagreement, difference of opinion
несомне́нно undoubtedly, beyond all question
неспоко́йный restless, uneasy
неспосо́бный incapable, incompetent
несправедли́вость (f.) injustice, unfairness
несправедли́вый unjust, unfair

несравне́нно incomparably, match-
lessly
несравни́мый incomparable,
unmatched
нестерпи́мый unbearable, intolerable
нести́, носи́ть (imp.) to bear, carry
нести́ отве́тственность to bear the
responsibility
несчастли́вый unfortunate
несча́стный unhappy, unfortunate
несча́стье misfortune
к несча́стью unfortunately
несъедо́бный inedible
*нет no, there is (are) not
Бу́дет он там и́ли нет? Will he
be there or not?
Его́ нет до́ма. He is not at home.
ещё нет not yet
Почему́ нет? Why not?
совсе́м нет not at all
Там никого́ нет. There is no one
there.
нетерпели́во impatiently
нетерпели́вый impatient
нетерпе́ние impatience
нетерпи́мый intolerant
нетре́бовательный unpretentious,
modest
неуважи́тельно disrespectfully
неуве́ренный uncertain, hesitating
неуго́дный undesirable
неуда́ча failure
неуда́чный unsuccessful, unfortunate
неудо́бный uncomfortable, inconvenient
неудо́бство inconvenience, discomfort
неудовлетвори́тельный unsatisfactory, inadequate
неудово́льствие displeasure
*неуже́ли! Really! Is it possible!
неуклю́жий clumsy, awkward
неутоми́мый tireless
неую́тный bleak, not cozy
нефтяно́й та́нкер oil tanker
не́хотя unwillingly, reluctantly
*неча́янно accidentally
нече́стный dishonest
нечи́стый unclean, impure
нечи́стая со́весть guilty conscience
нечи́стое де́ло suspicious affair
*ни not a
Не мог найти́ ни одного́
приме́ра. He could not find a single example.
Ни ка́пли не упа́ло. Not a single
drop fell.
ни... ни... neither... nor...
Ни ра́зу не ви́дела его́. She never
saw him.
*нигде́ nowhere
*ни́жний lower

ни́жнее бельё underwear
ни́жний эта́ж ground floor
*ни́зкий low, short, inferior
ни́зкий го́лос deep voice
ни́зкое ка́чество poor quality
*ника́к in no way
Ника́к нельзя́. It is quite impossible.
Он ника́к не мог откры́ть
я́щик. In no way could he open
the box.
*никогда́ never
никогда́ бо́льше never again
никогда́ в жи́зни never in one's
life
почти́ никогда́ hardly ever
*никто́ no one
*никуда́ nowhere
никуда́ не годи́тся won't do at all
никуда́ не го́дный челове́к
good-for-nothing
*ниско́лько not at all, not in the least
Это ниско́лько не тру́дно. It is
not difficult at all.
ни́тка thread
вдева́ть ни́тку в иго́лку to thread
a needle
нитра́ты nitrates
*ничего́ nothing, never mind, it
doesn't matter
Ничего́! It's nothing! No harm done.
Ничего́ не ви́дел. He saw nothing.
Ничего́ не поде́лаешь. There's
nothing to be done.
ничего́ подо́бного nothing of the
sort
Это ему́ ничего́. It is nothing to
him.
Это ничего́ не зна́чит. It means
nothing.
ничто́жный insignificant, worthless
*но but
нова́торство innovation
новомо́дный new-fashioned,
modern
новосе́лье housewarming
но́вость (f.) news
*но́вый new, modern
Что но́вого? What's new?
*нога́ foot, leg
вверх нога́ми upside down
встать с ле́вой ноги́ to get up on
the wrong side of the bed
идти́ в но́гу to keep pace
со всех ног as fast as one can run
стать на́ ноги to become independent
но́готь fingernail, toenail
*нож knife
*но́жницы scissors
*но́мер number
но́рма standard, norm

норма́льно normally
норма́льный normal, sane
  норма́льные усло́вия normal conditions
*нос nose
  говори́ть в нос to speak nasally
  не ви́деть да́льше своего́ но́са to see no further than one's nose
  носово́й плато́к handkerchief
  перед но́сом under one's nose
  сова́ть нос во что́-либо to pry into something
  уткну́ться но́сом во что́-либо to bury oneself into something
*носи́ть (imp.) to carry (by hand), wear (clothes)
носи́ться (imp.) to wear
  Эта мате́рия бу́дет хорошо́ носи́ться. This material will wear well.
носо́к, носки́ sock, socks
но́ты music (printed music)
  игра́ть без нот to play without music
*ночева́ть (imp.) to spend the night
*ночь (f.) night
  но́чью at night
  споко́йной но́чи good night
ноя́брь (m.) November
нрав disposition, temper
  У него́ весёлый нрав. He has a cheerful disposition.
  Это ему́ не по нра́ву. It goes against his grain.
*нра́виться (понра́виться) to please
  Ему́ нра́вится её лицо́. He likes her face.
  Она́ стара́ется нра́виться ему́. She tries to make him like her.
  Это ему́ не понра́вилось. He did not like it.
нра́вственный moral
*нра́вы (pl.) customs, morals and manners
ну! Well! now
  Ну, и что же да́льше? Well, and what then?
  Ну, коне́чно. Why, of course.
  Ну так что́ же? Well, what of it?
нужда́ need
  в слу́чае нужды́ in case of need
нужда́ться (imp.) to need, want
*ну́жно it is necessary, one should
  мне ну́жно I need
  Это ну́жно сде́лать. It must be done.
ну́жный necessary
нуль (m.) zero, nought
  своди́ть к нулю́ to bring to nothing
ны́не the present
ны́нче today

ню́хать (поню́хать) to smell, sniff
ня́ня nursemaid, nurse

О

*о, об about, concerning (with prep.)
  ду́мать о ко́м-либо to think of someone
  кни́га об а́томной эне́ргии a book about atomic energy
о́ба, о́бе both (m. and n., f.)
обвине́ние charge, accusation
обвини́ть–see обвиня́ть
обвиня́ть (обвини́ть) to accuse, charge
обгоре́лый burnt
обду́манно after long consideration, deliberately
обду́мать–see обду́мывать
обду́мывать (обду́мать) to consider, think over
обе́д dinner
*обе́дать (пообе́дать) to dine
обедне́вший impoverished
обезья́на monkey
обеща́ние promise
обеща́ть (imp.) to promise
обже́чь–see обжига́ть
обжига́ть (обже́чь) to burn, scorch
обжо́ра glutton
обзо́р survey, review
оби́деть(ся)–see обижа́ть(ся)
оби́дно offensively
обижа́ть-ся (оби́деть-ся) to offend, hurt someone's feelings
  Не обижа́йтесь. Don't be offended.
  Они́ его́ оби́дели. They have offended him.
оби́женный offended
оби́лие abundance, plenty
оби́льный abundant, plentiful
о́блако cloud
о́бласть (f.) sphere, province
  о́бласть зна́ний field of knowledge
облегча́ть (облегчи́ть) to facilitate, make easier, relieve
облегчи́ть–see облегча́ть
обма́н fraud, deception
обману́ть–see обма́нывать
обма́нчивый deceptive, delusive
обма́нывать (обману́ть) to deceive, swindle
обме́н exchange
о́бморок fainting fit
  упа́сть в о́бморок to faint
обнима́ть (обня́ть) to embrace
  обнима́ть умо́м to comprehend
обня́ть–see обнима́ть
обогати́ть see обогаща́ть
обогаща́ть (обогати́ть) to enrich

обогати́ть свой о́пыт to enrich one's experience

обогрева́ть (обогре́ть) to warm

обогре́ть–see обогрева́ть

ободре́ние encouragement

ободри́ть–see ободря́ть

*ободря́ть (ободри́ть) to encourage, reassure

обожа́ние adoration

обожа́ть (imp.) to adore, worship

обознача́ться (обозна́читься) to show, appear

обозна́читься–see обознача́ться

обойти́–see обходи́ть

обою́дно mutually

обраба́тывать (обрабо́тать) to work up, process

обрабо́тать–see обраба́тывать

обра́доваться–see ра́доваться

*о́браз image, shape, form

  гла́вным о́бразом most importantly

  о́браз жи́зни way of living

  таки́м о́бразом in this way

*образова́ние education, formation

  дать образова́ние to educate

  образова́ние слов word formation

образо́ванный (well)-educated

образова́тельный (о програ́мме) educational

обрати́ть–see обраща́ть

*обра́тно back

  идти́ обра́тно to return, go back

  туда́ и обра́тно round trip, to and fro

обра́тный reverse

  в обра́тную сто́рону in the opposite direction

обраща́ть (обрати́ть) to turn, direct

  обраща́ть внима́ние to pay attention

  обрати́ть в шу́тку to turn into a joke

обруче́ние betrothal

обслу́живание service, maintenance

обслу́живать (обслужи́ть) to attend, serve

обслужи́ть–see обслу́живать

обста́вить–see обставля́ть

обставля́ть (обста́вить) to furnish, arrange

обстано́вка furniture; conditions, situation, environment

обстоя́тельство circumstance

  ни при каки́х обстоя́тельствах under no circumstances

  смягча́ющие вину́ обстоя́тельства extenuating circumstances

обсуди́ть–see обсужда́ть

обсужда́ть (обсуди́ть) to discuss

обхо́дный roundabout

общежи́тие dormitory

общесою́зный all-union

обще́ственный public, social

  обще́ственное мне́ние public opinion

  обще́ственный строй social system

о́бщество society

о́бщий general, common

  не име́ть ничего́ о́бщего to have nothing in common

  о́бщее де́ло common cause

  о́бщее собра́ние general meeting

  о́бщий язы́к common language

объе́кт object

объекти́вный objective (adj.)

объём volume, size

объяви́ть–see объявля́ть

объявле́ние announcement, declaration

объявля́ть (объяви́ть) to declare, announce

объясне́ние explanation

объясни́ть–see объясня́ть

объясня́ть (объясни́ть) to explain

объя́тие embrace

обыкнове́нно usually, as a rule

обыкнове́нный usual, ordinary

обы́чай custom, usage

  по обы́чаю according to custom

обы́чно usually

обя́занность (f.) duty, responsibility

  исполня́ть свои́ обя́занности to attend to one's duties

обя́занный obliged

  быть обя́занным кому́-либо to be indebted to someone

  быть обя́занным что́-либо сде́лать to be obliged to do something

*обяза́тельно certainly, without fail

обяза́тельный obligatory, compulsory

о́вощи vegetables

овра́г ravine

овца́ sheep

оглуши́тельный deafening

огово́рка reservation

  с огово́ркой with reserve

оголённый nude

*ого́нь (m.) fire

огоро́д vegetable garden

ограбле́ние robbery

ограниче́ние limitation, restriction

ограни́ченность scantiness, narrow-mindedness

ограни́чивать (ограни́чить) to limit, restrict

ограни́чить–see ограни́чивать

огро́мный huge, enormous

*огуре́ц cucumber

о́да ode

одева́ть-ся (оде́ть-ся) to dress oneself

оде́жда clothes

оде́ть(ся)–see одева́ть(ся)
одея́ло blanket, quilt
*оди́н, одна́, одно́, одни́, one, alone, only (m., f., n., plural)
оди́н за други́м one after another
оди́н из них one of them
Оди́н он мо́жет сде́лать э́то. Only he can do it.
оди́н раз once
Одно́ бы́ло ему́ я́сно. One thing was clear to him.
Он был совсе́м оди́н. He was quite alone.
Они́ живу́т в одно́м до́ме. They live in the same house.
одни́м сло́вом in a word
Там была́ одна́ вода́. There was nothing but water.
одина́ково equally
одина́ковый identical
оди́ннадцать eleven
оди́ннадцатый eleventh
одино́кий lonely
одино́чество solitude, loneliness
*одна́жды once
одна́ко however, but
одновре́менно simultaneously
однозву́чный monotonous (sound)
однообра́зие monotony
однообра́зный monotonous
одолжа́ть (одолжи́ть) to lend, borrow
одолже́ние favor
одолжи́ть–see одолжа́ть
одушеви́ть(ся)–see одушевля́ть(ся)
одушевле́ние animation
одушевлённый animated
одушевля́ть-ся (одушеви́ть-ся) to animate (to become animated)
ожере́лье necklace
оживи́ть(ся)–see оживля́ть(ся)
оживлённо animatedly
оживля́ться (оживи́ть-ся) to enliven, revive
ожида́ние expectation
*ожида́ть (imp.) to wait for, expect, anticipate
озабо́ченный preoccupied, anxious, worried
озаря́ть (озари́ть) to illuminate, light up
его́ озари́ло it dawned on him
озари́ть–see озаря́ть
*о́зеро lake
озлобле́ние bitterness, animosity
ознако́миться–see ознакомля́ться
ознакомля́ться (ознако́миться) to familiarize oneself (with)
озоносфе́ра ozone layer
оказа́ть (ся)–see ока́зывать (ся)
ока́зывать-ся (оказа́ть-ся) to render, show

оказа́лось, что it turned out that
ока́зывать влия́ние to exert influence
ока́зывать предпочте́ние to show a preference
ока́зывать услу́гу to render (do) a service
Трево́га оказа́лась напра́сной. There proved to be no grounds for alarm.
ока́нчивать (око́нчить) to finish, end
око́нчить университе́т to graduate from university
океа́н ocean
окисле́ние oxidation
оклика́ть (окли́кнуть) to hail, call (to)
окли́кнуть–see оклика́ть
*окно́ window
*о́коло near, approximately, about (with gen.)
говори́ть вокру́г да о́коло to beat around the bush
О́коло го́рода есть о́зеро. There is a lake near the town.
Сейча́с о́коло трёх часо́в. It is now around three o'clock.
У меня́ о́коло трёх до́лларов. I have approximately three dollars.
оконча́ние termination, finishing, ending
оконча́тельный final, definitive
око́нчить–see ока́нчивать
окрести́ть–see крести́ть
окре́стность (f.) environs, neighborhood
окружа́ть (окружи́ть) to surround, encircle
окружи́ть–see окружа́ть
окружа́ющая среда́ environment
окру́жность (f.) circumference
октя́брь (m.) October
ола́дьи pancakes
ома́р lobster
омле́т omelette
*он he (used when referring to any masculine noun, animate or inanimate)
*она́ she (used to refer to any feminine noun)
*они́ they (used to refer to any plural noun)
*оно́ it (used when referring to any neuter noun, animate or inanimate)
опа́здывать (опозда́ть) to be late
Извини́те, что я опозда́л. Pardon me for being late.
опозда́ть на по́езд to miss a train
опасе́ние fear, apprehension
опа́сно dangerously
опа́сность (f.) danger, peril

опа́сный dangerous, perilous

*о́пера opera

  из друго́й о́перы quite a different matter

опера́тор operator, cameraman

опера́ция operation

  перенести́ опера́цию to undergo an operation

описа́ние description

описа́ть—see опи́сывать

опи́сывать (описа́ть) to describe, portray

опозда́ние delay, tardiness

опозда́ть—see опа́здывать

оправда́ние justification, excuse

оправда́ть(ся)—see опра́вдывать(ся)

опра́вдывать (оправда́ть) to justify, excuse

  опра́вдывать дове́рие кого́-либо to warrant someone's confidence

опра́вдываться (оправда́ться) to justify oneself, excuse

  оправда́ться пе́ред ке́м-либо to put oneself right with someone

  Тео́рия оправда́лась. The theory proved to be correct.

определе́ние determination, definition

определённо definitely

  определённо знать что́-либо to know something definitely

определённый specific, definite

определи́ть—see определя́ть

определя́ть (определи́ть) to define, determine

опро́с survey, poll

оптими́ст optimist

оптимисти́ческий optimistic

опубликова́ть—see публикова́ть

опуха́ть (опу́хнуть) to swell

опу́хнуть—see опуха́ть

о́пыт experiment, test, experience

о́пытный experienced

опя́ть again

ора́нжевый orange (color)

о́рган organ

  о́рганы ре́чи organs of speech

  о́рганы вла́сти organs of government

орга́н organ (musical instrument)

организо́ванный organized

органи́ческий organic

  органи́ческая хи́мия organic chemistry

орёл eagle

оре́х nut

оригина́льный original, eccentric, unusual

ориенти́роваться to orient oneself

орке́стр orchestra

ору́дие instrument, tool

осведоми́ть—see осведомля́ть

осведомля́ть (осведоми́ть) to inform

освежа́ть (освежи́ть) to refresh

освежи́ть—see освежа́ть

освети́ть—see освеща́ть

освеща́ть (освети́ть) to illuminate, light up

освеще́ние lighting, illumination

освободи́ть—see освобожда́ть

освобожда́ть (освободи́ть) to liberate, release

освобожде́ние liberation, release

освои́ть to master, assimilate

освои́ться to make oneself familiar with

о́сень (f.) autumn

  о́сенью in the autumn

оскорби́тельный insulting, abusive

оскорби́ть(ся)—see оскорбля́ть(ся)

оскорбле́ние insult, outrage

оскорбля́ть (оскорби́ть) to insult, outrage

оскорбля́ться (оскорби́ться) to take offense

ослабе́ть—see слабе́ть

ослепи́тельный dazzling, blinding

ослепи́ть—see ослепля́ть

ослепля́ть (ослепи́ть) to blind, dazzle

осле́пнуть (pf.) to lose one's sight

осложне́ние complication

осма́тривать (осмотре́ть) to examine, survey

осме́ивать (осме́ять) to ridicule

осме́ять—see осме́ивать

осмотре́ть—see осма́тривать

осно́ва base, foundation, basis

  на осно́ве чего́-либо on the basis of something

  приня́ть за осно́ву to assume as a basis

основа́тель (m.) founder

основно́й fundamental, basic

осо́бенно especially, particularly

осо́бенность (f.) peculiarity

  в осо́бенности in particular

остава́ться (оста́ться) to remain, stay

  До шести́ остаётся не́сколько мину́т. A few minutes remain until six (o'clock).

  остава́ться на ночь to stay the night

  Ру́чка оста́лась на столе́. The pen remained on the desk.

  Это навсегда́ оста́нется в мое́й па́мяти. It will always remain in my memory.

оста́вить—see оставля́ть

оставля́ть (оста́вить) to leave, abandon

  Оставля́ет жела́ть лу́чшего. It leaves much to be desired.

оставля́ть вопро́с откры́тым to leave the question unsettled

оставля́ть наде́жду to give up hope

оставля́ть в поко́е to leave alone

остально́й remaining, the rest of

остана́вливать (останови́ть) to stop

останавливаться (остановиться) to stop, come to a stop

внеза́пно останови́ться to stop short

ни перед чем не остана́вливаться to stop at nothing

останови́ть(ся)—see **остана́вливать(ся)**

остано́вка stop, bus or trolley stop

оста́ться—see **остава́ться**

остолбене́ть (perf.) to be dumbfounded

осторо́жно carefully, cautiously

осторо́жность (f.) care, caution

осторо́жный careful, wary

остри́чься—see **стри́чься**

о́стро sharply, keenly

о́стров island

острота́ sharpness, pungency

остроу́мный witty

о́стрый sharp, acute

Он остёр на язы́к. He has a sharp tongue.

о́страя боль acute pain

о́стрый нож sharp knife

о́стрый со́ус piquant, hot sauce

остуди́ть—see **студи́ть**

от from (with gen.)

близ от го́рода near the town

Он получи́л письмо́ от сестры́. He received a letter from his sister.

Он узна́л э́то от него́. He learned it from him.

от го́рода до ста́нции from the town to the station

от и́мени on behalf of

страда́ть от боле́зни to suffer from an illness

отве́т answer, reply

отве́тить—see **отвеча́ть**

отве́тственность (f.) responsibility

отвеча́ть (отве́тить) to answer, reply

отвеча́ть за себя́ to answer for oneself

отвеча́ть на письмо́ to answer a letter

отвеча́ть на чьё-либо чу́вство to return someone's feeling

отвыка́ть (отвы́кнуть) to become unaccustomed, grow out of a habit

отвы́кнуть—see **отвыка́ть**

отгада́ть—see **отга́дывать**

отга́дывать (отгада́ть) to guess

отдава́ть (отда́ть) to give back, give up

отдава́ть до́лжное кому́-либо to render someone his due

отдава́ть свою́ жизнь to devote one's life

отда́ть—see **отдава́ть**

отде́л section, department

отделе́ние separation, section, department

отдели́ть (ся)—see **отделя́ть(ся)**

отде́льно separately

отде́льный separate

отделя́ть-ся (отдели́ть-ся) to separate, detach

отдохну́ть—see **отдыха́ть**

о́тдых rest, relaxation

отдыха́ть (отдохну́ть) to rest

оте́ц father

оте́чество native land, fatherland

отжи́вший obsolete

отка́з refusal, rejection

отказа́ться—see **отка́зываться**

отка́зываться (отказа́ться) to refuse, decline

отка́зываться вы́слушать кого́-либо to refuse to listen to someone

отка́зываться от борьбы́ to give up the struggle

отка́зываться от свои́х слов to retract one's words

открове́нно frankly, openly

открове́нность (f.) frankness, openness

открове́нный frank, outspoken

открыва́ть (откры́ть) to open, discover

открыва́ть пре́ния to open the debate

открыва́ть ду́шу кому́-либо to open one's heart to someone

откры́ть кран to turn on a faucet

откры́тка postcard

откры́то openly, plainly

откры́тый open, frank

на откры́том во́здухе in the open air

откры́тое мо́ре open sea

откры́тое пла́тье low-necked dress

с откры́той душо́й open-heartedly

откры́ть—see **открыва́ть**

отку́да where from, whence

отку́да вы? Where are you from?

Отку́да вы э́то зна́ете? How do you come to know about it?

откуси́ть (perf.) to bite off

отлича́ть (отличи́ть) to distinguish

отлича́ться (отличи́ться) to differ from, be notable for

отли́чие difference, distinction

отличи́ть(ся)—see **отлича́ть(ся)**

отли́чно excellently, it is excellent
  отли́чно понима́ть to understand
  perfectly
отли́чный excellent, perfect
  отли́чное здоро́вье perfect health
  отли́чное настрое́ние high spirits
отложи́ть (perf.) to set aside
  отложи́ть в до́лгий я́щик to
  shelve, hold
  отложи́ть реше́ние to suspend
  one's judgment
отме́тить–see отмеча́ть
отме́тка mark
  хоро́шие отме́тки high grades
отмеча́ть (отме́тить) to mark, note,
  mention
относи́тельно relatively, concerning
  Она́ говори́ла мне относи́тельно
  бра́та. She spoke to me about her
  brother.
относи́ться (imp.) to treat, regard
  Как вы отно́ситесь к моему́
  пла́ну? What do you think of my
  plan?
  хорошо́ относи́ться к кому́-либо
  to treat someone well
  Это к нему́ не отно́сится. That's
  none of his business. It doesn't concern him.
отноше́ние attitude, relationship
  быть в хоро́ших отноше́ниях с
  ке́м-либо to be on good terms
  with someone
  в прямо́м отноше́нии in direct
  ratio
  в э́том отноше́нии in this respect
  име́ть отноше́ние к чему́-либо
  to have a bearing on something
отойти́–see отходи́ть
отомсти́ть–see мсти́ть
отопле́ние heating system
о́тпертый unlocked
отпере́ть–see отпира́ть
отпира́ть (отпере́ть) to unlock
отпла́та repayment
отплати́ть–see отпла́чивать
отпла́чивать (отплати́ть) to pay
  back
  отплати́ть кому́-либо за услу́гу
  to repay someone for his service
  отплати́ть кому́-либо той же
  моне́той to pay someone in his
  own coin
отпра́виться–see отправля́ться
отправля́ться (отпра́виться) to set
  out, start
  отпра́виться в путь to set out on a
  trip
  По́езд отправля́ется в пять
  часо́в. The train leaves at five
  o'clock.
о́тпуск leave, vacation

отпуска́ть (отпусти́ть) to let go, set
  free
  отпуска́ть во́лосы to let one's hair
  grow long
  отпуска́ть сре́дства to allot
  resources, to budget
отпусти́ть–see отпуска́ть
отра́да delight, joy
отре́зок piece, segment
отрица́ние denial, negation
отрица́тельно negatively
отрица́тельный negative, unfavorable
  отрица́тельное влия́ние bad
  influence
  отрица́тельные ти́пы в рома́не
  negative characters in a novel
  отрица́тельный отве́т negative
  answer
отрица́ть (imp.) to deny, disclaim
отстава́ть (отста́ть) to lag, be slow
  Часы́ отстаю́т. The watch (clock)
  is slow.
  Этот учени́к отстаёт. This pupil
  lags behind.
отставно́й retired
отста́ть–see отстава́ть
отсу́тствие absence, lack
  в моё отсу́тствие in my absence
  за отсу́тствием де́нег for lack of
  money
отсу́тствовать (imp.) to be absent
*отсю́да from here, hence
отте́нок nuance, inflection, trace
  отте́нок значе́ния shade of meaning
*отту́да from there, thence
отхо́д departure
*отходи́ть (отойти́) to go away
  from, move away, leave, diverge
отхо́ды waste products
отча́яние despair
отча́янно desperately
отчёркивать (отчеркну́ть) to mark
  off
отчеркну́ть–see отчёркивать
отчётливость distinctness
отчётливый distinct
отъе́зд departure
официа́нт waiter
охо́тник hunter
охо́тно willingly, readily
охрани́ть–see охраня́ть
охраня́ть (охрани́ть) to guard, protect
оцара́пать (perf.) to scratch
оцени́ть–see цени́ть
очарова́ние charm, fascination
очаро́ванный charmed, taken with
очарова́тельный charming, fascinating
очарова́ть (perf.) to charm, fascinate

очеви́дно obviously, apparently, it is
  obvious
*о́чень very, very much, greatly
о́чередь (f.) turn
  по о́череди in turn
  стоя́ть в о́череди to stand in line
очки́ (only pl.) eyeglasses
ошиба́ться (ошиби́ться) to err,
  make a mistake
ошиби́ться–see ошиба́ться
*оши́бка mistake, error
о́щупью gropingly, by sense of touch
ощути́ть–see ощуща́ть
ощуща́ть (ощути́ть) to feel, sense
ощуще́ние sensation

П

*па́дать (упа́сть) to fall, slump,
  diminish
  во́лосы па́дают на лоб hair falls
  across the forehead
  Отве́тственность за э́то па́дает
  на вас. The responsibility for this
  falls on you.
  па́дать ду́хом to lose courage
паке́т parcel, package
пакт pact
пала́тка tent, marquee
*па́лец finger, toe
  обвести́ кого́-либо вокру́г
  па́льца to twist someone around
  one's finger
  Он па́льцем никого́ не тро́нет.
  He wouldn't hurt a fly.
па́лка stick, cane
  па́лка о двух конца́х double-
  edged weapon
па́луба deck
пальто́ (not declined) coat, overcoat
па́мятник memorial, monument
па́мятный memorable
па́мять (f.) memory
  люби́ть кого́-либо без па́мяти
  to love someone to distraction
  подари́ть на па́мять to give as a
  keepsake
панк punk (fashion)
пансио́н boarding school, boarding
  house
*па́па papa, daddy
пар steam
па́ра pair, couple
  на па́ру слов for a few words
  па́ра сапо́г pair of boots
  хоро́шая па́ра fine couple
пара́д parade
паралле́льный parallel
парапсихо́лог parapsychologist
па́рень (m.) fellow, lad, chap

пари́ bet
  держа́ть пари́ to make a bet
пари́жский Parisian
парикма́хер barber
парикма́херская barbershop
па́рить (вы́парить) to steam
парк park
парохо́д steamship
па́ртия party
партнёр partner
па́рус sail
па́смурно it is cloudy, dull
па́смурный cloudy, dull, gloomy
  па́смурная пого́да dull weather
па́спорт passport
пассажи́р, пассажи́рка passenger
  (m., f.)
пасси́вный passive
  пасси́вный бала́нс unfavorable
  balance
  пасси́вный хара́ктер passive tem-
  perament
па́ста paste
  зубна́я па́ста toothpaste
па́стбище pasture
Па́сха Easter
па́уза pause, interval
пау́к spider
паути́на cobweb
па́хнуть to smell (of)
  Па́хнет бедо́й. This means trouble.
  Па́хнет от него́ вино́м. He smells
  of wine.
пацие́нт patient
па́чка package
певе́ц, певи́ца singer (m., f.)
пейза́ж landscape
пека́рня bakery
пе́карь baker
пельме́ни (pl.) meat dumplings
пе́ние singing
пе́нсия pension
пе́пельница ashtray
пе́рвенство superiority
первокла́ссный first-rate
первонача́льно originally, at first
первонача́льный primary, original
  первонача́льная причи́на first
  cause
*пе́рвый first, earliest
  Он зна́ет э́то из пе́рвых рук.
  He has firsthand information.
  пе́рвая по́мощь first aid
  пе́рвого января́ on the first of
  January
  пе́рвый эта́ж ground floor
  с пе́рвого взгля́да at first sight
перева́ривать (перевари́ть) to
  overcook, digest
перевари́ть–see перева́ривать
перево́д translation
перевести́–see переводи́ть

переводи́ть (перевести́) to translate, interpret, transfer

перево́дчик translator, interpreter

перегиба́ться (перегну́ться) to lean over

перегну́ться—see перегиба́ться

переговори́ть (perf.) to discuss, talk over

перегово́ры negotiations

  вести́ перегово́ры to carry on negotiations

*пе́ред before, in front of (place or time) (with inst.)

  Они́ ничто́ перед ним. They are nothing compared to him.

  Пе́ред на́ми больша́я зада́ча. There is a great task before us.

  пе́ред обе́дом before dinner

  Стул сто́ит пе́ред столо́м. The chair is standing in front of the table.

передава́ть (переда́ть) to pass, give

  передава́ть по ра́дио to broadcast

  Переда́йте, пожа́луйста, соль. Please pass the salt.

  передава́ть приве́т to send regards

переда́ть—see передава́ть

передвига́ть (передви́нуть) to move, shift

  Стол на́до передви́нуть. The table should be moved.

передви́нуть—see передвига́ть

переде́лать (perf.) to do again, alter

  переде́лать пла́тье to alter a dress

пере́дник apron

пере́дняя entrance room, foyer

передово́й headmost, forward, progressive

  передова́я статья́ editorial

  передова́я те́хника advanced technique

переду́мать (perf.) to change one's mind

переезжа́ть (перее́хать) to move

  переезжа́ть на но́вую кварти́ру to move to a new apartment

перее́хать—see переезжа́ть

пережа́ренный overcooked

пережива́ние experience

пережива́ть (пережи́ть) to experience, endure, outlive

  тяжело́ пережива́ть что-либо to feel something keenly

пережи́ть—see пережива́ть

переименова́ть to rename

перейти́—see переходи́ть

пе́рекись водоро́да hydrogen peroxide

переку́сывать (перекуси́ть) to have a bite to eat

перелиста́ть—see перели́стывать

перели́стывать (перелиста́ть) to turn over pages, leaf through

перелома́ть (perf.) to break

переме́на change

перемени́ть—see меня́ть

перемудри́ть (perf.) to be too clever

перенапряже́ние overstrain, overexertion

перенасы́щенный oversaturated

перенести́—see переноси́ть

переноси́ть (перенести́) to endure, bear, bring over (by hand)

перено́сный portable

  в перено́сном смы́сле figuratively

переночева́ть (perf.) to spend the night

переоде́ть(ся) (perf.) to change (one's) clothes

перепеча́тать (perf.) to reprint, type again

переписа́ть—see перепи́сывать

перепи́ска correspondence

перепи́сывать (переписа́ть) to copy over

перепи́сываться (imp.) to correspond

переплати́ть—see перепла́чивать

перепла́чивать (переплати́ть) to overpay

переплёт binding (book cover)

перепо́лнить—see переполня́ть

переполня́ть (перепо́лнить) to overfill

переры́в interruption, intermission

переста́ть (perf.) to stop, cease

переступа́ть (переступи́ть) to over step, transgress

  переступа́ть грани́цы to overstep the limits

переступи́ть—see переступа́ть

переу́лок lane, alley

переутомле́ние overstrain

перехо́д crossing, transition

переходи́ть (перейти́) to cross, get over, pass on to

  переходи́ть грани́цу to cross the frontier

  переходи́ть к друго́му владе́льцу to change hands

перехо́дный transitional

пе́рец pepper

пери́од period, spell

периоди́ческий periodical

перпендикуля́рно perpendicular

пе́рсик peach

перспекти́ва perspective, outlook

перча́тка glove

пёс dog

*пе́сня song

  тяну́ть всё ту же пе́сню to harp on one theme

  Это ста́рая пе́сня. It's the same old story.

песо́к sand

са́харный песо́к granulated sugar
пёстрый many-colored
пестици́ды (pl.) pesticides
пе́тля loop, buttonhole
*петь (спеть) to sing, chant
  петь ба́сом to sing in a bass voice
  петь сла́ву to sing the praises
печа́ль (f.) grief, sorrow
печа́льный sad, wistful, mournful
печа́тать (напеча́тать) to print, type
печа́ть (f.) press, seal
  быть в печа́ти to be in print
  свобо́да печа́ти freedom of the
    press
печёнка liver
печёный baked
пече́нье baking, pastry, cookie
печь stove, oven
печь (imp.) to bake
пешко́м on foot
  ходи́ть пешко́м to go on foot
пиани́но upright piano
пиани́ст pianist (m., f.)
пи́во beer
пиджа́к suit coat
пижа́ма pajamas
пика́нтный piquant, savory
  пика́нтный анекдо́т spicy story
пикни́к picnic
пилю́ля pill
пирами́да pyramid
пиро́г pie, cake
пиро́жное pastry, fancy cake
писа́тель (m.) writer, author
*писа́ть (написа́ть) to write, paint
  Ру́чка хорошо́ пи́шет. The pen
    writes well.
  писа́ть карти́ны to paint pictures
  писа́ть под дикто́вку to take dic-
    tation
  писа́ть разбо́рчиво to write plainly
  писа́ть стихи́ to write verses
писа́ться (imp.) to be spelled
  Как э́то сло́во пи́шется? How do
    you spell that word?
пи́сьменно in writing
пи́сьменный written
  пи́сьменная рабо́та written work
  пи́сьменный стол desk
письмо́ letter
пита́ние nourishment
пита́ть (imp.) to feed, nourish
  пита́ть симпа́тию to have a friendly
    feeling for
  пита́ть чу́вство to entertain a feel-
    ing
*пить (вы́пить) to drink
  Мне хо́чется пить. I'm thirsty.
пи́ща food
  горя́чая пи́ща hot meal
  дава́ть пи́щу слу́хам to feed
    rumors

духо́вная пи́ща spiritual nourishment
пла́вание swimming, sailing
пла́вать (плыть) to swim, sail
  Всё плывёт передо мно́й.
    Everything is swimming before my
    eyes.
пла́вки swimming trunks
пла́кать (imp.) to cry, weep
  го́рько пла́кать to weep bitterly
  Хоть плачь! It is enough to make
    one cry!
план plan, scheme
плане́та planet
пласти́нка phonograph record, plate
пласти́ческий plastic
*плати́ть (imp.) to pay
  плати́ть в рассро́чку to pay in
    installments
  плати́ть добро́м за зло to return
    good for evil
*плато́к shawl, kerchief
  носово́й плато́к handkerchief
платфо́рма platform
*пла́тье dress, clothes
племя́нник, племя́нница nephew,
  niece
*плечо́ shoulder
  выноси́ть на свои́х плеча́х to
    endure, carry on one's shoulders
  пожима́ть плеча́ми to shrug one's
    shoulders
  с плеча́ straight from the shoulder
плодоро́дность (f.) fertility
пло́ский flat
  пло́ская пове́рхность plane sur-
    face
  пло́ская шу́тка flat joke
пло́скость (f.) flatness
пло́тник carpenter
пло́хо badly, poorly
  пло́хо обраща́ться to ill-treat
  пло́хо себя́ чу́вствовать to feel ill
плохо́й bad, poor
  плоха́я пого́да bad weather
  плохо́е здоро́вье poor health
пло́щадь (f.) square, public square,
  area
плыть—see пла́вать
плюс plus
пляж beach
*по along, down, about, on, according
  to, by (with dat.)
  говори́ть по-ру́сски to speak in
    Russian
  е́хать по у́лице to ride along the
    street
  идти́ по траве́ to walk on the grass
  Кни́ги разло́жены по всему́
    столу́. Books are lying all over the
    table.
  по-мо́ему in my opinion

по оши́бке   by mistake
по приро́де   by nature
по по́чте   by mail
по пять рубле́й   at five rubles each
побе́да   victory
победи́ть–see **побежда́ть**
побежда́ть (победи́ть)   to conquer, win a victory
побли́зости   near at hand
побо́льше   somewhat larger, somewhat more
побужде́ние   motive, incentive
пова́льно   without exception
по́вар   cook, chef
по-ва́шему   in your opinion
поведе́ние   conduct, behavior
пове́рить–see **ве́рить**
повернуть(ся)–see **повора́чивать (ся)**
*пове́рх   over (with gen.)
  пове́рх пла́тья на ней бы́ло наде́то пальто́.   She wore a coat over her dress.
пове́рхностно   superficially
пове́рхность   (f.) surface
по́весть   (f.) story, novella
по-ви́димому   apparently
пови́нность   (f.) duty, obligation
повора́чивать (поверну́ть)   to turn, change
повора́чиваться (поверну́ться)   to turn around
поворо́т   bend, curve, turn
поврежде́ние   damage, injury
повсю́ду   everywhere
повторе́ние   repetition
повтори́ть–see **повторя́ть**
повторя́ть (повтори́ть)   to repeat
повы́сить–see **повыша́ть**
повыша́ть (повы́сить)   to raise, heighten
  повы́сить го́лос   to raise one's voice
  повыша́ть по слу́жбе   to advance in one's work
  повыша́ть усло́вия жи́зни   to raise the standards of living
повы́ше   a little higher
погиба́ть (поги́бнуть)   to perish
поги́бельный (ги́бельный)   disastrous, fatal
поги́бнуть–see **погиба́ть**
погла́дить–see **гла́дить**
погляде́ть–see **гляде́ть**
поговори́ть   (perf.) to have a talk
*пого́да   weather
погуля́ть (гуля́ть)   to walk a while
*под   under–location (with inst.), under–direction (with acc.)
  Он пошёл под де́рево.   He went under the tree.
  Он стоя́л под де́ревом.   He stood under the tree.

под аре́стом   under arrest
подава́ть (пода́ть)   to give, serve
  подава́ть мяч   to serve the ball
  подава́ть наде́жду   to give hope
  подава́ть на стол   to wait on a table
  пода́ть проше́ние   to forward a petition
  пода́ть ру́ку   to offer one's hand
подари́ть–see **дари́ть**
пода́рок   gift
  в пода́рок   as a gift
подборо́док   chin
подва́л   basement
подгото́вить   to prepare
  подгото́вить по́чву   to pave the way
поддержа́ть–see **подде́рживать**
подде́рживать (поддержа́ть)   to support, maintain
  поддержа́ть разгово́р   to keep up the conversation
  подде́рживать мора́льно   to encourage
подде́ржка   backing, support
поде́йствовать–see **де́йствовать**
поде́ржанный   secondhand, used
поджа́рить   (perf.) to fry, roast, grill
подже́чь   (perf.) to set on fire
поджо́г   arson
подкла́дка   lining
подкрепле́ние   confirmation, reinforcement
*по́дле   beside (prep. with gen.)
подле́ц   villain
подли́вка   sauce, gravy
по́длость   (f.) meanness, baseness
подмести́–see **подмета́ть**
подмета́ть (подмести́)   to sweep
*поднима́ть (подня́ть)   to lift, raise
  поднима́ть всех на́ ноги   to raise an alarm
  поднима́ть ру́ку   to raise one's hand
  подня́ть вопро́с   to raise a question
поднима́ться (подня́ться)   to rise, climb
  поднима́ться на́ гору   to climb a mountain
  поднима́ться на́ ноги   to rise to one's feet
  Те́сто подняло́сь.   The dough has risen.
  Це́ны подняли́сь.   Prices went up.
подно́с   tray
подня́ть(ся)–see **поднима́ть(ся)**
подо́бно   like, similarly
подо́бный   like, similar
  и тому́ подо́бное (и т. п.)   and so on, and so forth
  ничего́ подо́бного   nothing of the kind

Он ничего подобного не видел.
He has never seen anything
like it.

*подождать (pf.) to wait for

подозвать (pf.) to call up, beckon

подозревать (imp.) to suspect

подозрение suspicion

подозрительно suspiciously

подойти—see подходить

подол hem (of a skirt)

подписаться (perf.) to sign, subscribe

подписка subscription

подпись signature

подражание imitation

подражать (imp.) to imitate

подробно in detail, at length

подробность (f.) detail
  вдаваться в подробности to go
  into detail

подробный detailed

подросток teenager

*подруга female friend

по-дружески in a friendly way

подружиться (perf.) to make friends

*подряд in succession
  пять часов подряд five hours in
  succession

подсказать (perf.) to prompt

подслушать (perf.) to eavesdrop

подумать—see думать

подушка pillow, cushion

подход approach, point of view
  подход к вопросу approach to the
  problem

*подходить (подойти) to come up
  to, approach, fit
  подходить к концу to come to an
  end
  Это ему не подходит. This won't
  do for him.

подходящий suitable, appropriate

подчёркивать (подчеркнуть) to
  underline, emphasize

подчеркнуть—see подчёркивать

подчиниться—see подчиняться

подчиняться (подчиниться) to
  obey, submit to

подшивать (подшить) to sew
  underneath, hem

подшивка hem, hemming

подшить—see подшивать

подъём ascent, raising, instep

*поезд train

поездка journey

*поехать (perf.) to set off, depart (by
  vehicle)
  Поехали! Come along! Let's start!

пожалеть—see жалеть

пожаловаться—see жаловаться

пожалуй perhaps, very likely
  Пожалуй, вы правы. You may
  be right.

Пожалуй, он придёт. I think he
  will come.

*пожалуйста please, don't mention
  it
  Дайте мне, пожалуйста, воды.
  Give me some water, please.
  Спасибо. Пожалуйста. Thank
  you. Don't mention it.

пожар fire

пожарная команда fire brigade

пожать—see пожимать

пожелание wish, desire

пожелать—see желать

поживать to get along, fare

пожилой elderly

пожимать (пожать) to press
  вместо ответа пожать плечами
  to shrug off the question
  пожимать плечами to shrug one's
  shoulders
  пожимать руки to shake hands

поза pose, attitude

позавидовать—see завидовать

позавчера the day before yesterday

позади behind (adv.), behind (prep.
  with gen.)
  Всё тяжёлое осталось позади.
  Hard times are past.
  Позади стола стоит стул. A chair
  is behind the table.

позвать—see звать

позволение permission, leave
  просить позволения to ask permission

позволить—see позволять

позволять (позволить) to allow,
  permit
  позволять себе to indulge, afford
  позволять себе вольность to
  take liberties

позвонить—see звонить

поздний late, tardy (adj.)
  поздний гость late arrival (guest)
  спать до позднего утра to sleep
  late in the morning

*поздно late, it is late (adj.)
  Лучше поздно, чем никогда.
  Better late than never.

поздороваться—see здороваться

поздравить—see поздравлять

поздравление congratulations

поздравлять (поздравить) to congratulate
  поздравлять с днём рождения
  to congratulate someone on his birthday

позже later, later on

познакомиться—see знакомиться

позор shame, disgrace

поймать—see ловить

поистине indeed, in truth

пойти (идти) to set out, go, start

*пока́ while, for the time being
  Пока́ всё. That is all for the time being.
пока́...не until
  Он ждал, пока́ она́ не вы́шла. He waited until she came out.
пока́ что meanwhile
показа́тельный model, demonstration (adj.)
показа́ть–see пока́зывать
пока́зывать (показа́ть) to show, point to, display
  показа́ть себя́ to put one's best foot forward
  пока́зывать хра́брость to display courage
  Часы́ пока́зывают де́сять. The clock is set at ten.
показа́ться–see каза́ться
поката́ться–see ката́ться to go for a short drive
покача́ть (imp.) to rock, swing
  Покача́й ребёнка. Swing the child.
  покача́ть голово́й to shake one's head
поки́нутый abandoned, deserted
поки́нуть (perf.) to abandon, for sake
покло́н bow, greetings
  Переда́йте ему́ покло́н. Give him my regards.
поклони́ться–see кла́няться
покло́нник admirer, worshipper
поко́й (m.) rest, peace
  не дава́ть поко́я to give no rest, to haunt
  оста́вить в поко́е to leave alone
поко́йник the deceased
поколе́ние generation
поко́рно humbly, obediently
поко́рный submissive, obedient, resigned
  поко́рный судьбе́ resigned to one's fate
покра́сить(ся)–see кра́сить(ся)
покрасне́ть–see красне́ть
покрови́тельство patronage, protection
покрыва́ло shawl, veil, bedspread
покрыва́ть (покры́ть) to cover, coat, roof
  покрыва́ть себя́ сла́вой to cover oneself with glory
  покры́ть та́йной to shroud in mystery
покры́ть–see покрыва́ть
покры́шка covering
*покупа́ть (купи́ть) to buy
поку́пка purchase
  де́лать поку́пки to go shopping
покури́ть (perf.) to have a smoke

пол floor
  Она́ сиде́ла на полу́. She was sitting on the floor.
*пол sex
  же́нского и́ли мужско́го по́ла female or male sex (gender)
  прекра́сный пол the fair sex
полага́ть to suppose, think
  Полага́ют, что он в Москве́. He is believed to be in Moscow.
полага́ться (положи́ться) to rely on
  Здесь не полага́ется кури́ть. One is not supposed to smoke here.
  полага́ется one is supposed
  Положи́тесь на меня́. Depend on me.
  Так полага́ется. It is the custom.
полго́да half a year
по́лдень midday, noon
по́ле field
  по́ле зре́ния field of vision
  спорти́вное по́ле playground
поле́зно healthful, useful
поле́зный useful, healthy
по́лзать (imp.) to creep, crawl
полете́ть–see лета́ть
ползти́ (imp.) to crawl, creep
  По́езд ползёт. The train is crawling.
  Тума́н ползёт. A fog is creeping up.
политехни́ческий polytechnic
поли́тика politics
полице́йский policeman
по́лка shelf
  кни́жные по́лки bookshelves
полне́ть (пополне́ть) to become fat, put on weight
полно́ filled, packed
по́лно enough!, that will do!
по́лностью completely, in full
по́лночь midnight
*по́лный full, complete, stout
  В ко́мнате полно́ наро́ду. The room is full of people.
  по́лная луна́ full moon
  по́лное разоре́ние utter ruin
  по́лное собра́ние сочине́ний complete works
полови́на half
положе́ние position, situation, condition
  будь он в ва́шем положе́нии if he were in your place
  Он челове́к с положе́нием. He is a man of high standing.
  по положе́нию by one's position
поло́женный fixed, prescribed
поло́жим let us assume
положи́тельно positively, absolutely
положи́тельный positive, sedate
  положи́тельная сте́пень

сравне́ния positive degree (grammatical)

положи́тельный отве́т affirmative answer

*положи́ть (класть) to lay down, put down, put in a horizontal position

положи́ться—see полага́ться to rely on

не́ на кого положи́ться no one to rely on

полоса́ stripe, strip

полоте́нце towel

полтора́ one and a half

полу- gives meaning of semi- or half-

полугра́мотный semi-literate

полуоде́тый half-dressed

полусве́т twilight

*получа́ть (получи́ть) to receive, get, obtain

получа́ть пре́мию to receive a prize

получи́ть интере́сные вы́воды to obtain valuable conclusions

получа́ться (получи́ться) to come, arrive, turn out

Результа́ты получи́лись блестя́щие. The results were brilliant.

*получи́ть(ся)—see получа́ть(ся)

полчаса́ half-hour

по́льза use, benefit

в по́льзу in favor of

обще́ственная по́льза public benefit

приноси́ть по́льзу to be of use

Что по́льзы говори́ть об э́том? What's the use of talking about that?

по́льзоваться (imp.) to use

по́льзоваться дове́рием to enjoy one's confidence

по́льзоваться слу́чаем to take the opportunity

по́льзоваться успе́хом to be a success

по́льский Polish (adj.)

полюби́ть (perf.) to fall in love

пома́да pomade, cream

губна́я пома́да lipstick

пома́зать—see ма́зать

поме́длить—see ме́длить

поме́ньше somewhat less, somewhat smaller

поменя́ть—see меня́ть

помести́ть(ся)—see помеща́ть(ся)

помеща́ть (помести́ть) to place, locate

помеща́ться (imp.) to be located, accommodated

Стул туда́ помеща́ется. The chair fits in there.

помеще́ние location, lodging

поме́щик landowner, landlord

помидо́р tomato

поми́ловать (perf.) to pardon, forgive

поми́луй, поми́луйте for goodness' sake

*поми́мо besides, apart from (with gen.)

поми́мо други́х соображе́ний apart from other considerations

помину́тно every minute

помири́ться—see мири́ться

по́мнить (imp.) to remember, keep in mind

Он по́мнит об э́том. He remembers it.

помога́ть (помо́чь) to help, assist

по-мо́ему in my opinion

помо́чь—see помога́ть

помо́щник, помо́щница assistant, helper (m., f.)

по́мощь (f.) help, aid. relief

помы́ть(ся)—see мы́ть(ся)

понаде́яться (perf.) to count on

по-настоя́щему in the right way, as it should be

понево́ле against one's will

понеде́льник Monday

понемно́гу a little at a time, little by little

пониже́ние lowering, reduction

понима́ние understanding, comprehension

*понима́ть (поня́ть) to understand, comprehend

поно́шенный shabby, worn

понра́виться—see нра́виться

по́нчик doughnut

поню́хать—see ню́хать

поня́тие idea, concept

Поня́тия не име́ю. I have no idea.

поня́тно understandable, it is clear

поня́тный clear, understandable

поня́ть—see понима́ть

пообе́дать—see обе́дать

поощри́ть—see поощря́ть

поощря́ть (поощри́ть) to encourage

попада́ть (попа́сть) to get somewhere (by chance), to find oneself

Как попа́сть на вокза́л? How does one get to the railroad station?

попа́сть на по́езд to catch a train

попа́сть в цель to hit the mark

попа́сть—see попада́ть

попола́м in halves

пополне́ть—see полне́ть

попра́виться—see поправля́ться

поправля́ть (попра́вить) to repair, mend, correct

поправля́ть де́нежные дела́ to better one's financial situation

поправля́ть причёску to smooth one's hair

поправляться (поправиться) to recover, get well, gain weight, improve

по-прежнему as before, as usual

попрекать (попрекнуть) to reproach

попробовать–see пробовать

попросить–see просить

попрощаться–see прощаться

попугай parrot

  повторять как попугай to parrot someone's words

популярность popularity

популярный popular

попытаться–see пытаться

попытка attempt, endeavor

пора time

  Давно пора. It is high time.

  до сих пор until now

  Пора идти. It is time to go.

  с каких пор since when

поражать (поразить) to startle, strike, stagger

поражаться (поразиться) to be surprised, astonished

поразительный striking, startling

  поразительное сходство striking likeness

поразить(ся)–see поражать(ся)

порезать (perf.) to cut

  Он порезал себе палец. He cut his finger.

порог threshold

порок vice, defect

порт port, harbor

портить (испортить) to spoil, corrupt

  Не портите себе нервы. Don't worry. Don't take it to heart.

  портить аппетит to spoil one's appetite

портиться (испортиться) to deteriorate, decay, become corrupt, become spoiled

портниха dressmaker

портной tailor

портрет portrait

портфель (m.) briefcase

по-русски Russian, in Russian

поручение commission, errand

порция portion, helping

порыв gust, rush

  в порыве радости in a burst of joy

*порядок order

  алфавитный порядок alphabetical order

  быть не в порядке to be out of order (not working)

  Всё в порядке. Everything is well.

  в спешном порядке quickly (rush order)

  приводить в порядок to put in order

старый порядок old regime, order

порядочно honestly, decently

порядочный sizable, honest, respectable

посадочный талон boarding stub (airport)

по-своему in one's own way

посетитель (m.) visitor

посетить–see посещать

посещать (посетить) to call on, visit

поскакать–see скакать

поскольку so far as

поскорее somewhat quicker, quick! make haste!

поскрипеть–see скрипеть

послать–see посылать

*после after (time, with gen.); also: adverb–later, afterward

  Он придёт после работы. He will come after work.

  Это можно сделать после. You can do it afterward.

*последний last, latest

  за последнее время of late, lately

  последние известия latest news

послезавтра the day after tomorrow

пословица proverb

послужить–see служить

послушать–see слушать

посметь–see сметь

посмотреть–see смотреть

посоветовать–see советовать

посол ambassador

посольство embassy

поспать (perf.) to take a nap

поспешно hastily

поспорить–see спорить

поспешный hasty, thoughtless

  сделать поспешное заключение to draw a hasty conclusion

*посреди in the middle of (prep with gen.)

посредством by means of

поставить–see ставить

постараться–see стараться

по-старому as before, as of old

постель (f.) bed

постепенно gradually

посторонний strange, outside, outsider

постоянно constantly, always

постоянный constant, permanent

пострадать–see страдать

построенный built

построить–see строить

поступать (поступить) to act, join

  поступать в производство to go into production

  поступать в университет to enter the university

  поступать на военную службу to join (enlist) in the army

поступать плохо с кем-либо to treat someone badly
поступить—see поступать
постучать (perf.) to knock, rap
посуда dishes
посчитаться—see считаться
посылать (послать) to send, dispatch
пот perspiration
потемнеть—see темнеть
потерянный lost, embarrassed, perplexed
потерять(ся)—see терять(ся)
потеть (вспотеть) to perspire, to become misty with steam
Окна потеют. The windows are misty.
потихоньку slowly, silently, stealthily
потолок ceiling
*потом then, afterward
потомство posterity
потолстеть—see толстеть
потому that is why
Потому он и приехал немедленно. That's why he came immediately.
потому что because
потребность (f.) want, necessity
потребовать—see требовать
потревожить—see тревожить
потушить—see тушить
потянуть(ся)—see тянуть(ся)
поужинать—see ужинать
похвалить—see хвалить
похватать(ся)—see хватать(ся)
походка walk, step
лёгкая походка light step
похожий resembling, like
На что вы похожи! Just look at yourself!
Они очень похожи друг на друга. They are very much alike.
Похоже на то, что пойдёт дождь. It looks as if it will rain.
похоронить—see хоронить
похорошеть—see хорошеть
похудеть—see худеть
поцеловать(ся)—see целовать(ся)
поцелуй kiss
почва soil, ground
не терять почвы под ногами to stand on sure ground
плодородная почва fertile soil
подготовить почву to pave the way
*почему why
почему-то for some reason or other
почерк handwriting
почесаться—see чесаться
почистить—see чистить
почта post office, mail

почтение respect, consideration
*почти almost, nearly
почтительный respectful, deferential
на почтительном расстоянии at a respectful distance
почувствовать—see чувствовать
пощадить—see щадить
пощекотать—see щекотать
пощёчина slap in the face
поэзия poetry
поэт poet
поэтому therefore
появиться—see появляться
появляться (появиться) to appear, emerge
пояс belt, waistband
*правда truth
искать правды to seek justice
не правда ли? isn't that so?
правило rule
правильно correctly, you are right
правильный correct, right, regular
правительство government
править (imp.) to drive, govern
право right, license, law
водительские права driver's license
обычное право common law
по праву by right
*правый right, correct
праздник holiday
праздновать (imp.) to celebrate
практика practice, experience
пребывание stay, sojourn
превосходный excellent, magnificent
преданный devoted, staunch
предвидение foresight
предел limit, end
предисловие preface, foreword
предлагать (предложить) to offer, propose, suggest
предлог preposition, pretense
предложение offer, suggestion, proposal
предложение sentence, clause
предложить—see предлагать
предмет object, subject, theme
преднамеренный premeditated
предполагаемый supposed, conjectured
предполагать (предположить) to suppose, conjecture
предположение supposition
предположить—see предполагать
предпоследний next to the last
предпочесть—see предпочитать
предпочитать (предпочесть) to prefer
предпочтение preference
предрассудок prejudice
председатель (m.) chairman, president

предсказа́ние prophecy, prediction
предсказа́ть (perf.) to foretell, predict
представи́тель (m.) representative
предста́вить—see представля́ть
представля́ть (предста́вить) to present, offer
предста́вить кого́-либо to introduce someone
представля́ть на рассмотре́ние to submit for consideration
Предста́вьте себе́ моё удивле́ние. Imagine my astonishment.
Что он собо́й представля́ет? What kind of person is he?
Это не представля́ет тру́дности. It presents no difficulty.
предупреди́ть—see предупрежда́ть
предупрежда́ть (предупреди́ть) to notify, forewarn, prevent, anticipate
предупрежде́ние notice, warning
предыду́щий previous
*пре́жде earlier, before (of time), formerly
президе́нт president
презира́ть (презре́ть) to despise
презре́ние contempt, disdain
презре́ть—see презира́ть
презри́тельный contemptuous, scornful
преиму́щество preference, priority
прекра́сно fine, excellently, beautiful
прекра́сный excellent, beautiful
в оди́н прекра́сный день one fine day
преле́стный charming, delightful, lovely
пре́лесть (f.) charm, fascination
пре́мия premium, bonus, prize
премье́р prime minister, premier
преобража́ть (преобрази́ть) to transform, change
преображе́ние transformation
преобрази́ть—see преобража́ть
преодолева́ть (преодоле́ть) to overcome, surmount
преодоле́ть—see преодолева́ть
преподава́ние teaching
преподава́тель, преподава́тельница teacher (m., f.)
преподава́ть (imp.) to teach
препя́тствие obstacle, hindrance, barrier
прерва́ть—see прерыва́ть
прерыва́ть (прерва́ть) to interrupt
прерыва́ть заня́тия to interrupt one's studies
прерыва́ть молча́ние to break the silence
прерыва́ть разгово́р to interrupt a conversation
преры́висто in a broken way

пресле́дование persecution
пресле́довать (imp.) to pursue, haunt
пресле́довать цель to pursue one's goal
Эта мысль пресле́дует меня́. This thought haunts me.
пре́сный fresh, sweet, insipid
пре́сная вода́ fresh water
прести́жный prestigious
престо́л throne
преступа́ть (преступи́ть) to transgress, violate
преступи́ть—see преступа́ть
преступле́ние crime, offense
престу́пник criminal
прете́нзия claim, pretension
преувеличе́ние exaggeration, overstatement
преувели́ченный exaggerated
преувели́чивать (преувели́чить) to exaggerate
преувели́чить—see преувели́чивать
преуменьша́ть (преуме́ньшить) to underestimate
преуменьше́ние underestimation
преуме́ньшить—see приуменьша́ть
*при in the presence of, at, by (with prep.)
Он это сказа́л при свое́й ма́тери. He said it in his mother's presence.
при дневно́м све́те by daylight
при Петре́ Пе́рвом during the reign of Peter the First
При университе́те нахо́дится це́рковь. There is a church in the university.
При чём тут я? What do I have to do with it?
приба́вить—see прибавля́ть
приба́вка addition, supplement
прибавля́ть (приба́вить) to add, increase
приба́вочный additional, supplementary
прибежа́ть (perf.) to approach running
приближа́ть (прибли́зить) to draw nearer
приближа́ться (прибли́зиться) to approach, draw near, approximate
приближа́ться к и́стине approximate the truth
Шум прибли́зился. The noise drew nearer.
приблизи́тельно approximately
приблизи́тельный approximate
прибли́зить(ся)—see приближа́ть(ся)
прибо́р device, apparatus
при́быльный profitable

привезти́—see привози́ть
привести́—see приводи́ть
приве́т greeting
приве́тливость (f.) affability
приве́тливый friendly
приве́тствие greeting, salutation
приве́тствовать (perf.) to greet, welcome
привиде́ние ghost, specter
привлека́тельный attractive, alluring, inviting
привлека́ть (привле́чь) to attract, draw to
привле́чь—see привлека́ть
приводи́ть (привести́) to bring
  приводи́ть в поря́док to put in order
  приводи́ть кого́-либо в чу́вство to bring someone to his senses
привози́ть (привезти́) to bring
привыка́ть (привы́кнуть) to become accustomed
Он уже́ привы́к к тому́. He has already become used to it.
Ребёнок привы́к к ба́бушке. The child became accustomed to his grandmother.
привы́кнуть—see привыка́ть
привы́чка habit
 по привы́чке by force of habit
привя́занность (f.) attachment
привя́занный attached
привяза́ть—see привя́зывать
привя́зывать (привяза́ть) to attach, to fasten
пригласи́ть—see приглаша́ть
приглаша́ть (пригласи́ть) to ask, invite
приглаше́ние invitation
при́город suburb
пригото́вить—see гото́вить
приготовле́ние preparation
приготовля́ть-ся (пригото́вить-ся) to prepare (oneself), also of cooking
приду́мать—see приду́мывать
приду́мывать (приду́мать) to devise, invent
прие́зд arrival
приезжа́ть (прие́хать) to arrive
приём reception
прие́мный receiving, reception
  прие́мная мать foster mother
  прие́мные часы́ office hours (of a doctor)
прие́хать—see приезжа́ть
прижима́ть (прижа́ть) to press, clasp
 прижима́ть к груди́ to clasp to one's breast
прижа́ть—see прижима́ть
призва́ние vocation, calling
признава́ть (призна́ть) to acknowl-

edge, recognize
 признава́ть свои́ оши́бки to admit one's mistakes
при́знак sign, indication
призна́ние acknowledgment, recognition
призна́ть—see признава́ть
прийти́(сь)—see приходи́ть(ся)
прика́з order, command
приказа́ть—see прика́зывать
прика́зывать (приказа́ть) to order, command
приле́жный diligent
прили́чие decency, decorum
прили́чно decently, properly
прили́чный decent, proper, becoming
*приме́р example
 брать приме́р с кого́-либо to follow someone's example
 наприме́р for example, for instance
 подава́ть приме́р to set an example
приме́рить—see ме́рить
приме́рить—see примеря́ть
приме́рно exemplarily, approximately
 приме́рно вести́ себя́ to be an example, to conduct oneself exemplarily
примеря́ть (приме́рить) to try on, fit
 Семь раз приме́рь, а оди́н отре́жь. (Try it seven times, cut once.) Look before you leap.
примеча́ние note, comment
примире́ние reconciliation
примиря́ться (imp.) to become reconciled, to put up with
принадлежа́ть (imp.) to belong
принести́—see приноси́ть
*принима́ть (приня́ть) to take, admit
 за кого́ вы меня́ принима́ете? Whom do you take me for?
 принима́ть ва́нну to take a bath
 принима́ть во внима́ние to take into consideration
 принима́ть в шко́лу to admit to the school
 принима́ть госте́й to receive guests
 принима́ть как до́лжное to accept as one's due
 принима́ть на себя́ что́-либо to take something on oneself
 принима́ть реше́ние to come to a decision
 принима́ть чью́-либо сто́рону to take someone's side
 приня́ть гражда́нство to become a citizen
 приня́ть уча́стие to take part
приноси́ть (принести́) to bring, fetch

приноси́ть дохо́д to make profit
приноси́ть обра́тно to bring back
Это не принесло́ ему́ по́льзы.
He got no benefit from it.
принуди́ть--see принужда́ть
принужда́ть (принуди́ть) to compel, coerce
принуждённый constrained, forced
при́нцип principle
при́нятый accepted, adopted
приня́ть--see принима́ть
приобрести́--see приобрета́ть
приобрета́ть (приобрести́) to
acquire, gain
припа́док fit, attack
припра́ва seasoning, flavoring
*приро́да nature
Он лени́в от приро́ды. He is lazy
by nature.
явле́ние приро́ды natural phenomenon
прислу́га servant
присоедине́ние addition, joining
присоедини́ться--see присоеди-
ня́ться
присоединя́ться (присоедини́ться)
to join, add
при́стально fixedly, intently
при́стальный fixed, intent
прису́тствие presence
прису́тствовать to be present
прихо́д coming, arrival
приходи́ть (прийти́) to come, arrive
приходи́ть в го́лову to come into
someone's mind
приходи́ть в себя́ to come to one's
senses
приходи́ть к заключе́нию to
come to the conclusion
приходи́ться (прийти́сь) to have to,
fit
Ему́ пришло́сь уе́хать. He had to
leave.
Он прихо́дится мне двою́род-
ным бра́том. He is my cousin.
причеса́ть(ся)--see причёсывать(ся)
причёска coiffure, hairdo
причёсывать-ся (причеса́ть-ся) to
comb (one's own) hair
причи́на cause, reason
прия́тель, прия́тельница friend
(m., f.)
*прия́тно (adv.) pleasantly, it's pleas-
ant
прия́тный pleasant, agreeable
*про about, concerning (with acc.)
Он слы́шал про э́то. He has
heard about it.
про себя́ to oneself
про́ба test, trial
пробега́ть (пробежа́ть) to run past,
run through
проби́рка test tube

про́бка cork, stopper, plug
пробле́ма problem
про́бовать (попро́бовать) to
attempt, try, taste
пробужде́ние awakening
пробы́ть (perf.) to stay, remain
Он про́был там три дня́. He
stayed there three days.
прове́рить--see проверя́ть
проверя́ть (прове́рить) to verify,
check
провести́--see проводи́ть
про́вод wire, conductor
проводи́ть (провести́) to spend
time
Мы хорошо́ провели́ вре́мя.
We had a good time.
проводи́ть--see провожа́ть
провожа́ть (проводи́ть) to accompany, see someone off
провожа́ть глаза́ми to follow
with one's eyes
провожа́ть до угла́ to accompany
to the corner
програ́мма program
театра́льная програ́мма playbill
уче́бная програ́мма curriculum
прогре́сс progress
прогу́лка walk, outing
на прогу́лку for a walk, outing
продава́ть (прода́ть) to sell
прода́жа selling, sale
идти́ в прода́жу to be put up for
sale
про́данный sold
*прода́ть--see продава́ть
*продолжа́ть (продо́лжить) to
continue
продолже́ние continuation, sequel
продолжи́тельный long, prolonged
продо́лжить--see продолжа́ть
проду́кты provisions, foodstuffs
проду́мать (perf.) to think over
прое́зд passage, thoroughfare
проезжа́ть (прое́хать) to pass, go
by, cover a distance
прое́зжий traveler, passerby
прое́хать--see проезжа́ть
про́за prose
прозра́чный transparent
проигра́ть (perf.) to lose (at playing)
произведе́ние work, production
и́збранные произведе́ния selected works
музыка́льное произведе́ние
musical composition
произвести́--see производи́ть
производи́ть (произвести́) to carry
out, make, manufacture
производи́ть впечатле́ние to
make an impression
производи́ть о́пыты to conduct
experiments

производство production, manufacture

произнести—see произносить

произносить (произнести) to pronounce, utter

произносить речь to deliver a speech

произношение pronunciation

произойти—see происходить

происходить (произойти) to happen, occur, be going on, be descended from

Что здесь происходит? What's going on here?

происхождение origin, descent

по происхождению by birth

пройти—see проходить

прокат hire

взять напрокат to rent, to hire

проклятый cursed, damned

проливать (пролить) to spill, shed

проливать свет to throw light

проливать слёзы to shed tears

пролить—see проливать

промедлить (perf.) to linger, delay

промелькнуть (perf.) to flash, pass quickly

промелькнуть в голове to flash through one's mind

Промелькнули две недели Two weeks flew by.

промышленность (f.) industry

пронзительно (adv.) shrilly, stridently

пронзительный shrill, sharp, piercing

пропадать (пропасть) to be lost, be wasted

Весь день пропал у меня. The whole day has been wasted.

Где вы пропадали? Where on earth have you been?

Я пропал! I am lost!

пропасть—see пропадать

пропорционально (adv.) in proportion

обратно пропорционально inversely

пропорция proportion, ratio

пропускать (пропустить) to let go, let pass, miss, leave out

не пропускать воду to be waterproof

Пропускайте подробности. Omit the details.

пропустить лекцию to cut a lecture

пропустить строчку to skip a line

пропустить—see пропускать

пророк prophet

просвещение enlightenment

*просить (попросить) to ask, beg, request

просматривать (просмотреть) to look over, run through

просмотреть—see просматривать

проснуться—see просыпаться

*простить—see прощать

просто simply, it is simple

Ему очень просто это сделать. It costs him nothing (It is very simple for him) to do it.

Он просто ничего не знает. He simply doesn't know anything.

простодушие openheartedness, artlessness

простодушный openhearted, unsophisticated

*простой simple, common, plain

простое любопытство mere curiosity

простые люди unpretentious people

простые манеры unaffected manners

простота simplicity

простуда cold, chill

простудиться (pf.) to catch cold

просыпаться (проснуться) to wake up

*просьба request

У меня к вам просьба. I have a favor to ask of you.

*против against, opposite, opposed to (with gen.)

друг против друга face to face

Он ничего не имеет против этого. He has nothing against it. He doesn't mind.

против его ожиданий contrary to his expectations

против течения against the current

спорить против чего-либо to argue against something

противный opposite, contrary, adverse, nasty, repulsive

в противном случае otherwise

противная сторона opposite party

противоположность (f.) contrast, opposition

противоречие contradiction, opposition

противоречить (imp.) to contradict

профессия profession, occupation

профессор professor

прохлада coolness

прохладиться—see прохлаждаться

прохладно (adv.) cool, chilly, it is cool

прохладный fresh, cool

прохлаждаться (прохладиться) to refresh oneself

*проходить (пройти) to pass, go by, pass through

Дорога проходит через лес. The road lies through a wood.

Его болéзнь прошлá. His illness has passed.

Не прошлó ещё и гóда. A year has not yet passed.

пройти́ курс to study a course

пройти́ ми́мо to go past

проходнóй connecting

процедýра procedure

процéнт percentage, rate

процéсс process

прóчий other

  все прóчие the others

  и прóчее (и проч.) et cetera

  мéжду прóчим by the way

прочéсть–see читáть

прочитáть–see читáть

прочь away, off

  Прочь отсю́да! Get out of here!

  Рýки прочь! Hands off!

прошéдший past (adj.)

  прошéдшее врéмя past tense

прóшлое the past

  в недалёком прóшлом not long ago

прóшлый last, past

  в прóшлом годý last year

  Дéло прóшлое. Let bygones be bygones.

прощáй, прощáйте good-bye, farewell

прощáльный parting

*прощáть (прости́ть) to forgive, pardon

  Прости́те! Forgive me!

прощáться (попрощáться) to say goodbye, take leave

прóще simpler, plainer

прощéние forgiveness, pardon

проэкзаменовáть–see экзаменовáть

проявить–see проявля́ть

проявлéние manifestation, development

проявля́ть (прояви́ть) to display, reveal, develop

  проявля́ть плёнку to develop film

  проявля́ть рáдость to show joy

  проявля́ть себя́ to show one's worth

  проявля́ть си́лу to display strength

проя́снеть (perf.) to clear up, brighten up

пруд pond

пры́гать (пры́гнуть) to jump, spring, leap

пры́гнуть–see пры́гать

прыжóк jump, spring

*пря́мо straight, exactly

  держáться пря́мо to hold oneself erect

  Он пря́мо герóй. He is a real hero.

попадáть пря́мо в цель to hit the mark

  пря́мо к дéлу straight to the point

  сказáть пря́мо to say frankly

прямодýшный straightforward

прямóй straight, upright, sincere

прямоугóльник rectangle

прямоугóльный rectangular, right-angled

пря́ник gingerbread

пря́ность (f.) spice

пря́ный spicy

пря́тать-ся (спря́тать-ся) to hide, conceal (oneself)

психиáтр psychiatrist

психóз psychosis

психóлог psychologist

психолóгия psychology

*пти́ца bird, fowl

пýблика public, audience

публиковáть (опубликовáть) to publish

публи́чно (adv.) publicly, openly

пугáть (испугáть) to frighten, intimidate

пугáться (испугáться) to be frightened, to take fright

пýговица button

пýдра powder

пýдреница powder case, compact

пýдриться (напýдриться) to powder one's face

пузы́рь (m.) bubble, blister, bladder

пульс pulse

пункт point, station

  медици́нский пункт dispensary

  начáльный пункт starting point

  по пýнктам paragraph after paragraph

пунктуáльно (adv.) punctually

пургá blizzard

*пускáть (пусти́ть) to allow, permit, set free, put in action

  Не пускáйте егó сюдá. Don't allow him to enter.

  пускáть вóду to turn on the water

  пускáть маши́ну to start an engine

  пускáть слух to spread a rumor

пусти́ть–see пускáть

пустóй empty, hollow

  пустáя болтовня́ idle talk

  пусты́е мечты́ castles in the air

пустотá emptiness, void

пусты́ня desert, wilderness

*пусть let (him, her, them)

  Пусть он идёт. Let him go.

пýтаный confused, tangled

пýтать (imp.) to tangle, confuse, mix up

путешéственник traveler

путешéствовать (imp.) to travel

пýтник traveler

путь (m.) trip, road, path
 Другого пути нет. There is no
 other way.
 дыхательные пути respiratory
 tract
 по пути on the way
 стоять на чьём-либо пути to
 stand in someone's way
пухленький plump, chubby
пухнуть (imp.) to swell
пчела bee
пыл ardor, passion
пылесос vacuum cleaner
пылесосить to vacuum
пылкий ardent, passionate
 пылкая речь fervent speech
пыль (f.) dust
пытаться (попытаться) to attempt,
 try, endeavor
пышность (f.) splendor, magnifi-
 cence
пьеса play
 давать пьесу to give a play
 ставить пьесу to stage a play
пьяница drunkard
пьяный drunk, tipsy
пятка heel
пятнадцать fifteen
пятнадцатый fifteenth
*пятница Friday
 в пятницу on Friday
пятно spot, stain, blotch
*пять five
пятьдесят fifty
пятьсот five hundred
*пятый fifth

Р

раб slave
*работа work, working
 ажурная работа openwork, tracery
 домашняя работа homework
 лепная работа stucco work
 Она за работой. She is at work.
 научная работа scientific work
*работать to work
 работать над книгой to work at a
 book
 работать по найму to work for hire
 Телефон не работает. The telephone is out of order.
*рабочий working man
рабство slavery
*равенство equality
*равно (adv.) alike, in like manner
 Всё равно. It makes no difference.
 It is all the same.
 Он всё равно придёт. He will
 come anyway.

 Он поступает равно со всеми.
 He treats everyone alike.
равнобедренный треугольник
 isosceles triangle
равнодушие indifference
равнодушный indifferent
равномерно (adv.) uniformly, evenly
равносильный equivalent
равный equal
 на равных условиях on equal
 conditions
 относиться к кому-либо как к
 равному to treat someone as one's
 equal
 равное количество equal quantity
равнять (сравнять) to equalize,
 compare
*рад, рада, радо, рады glad
*ради for the sake of (prep. with gen.)
радикальный drastic
радио radio, wireless
радоваться (обрадоваться) to be
 glad, rejoice
радостный glad, joyous
радость (f.) gladness, joy
радушно cordially, invitingly
*раз time (occasion)
 ещё раз once again
 как раз just exactly
 не раз many a time
 ни разу not once
 раз в год once a year
разбивать (разбить) to smash,
 break, divide
разбить–see разбивать
разбирать (разобрать) to take
apart, sort out, discuss
 Он не может разобрать её
 почерк. He cannot make out her
 handwriting.
 разбирать проблему to discuss the
 problem
разбойник robber, bandit
разбор analysis, critique
разбудить–see будить
разборчивый fastidious
*разве can it be that, really (usually
 used in amazement)
развивать (развить) to develop,
 untwist
развитие development
развитой developed
развить–see развивать
развлекать (развлечь) to entertain,
 divert
развлечение entertainment, amusement
развлечь–see развлекать
развод divorce
разводить (imp.) to breed or cultivate
*разговаривать (imp.) to converse,
 speak with

разгово́р conversation, talk
  И разгово́ра не́ было об э́том.
  There was no question of that.
  перемени́ть разгово́р to change
  the subject
разгово́рчивый talkative
раздава́ть (разда́ть) to distribute,
  give out
разда́ть–see раздава́ть
разде́ть-ся (разде́ть-ся) to
  undress (oneself), strip
разделе́ние division
раздели́ть(ся)–see дели́ть(ся)
разде́льно (adv.) separately
разделя́ть-ся (раздели́ть-ся) to
  divide, separate
разделя́ть(ся)–see разделя́ть(ся)
разде́ть(ся–see раздева́ть(ся)
раздража́ть (раздражи́ть) to irritate, annoy, exasperate
раздраже́ние irritation
раздражённый angry, irritated
раздражи́ть–see раздража́ть
разду́мье meditation, thoughtful
  mood
различа́ть (различи́ть) to differ,
  distinguish
различа́ться (imp.) to differ
  различа́ется длино́й. It differs in
  length.
разли́чие distinction
различи́ть–see различа́ть
разли́чный different
разложе́ние decomposition
разложи́ться–see раскла́дываться
разме́р size, dimension
размышле́ние reflection, meditation
*ра́зница difference
разногла́сие difference, discordance
  (of opinion)
разнообра́зие variety, diversity
разнообра́зный various, diverse
ра́зность (f.) difference
ра́зный different, various
разобра́ть–see разбира́ть
разойти́сь–see расходи́ться
разочарова́ние disappointment
разочаро́ванный disappointed
разочарова́ться (perf.) to be disappointed in
разреша́ть (разреши́ть) to allow,
  permit, authorize, solve
разреше́ние permission, solution
разреши́ть–see разреша́ть
разруша́ть (разру́шить) to destroy,
  demolish
разруше́ние destruction, demolition
разру́шить–see разруша́ть
разры́в break, rupture
  **Ме́жду ни́ми произошёл
  разры́в.** They have come to a
  breaking point.

ра́зум reason, intelligence
*разуме́ется of course
  Само́ собо́й разуме́ется. It goes
  without saying.
рай paradise
райо́н region, district
ра́ма frame
ра́на wound
ра́неный wounded
ра́нний early
  ра́нним у́тром early in the morning
  с ра́ннего де́тства from early
  childhood
*ра́но (adv.) early, it is early
ра́ньше earlier, formerly
  как мо́жно ра́ньше as early as
  possible
  **Ра́ньше здесь помеща́лась
  шко́ла.** There was a school here
  formerly.
раскла́дываться (разложи́ться)
  to unpack
раскрыва́ть (раскры́ть) to open,
  reveal, disclose
раскры́ть–see раскрыва́ть
расписа́ние timetable, schedule
распи́ска receipt
расплати́ться–see распла́чиваться
распла́чиваться (расплати́ться) to
  pay off, get even with
распра́вить–see расправля́ть
расправля́ть (распра́вить) to
  straighten, smooth out
распрода́жа sale
распростране́ние spreading, diffusion
распространи́ть–see распростра-
  ня́ть
распространя́ть (распространи́ть)
  to spread, disseminate
рассве́т dawn, daybreak
рассерди́ться (perf.) to become angry
рассе́янно (adv.) absently, absent-
  mindedly
рассе́янность (f.) absent-mindedness,
  distraction
рассе́янный scattered, diffused,
  absent-minded
расска́з story, tale
рассказа́ть–see расска́зывать
расска́зывать (рассказа́ть) to tell,
  narrate, relate
рассма́тривать (рассмотре́ть) to
  consider, examine, look over
рассмотре́ть–see рассма́тривать
расстёгивать (расстегну́ть) to
  unfasten, unbutton
расстегну́ть–see расстёгивать
расстоя́ние distance, space
  **держа́ться на почти́тельном
  расстоя́нии** to keep aloof
  на не́котором расстоя́нии at
  some distance

рассу́дочный rational

рассчи́танный deliberate, calculated, designed

рассчи́тывать to calculate

не рассчита́ть свои́х сил to over-rate one's strength

раста́ять—see та́ять

раство́р solution

растеря́нный confused, embarrassed, perplexed

*расти́ (imp.) to grow, grow up

растере́ть—see растира́ть

растира́ть (растере́ть) to grind

растя́гивать (растяну́ть) to stretch, strain, sprain

растя́гивать удово́льствие to prolong a pleasure

растяну́ть себе́ му́скул to strain a muscle

растя́нутый stretched, long-drawn out

растяну́ть—see растя́гивать

*расхо́д expense, expenditure

расходи́ться (разойти́сь) to separate, disperse

Мне́ния расхо́дятся. Opinions vary.

на́ши пути́ разошли́сь. Our ways have parted.

Он разошёлся со свое́й жено́й. He separated from his wife.

расцвести́—see расцвета́ть

расцвета́ (расцвести́) to blossom, bloom, flourish

*расчёт calculation, estimate

по его́ расчёту according to his calculations

принима́ть в расчёт to take into consideration

расчётливо (adv.) prudently, economically

расчётливость (f.) economy, thrift

расши́рить—see раширя́ть

расширя́ть (расши́рить) to enlarge, widen, expand

расши́тый embroidered

рациона́льно rationally

*рвать (imp.) to tear, rend, pull out

рвать зу́бы to extract teeth

рвать на себе́ во́лосы to tear out one's hair

рвать отноше́ния to break off relations

рвать цветы́ to pick flowers

реаге́нт reagent

реа́кция reaction

реалисти́ческий realistic

*ребёнок baby, infant

ребро́ rib

*ребя́та children, boys

ребя́ческий childish

ревни́вый jealous

ревнова́ть (imp.) to be jealous

революцио́нный revolutionary

регистри́роваться (imp.) to register

регуля́рный regular

редакти́ровать (imp.) to edit

реда́ктор editor

реда́кция editorial staff, editorial office

ре́дкий rare, uncommon, sparse

*ре́дко (adv.) seldom, rarely

ре́дкость (f.) rarity, curiosity

режиссёр producer, director

*ре́зать (заре́зать) to cut, slice

*рези́на rubber, elastic

рези́нка eraser

ре́зкий sharp, harsh

ре́зкая кри́тика severe criticism

ре́зкие слова́ sharp words

ре́зкий ве́тер cutting wind

ре́зкое измене́ние пого́ды sharp change in the weather

ре́зко (adv.) sharply, abruptly

результа́т result, outcome

*река́ river, stream

рекла́ма advertisement, publicity

рекла́мное аге́нтство advertising agency

реклами́ровать (imp.) to advertise, publicize, boost

рекоменда́ция recommendation

рекомендова́ть (imp.) to advise, recommend

Тако́й спо́соб не рекоменду́ется. This method is not recommended.

религио́зный religious

рели́гия religion

ремесло́ trade, handicraft, profession

ремо́нт remodeling, repairs

рентге́н, рентге́новские лучи́, икс-лучи́ X-rays

репертуа́р repertoire

репети́тор tutor

репута́ция reputation

по́льзоваться хоро́шей репута́цией to have a good reputation

рестора́н restaurant

рето́рта retort (chemical)

рефо́рма reform

реце́нзия review, theater notice

реце́пт recipe, prescription

ре́чка river

речно́й river (adj.)

речь (f.) speech, oration

дар ре́чи gift of speech

засто́льная речь dinner speech

О чём идёт речь? What are you talking about?

ча́сти ре́чи parts of speech

реша́ть (реши́ть) to decide, make up one's mind, settle

Он реши́л уе́хать. He decided to go.

решáть задáчу to solve a problem
Это решáет вопрóс. That settles the question.
решéние decision
решúтельно (adv.) resolutely, decidedly, positively
решúтельный decisive, resolute, firm
решúть–see решáть
рúнг (sport) ring
рис rice
риск risk
рискнýть–see рисковáть
рисковáть (рискнýть) to risk, venture, take a chance
рисовáть (нарисовáть) to draw, paint
рисýнок drawing, picture
ритм rhythm
рúфма rhyme
рóбкий shy, timid
рóбот robot
*рóвно (adv.) equally, exactly
рóвный flat, even, plane
  рóвный харáктер even-tempered
*род family, kin, origin, sort, gender
  всякого рóда of all kinds
  из рóда в род from generation to generation
  мужскóго рóда masculine gender
*рóдина native country
*родúтели (pl.) parents, father and mother
родúть (imp. and perf.) to give birth to
родúться (imp. and perf.) to be born
*роднóй native, own
  роднóй брат brother by birth
  роднóй язык native tongue
рóдственник relative, kinsman
рождéние birth
  день рождéния birthday
рождествó Christmas
рóза rose
рóзовый pink
рóкер rock musician
рок-звездá rock star
роль (f.) role, part
ромáн novel, romance
ромáнс song (art song)
романтúческий romantic
ронять (уронúть) to drop, let fall, shed
росá dew
рóскошь (f.) luxury, splendor
Россúя (f.) Russia
рост growth, development, height
рóстбиф roast beef
*рот mouth
роáль (m.) grand piano
  игрáть на роáле to play the piano
рубáшка shirt
рубéж boundary, borderline
рубúть (imp.) chop, hack, slash

рýбленый minced, chopped
рубль (m.) ruble
ругáть (imp.) to scold, abuse
ругáться (imp.) to swear, call names
  Онú постоянно ругáются. They are always abusing each other. They are always quarreling with each other.
ружьё gun
*рукá hand, arm
  брать себя в рýки to pull oneself together
  быть в хорóших рукáх to be in good hands
  держáть на рукáх to hold in one's arms
  из рук в рýки from hand to hand
  подáть рýку пóмощи to lend a helping hand
  под рукóй near at hand, handy
  предлагáть рýку кому-либо to offer someone one's hand in marriage
  Рýки прочь! Hands off!
  умыть рýки to wash one's hands of it
  У негó рýки чéшутся. His fingers itch.
  Это не егó рукá. That is not his writing.
рукáв sleeve
руководúтель (m.) leader
руководúть (imp.) to lead, guide
руковóдство guidance, guiding principle
  под руковóдством under the leadership
рýкопись (f.) manuscript
*рýсский, рýсская Russian (m., f.) (n. and adj.)
ручáтельство guarantee
ручéй brook, stream
*рýчка handle, arm, penholder, pen
  автоматúческая рýчка fountain pen
ручнóй hand (adj.), tame
*рыба fish
  ловúть рыбу в мýтной водé to fish in troubled waters
  ни рыба ни мясо neither fish nor fowl
рыдáние sobbing
рыдáть (imp.) to sob
рыжий red-haired
рынок market
рысью (adv.) at a trot
рыцарь (m.) knight
рюмка wineglass
ряд row, line
рядом (adv.) side by side, beside
  сидéть рядом с кéм-либо to sit side by side with someone
  Это совсéм рядом. It is close by.

С

*с from, off, since (with gen.),with, together with, and (with inst.)

Брат с сестрóй ушли́. Brother and sister went away.

Он её не ви́дел с прóшлого гóда. He hasn't seen her since last year.

Он пришёл с детьми́. He came with the children.

прие́хать с рабóты to come from work

с досáды out of vexation

с пе́рвого взгля́да at first sight

с удовóльствием with pleasure

упáсть с кры́ши to fall off the roof

Что с тобóй? What's the matter with you?

*сад garden

де́тский сад kindergarten

*сади́ться (сесть) to sit down, take a seat

сади́ться (сесть) на дие́ту to go on a diet

сади́ться в лу́жу to get into a fix

Он сел на пóезд. He took the train.

он сел на стул. He sat down on a chair.

сáжа soot

салáт lettuce, salad

сáло fat, lard

салфе́тка napkin

сáльный greasy

*сам, самá, самó, сáми self (m., f., n., pl.)

Он сам хоте́л э́то сде́лать. He wanted to do it himself.

Это говори́т самó за себя́. It speaks for itself.

Я сам себе́ хозя́ин. I am my own master.

самовáр samovar

самоде́льный homemade

самоде́ятельность (f.) spontaneous activity, amateur stage

самодовóльный self-satisfied

самодовóльство self-satisfaction, complacency

самозвáнец impostor

самолёт airplane

самолюби́вый proud, touchy

самолю́бие self-respect, pride

лóжное самолю́бие false pride

самооблада́ние self-control, composure

самостоя́тельно (adv.) independently

самостоя́тельный independent

самоуби́йство suicide

самоуве́ренно (adv.) with self-confidence

самоуве́ренность (f.) self-confidence, self-assurance

самоуправле́ние self-government

*сáмый the very, the same

в сáмом де́ле! indeed! really!

в сáмом начáле at the very beginning

в то же сáмое вре́мя, когдá just when

до сáмого дóма all the way home

на сáмом де́ле actually

та же сáмая кни́га the same book

in superlatives:

сáмая харóшая кни́га the best book

сáмый тру́дный most difficult

сáни (only pl.) sleigh

сапóг high boot

сарáй shed, barn

сáхар sugar

сáхарница sugar bowl

сближáться (сбли́зиться) to draw together, approach, become good friends

сбли́зиться–see сближáться

сбóку (adv.) from one side, on one side

сбóрник collection

свáдьба wedding

све́дение information

све́жий fresh

све́жая ры́ба fresh fish

све́жий вóздух fresh air

свежó в пáмяти fresh in one's mind

сверкáть (imp.) to sparkle, twinkle, glitter, glare

сверкну́ть (pf.) to flash

Сверкну́ла мóлния. Lightning flashed.

сверх over, besides, beyond (with gen.)

сверх ожидáния beyond expectation

Сверх плáтья онá надéла пальтó. She put on a coat over her dress.

сверх прогрáммы in addition to the program

*све́рху (adv.) from above, on top

вид све́рху view from above

пя́тая строкá све́рху fifth line from the top

све́рху дóнизу from top to bottom

*свет light

бросáть свет на чтó-либо to throw light on something

дневнóй свет daylight

представля́ть чтó-либо в вы́годном све́те to show something to best advantage

при све́те луны́ by moonlight

*свет world, society

весь свет the whole world

выпуска́ть в свет to publish

вы́сший свет high society

на за что на све́те not for the world

тот свет the next world

свети́ть(ся) (imp.) to shine

Его́ глаза́ свети́лись от ра́дости. His eyes shone with joy.

Луна́ све́тит. The moon is shining.

светло́ (adv.) it is light, brightly

На дворе́ светло́. It is daylight.

све́тлый light

све́тлая ко́мната light room

све́тлый ум bright spirit

све́тлое пла́тье light-colored dress

све́тский secular, worldly

све́тская же́нщина woman of the world

све́тское о́бщество society

свеча́ candle

*свида́ние meeting, appointment; date, engagement

до свида́ния good-bye

до ско́рого свида́ния see you soon

свиде́тель (m.) witness

свиде́тельство evidence, certificate, license

свини́на pork

свинья́ pig, swine

свист whistle

свиста́ть (свисте́ть) to whistle, pipe

сви́тер sweater

свобо́да freedom, liberty

выпуска́ть на свобо́ду to set free

предоставля́ть кому́-либо по́лную свобо́ду де́йствий to give someone a free hand

свобо́да печа́ти freedom of the press

свобо́дно (adv.) freely, fluently, with ease

говори́ть свобо́дно to speak fluently

свобо́дный free

свобо́дное вре́мя free time

свобо́дные де́ньги spare cash

своевре́менно (adv.) in good time, opportunely

*свой, своя́, своё, свои́ one's own (m., f., n., pl.)

Всё придёт в своё вре́мя. Everything comes in its time.

Он признаёт свои́ недоста́тки. He acknowledges his faults.

Он там свой челове́к. He is quite at home there.

сво́йство property, characteristics

свя́занный combined, constrained

связа́ть–see **свя́зывать**

свя́зывать (связа́ть) to bind, tie together, connect

свя́зывать обеща́нием to bind by a promise

Этот вопро́с те́сно свя́зан с други́ми. This problem is bound up with others.

связь (f.) tie, bond, connection, relation

в э́той связи́ in this connection

причи́нная связь causal relationship

с хоро́шими свя́зями with good connections

святы́ня sacred object or place; place of worship

свяще́нник priest

сгиба́ться (согну́ться) to bend down, stoop

сгора́ть (сгоре́ть) to burn (down)

Дом сгоре́л. The house burned down.

сгора́ть от стыда́ to burn with shame

сгоре́ть–see **сгора́ть**

сдава́ть to deal (cards), hand over, turn over, surrender, hand in

сдава́ть буты́лки to recycle bottles

*сда́ча surrender, renting, deal (in cards)

Ва́ша сда́ча. It's your deal.

дать сда́чу to give change

сда́ча в аре́нду leasing

сде́лано finished

сде́лать(ся)–see **де́лать(ся)**

сде́ржанно (adv.) with restraint, with discretion

сде́ржанность (f.) restraint, reserve

сдержа́ть(ся)–see **сде́рживать(ся)**

сде́рживать (сдержа́ть) to hold in, restrain, contain

сдержа́ть своё сло́во to keep one's word

сде́рживаться (сдержа́ться) to control oneself

сдружи́ться (pf.) to become friends with

*себя́ self, oneself (reflexive pronoun)

се́вер north

се́верный northern

*сего́дня today

сего́дня ве́чером this evening

сего́дня у́тром this morning

сего́дняшний today's

седина́ gray hair

седо́й gray (only of hair)

Он седо́й. He has gray hair.

седьмо́й seventh

сейф safe, vault, safety-deposit box
*сейчас now, presently, right now
  Где он сейчас живёт? ´Where
    does he live now?
  сейчас же immediately, at once
секрет secret
  по секрету secretly, in confidence
  секрет успеха secret of success
секретарша secretary
секретно secretly, covertly
секунда second
селёдка herring
село village
  ни к селу ни к городу neither
    here nor there
сельдерей celery
сельский rural
  сельская жизнь village life
сельскохозяйственный agricultural
семидесятый seventieth
семейный domestic, family
  семейные связи family ties
  семейный человек family man
семестр term, semester
семнадцать seventeen
семнадцатый seventeenth
семь seven
семьдесят seventy
семьсот seven hundred
семья family
сено hay
сентиментальный sentimental
сентябрь (m.) September
сердечный cordial, hearty, of the
    heart
  сердечная болезнь heart disease
  сердечный привет hearty greet-
    ings
сердитый angry
сердиться (imp.) to get angry, be
    cross
*сердце heart
  доброе сердце kind heart
  от всего сердца from the bottom
    of one's heart
  принимать что-либо к сердцу
    to take something to heart
  С глаз долой, из сердца вон.
    Out of sight, out of mind.
  У него отлегло от сердца. He
    felt relieved.
  У него сердца нет. He has no
    heart.
  У него сердце упало. His heart
    sank.
серебро silver
серебряный silver (adj.)
  серебряная посуда silver plate
*середина middle
  в самой середине in the very mid-
    dle
  золотая середина golden mean

серия series
серный sulphuric
  серная кислота sulphuric acid
серый gray
  серая жизнь dull life
серьга earring
серьёзно (adv.) seriously, earnestly
серьёзный serious, earnest
*сестра sister
  двоюродная сестра cousin
  медицинская сестра (медсестра)
    nurse
сесть–see садится
сжечь–see жечь
сжимать (сжать) to squeeze, com-
    press
  сжимать губы to compress one's
    lips
  сжимать кулаки to clench one's
    fists
сжать–see сжимать
сзади (adv.) from behind
  вид сзади view from behind
  пятый вагон сзади fifth car from
    the end
  толкать сзади to push from behind
сигара cigar
сигарета cigarette
сигнал signal
*сидеть (imp.) to sit, be perched, fit
  Платье хорошо сидит. The dress
    fits well.
  сидеть в тюрьме to be imprisoned
  сидеть дома to stay at home
  сидеть за столом to sit at the table
*сила strength, force
  брать силой to take by force
  быть ещё в силах to be still vigor-
    ous enough
  входить в силу to come into force
  изо всех сил with all one's strength
  лошадиная сила horsepower
  морские силы naval force
  сила воли will power
  сила привычки force of habit
  сила тяжести gravity
  Это сверх сил. This is beyond
    one's powers.
сильно (adv.) strongly, very, violently,
    greatly
  сильно нуждаться to be in
    extreme need
  сильно пить to drink heavily
  сильно чувствовать to feel keenly
*сильный strong, powerful, keen,
    intense, heavy
  силён в математике good at
    mathematics
  сильная страсть violent passion
  сильный запах strong smell
символ symbol
симпатичный sympathetic, likable

симпо́зиум symposium
симфо́ния symphony
си́ний dark blue
сирота́ orphan
систе́ма system
системати́чный systematic
си́то strainer, sieve
ситуа́ция situation
*сказа́ть to say, tel—see говори́ть
　Ле́гче сказа́ть, чем сде́лать.
　　Easier said than done.
　пра́вду сказа́ть to tell the truth
　Ска́зано-сде́лано. No sooner said
　　than done.
　Тру́дно сказа́ть. It's hard to say.
ска́зка fairy tale, story
скака́ть (поскака́ть) to skip, jump,
　hop
скамья́ bench
　посади́ть на скамью́ подсуди́мых
　　to put into the dock
　со шко́льной скамьи́ since
　　schooldays
сканда́л scandal
　Како́й сканда́л! What a disgrace!
ска́терть (f.) tablecloth
скве́рно (adv.) badly
　Пальто́ скве́рно сиди́т на нём.
　　The coat fits him badly.
　па́хнуть скве́рно to smell bad
　скве́рно чу́вствовать себя́ to feel
　　bad
скве́рный bad, nasty
сквози́ть (imp.) to blow through, go
　through
　Здесь сквози́т. There is a draft here.
*сквозь through (with acc.)
　говори́ть сквозь зу́бы to speak
　　through clenched teeth
　Как сквозь зе́млю провали́лся.
　　He disappeared without leaving a
　　trace (as though through the earth).
скепти́ческий skeptical
ски́дка rebate, reduction, discount
　де́лать ски́дку to give a reduction
　со ски́дкой with rebate, with dis-
　　count
скла́дка fold, pleat, crease, wrinkle
*складно́й folding, collapsible,
　portable
скло́нность (f.) inclination, bent, dis-
　position
сковорода́ frying pan
скользи́ть (скользну́ть) to slip,
　slide
ско́льзкий slippery
　говори́ть на ско́льзкую те́му to
　　be on slippery ground
　ско́льзкая доро́га slippery road
скользну́ть—see скользи́ть
*ско́лько how much, how many
　не сто́лько… ско́лько… not so
　　much… as…

Ско́лько мы вам должны́? How
　much do we owe you?
Ско́лько с меня́? How much do I
　owe?
Ско́лько сто́ит? How much does it
　cost?
ско́лько уго́дно as much as you
　like
сконфу́женный abashed, disconcert-
　ed, embarrassed
сконфу́зить(ся)—see конфу́зить(ся)
сконча́ться (pf.) to pass away, die
скопи́ровать—see копи́ровать
скорбны́й sorrowful, mournful
скорбь (f.) sorrow, grief
скоре́е rather, sooner, quicker
　как мо́жно скоре́е as soon as pos-
　　sible
Он скоре́е умрёт, чем сда́стся.
　He would rather die than surrender.
ско́ро (adv.) quickly, soon
　Он ско́ро придёт. He will come
　　soon.
скоропо́ртящийся perishable
ско́рость (f.) speed, rate
　максима́льная ско́рость top speed
　ско́рость движе́ния rate of move-
　　ment
ско́рый fast, rapid
　в ско́ром вре́мени soon, before
　　long
До ско́рого свида́ния. See you
　soon.
ско́рая по́мощь first aid
ско́рый по́езд fast train, express
ско́рый шаг quick step
скот cattle
скрепля́ть (скрепи́ть) to fasten
　together, strengthen
скрипа́ч violinist
скрипе́ть (поскрипе́ть) to squeak,
　creak
скри́пка violin
　игра́ть на скри́пке to play the vio-
　　lin
скро́мность (f.) modesty
　ло́жная скро́мность false mod-
　　esty
скро́мный modest, frugal, unpreten-
　tious
скрыва́ть (скрыть) to hide, conceal,
　keep back
　не скрыва́ть того́, что to make
　　no secret of the fact that
　Он засмея́лся, чтобы скрыть
　　своё беспоко́йство. He laughed
　　to cover his anxiety.
скрыва́ться (скры́ться) to hide one-
　self
скры́тый secret, latent
скрыть(ся)—see скрыва́ть(ся)
ску́ка boredom, tedium

ску́льптор sculptor
ску́по (adv.) stingily, sparingly
скупо́й stingy, miserly
ску́пость (f.) stinginess, miserliness
*скуча́ть (imp.) to be bored, to miss
  Я скуча́ла по тебе́. I missed you.
ску́чно (adv.) boring, dull
  Мне ску́чно. I am bored.
ску́чный boring, tiresome
слабе́ть (ослабе́ть) to grow weak,
  grow feeble, slack off
сла́бо faintly, weakly
сла́бость (f.) weakness, feebleness
*сла́бый weak, faint, feeble
  сла́бое оправда́ние lame excuse
  сла́бые глаза́ weak eyes
  сла́бый учени́к poor pupil
сла́ва glory, fame
сла́вный famous, renowned, nice
  сла́вный ма́лый nice fellow
*сла́дкий sweet, honeyed
  на сла́дкое for dessert
  спать сла́дким сном to be fast
  asleep
сла́достный sweet, delightful
сла́дость (f.) sweetness, delight
слегка́ (adv.) somewhat, slightly
  Он слегка́ уста́л. He is somewhat
  tired.
  слегка́ тро́нуть to touch gently
след track, trace, sign, vestige
*следи́ть (imp.) to watch, follow
  внима́тельно следи́ть to watch
  closely
  следи́ть глаза́ми за ке́м-либо to
  follow someone with one's eyes
  следи́ть за детьми́ to look after
  children
  следи́ть за чьи́ми-либо мы́слями
  to follow the thread of someone's
  thoughts
сле́довательно consequently, therefore, it follows that
сле́довать (после́довать) to follow,
  come next
  во всём сле́довать отцу́ to take
  after one's father in everything
  как сле́дует из ска́занного as
  appears from the above
  Ле́то сле́дует за весно́й. Summer
  follows spring.
  обраща́ться куда́ сле́дует to
  apply to the proper quarter
сле́дующий following, next
  сле́дующий день the next day
слеза́ tear
  до слёз бо́льно enough to make
  anyone cry
слеза́ть (слезть) to get off, get down
слезть—see слеза́ть
сле́по (adv.) blindly
слепо́й blind

слепо́е подража́ние blind imitation
слепота́ blindness
сли́ва plum
сли́вки cream
*сли́шком (adv.) too, too much
слова́рь (m.) dictionary, vocabulary
*сло́во word
  дава́ть сло́во to give the floor,
  promise
  други́ми слова́ми in other words
  одни́м сло́вом in a word
  Помяни́те моё сло́во! Mark my
  words!
  сдержа́ть сло́во to keep one's word
  сло́во в сло́во word for word
  че́стное сло́во word of honor
сложе́ние adding, addition, build
сло́жно (adv.) in a complicated manner, it is complicated
сло́жный complicated, intricate
слой layer
слома́ть(ся)—see лома́ть(ся)
слон elephant
служа́нка maid
слу́жащий employee
слу́жба service, work
  быть на вое́нной слу́жбе to be in
  the military service
  иска́ть слу́жбу to look for work
  служе́бный а́дрес work address
*служи́ть (послужи́ть) to serve, be
  in use
  служи́ть во фло́те to serve in the
  navy
  служи́ть кому́-либо ве́рой и
  пра́вдой to serve someone faithfully
  служи́ть приме́ром to serve as an
  example
  служи́ть це́ли to serve a purpose
*слух hearing, rumor
  игра́ть по слу́ху to play by ear
  Ни слу́ху ни ду́ху. Nothing has
  been heard.
  о́рган слу́ха organ of hearing
  по слу́хам it is rumored
  пусти́ть слух to set a rumor going
*слу́чай (m.) event, chance, case
  во вся́ком слу́чае at any event
  воспо́льзоваться удо́бным
  слу́чаем to seize an opportunity
  на вся́кий слу́чай in case
  на слу́чай in case of
  несча́стный слу́чай accident
  ни в ко́ем слу́чае on no account
  по слу́чаю чего́-либо on the occasion of something
  при вся́ком удо́бном слу́чае with
  every opportunity
случа́йно by chance, accidentally
  Вы случа́йно не зна́ете его́? Do
  you know him, by any chance?

не случа́йно, что it is no mere chance that

случа́йный accidental, fortuitous

случа́ться (случи́ться) to happen, to take place

Как э́то случи́лось? How did it happen?

случи́ться—see случа́ться

*слу́шать (послу́шать) to listen, pay attention

*слы́шать (услы́шать) to hear

слы́шно (adv.) audibly, one can hear, it is said

Слы́шно как му́ха пролети́т. You might have heard a pin drop. (One can hear how a fly flies.)

Что слы́шно? What's the news?

слю́ни saliva

У него́ слю́нки теку́т. His mouth is watering.

сме́ло (adv.) boldly, bravely, daringly, fearlessly

говори́ть сме́ло to speak boldly

я могу́ сме́ло сказа́ть I can safely say

сме́лость (f.) boldness, courage, daring

сме́лый bold, courageous, daring (adj.)

сме́рить—see ме́рить

смерть (f.) death

надоеда́ть до́ сме́рти to pester to death

смета́на sour cream

сметь (посме́ть) to dare

смех laughter

Ему́ не до сме́ху. He is in no mood for laughter.

Смех да и то́лько. It's simply absurd.

сме́шанный mixed, compound

смеша́ть—see сме́шивать

сме́шивать (смеша́ть) to mix, mix together, blend

смешно́ (adv.) it is ridiculous, it makes one laugh, in a funny manner, comically

смешно́й funny, ridiculous

В э́том нет ничего́ смешно́го. There is nothing to laugh at.

Как он смешо́н. How absurd he is.

*смея́ться (imp.) to laugh

смея́ться исподтишка́ to laugh up one's sleeve

смея́ться над ке́м-либо to make fun of someone

Хорошо́ смеётся тот, кто смеётся после́дним. He who laughs last laughs best.

смире́ние humility, humbleness

смолка́ть (смо́лкнуть) to grow silent, fall silent

смо́лкнуть—see смолка́ть

смо́лоду since one's youth

сморо́дина currant

*смотре́ть (посмотре́ть) to look, look at

Как вы на э́то смо́трите? What do you think of it?

смотре́ть в о́ба to be on one's guard

смотре́ть за поря́дком to keep order

смотря́ according to

смотри́!, смотри́те! look out!, take care!

смочь—see мочь

сму́глый swarthy, dark (complexion)

сму́тно (adv.) vaguely, dimly, not clearly

сму́тный vague, dim

сму́тное вре́мя troubled times

смуще́ние confusion, embarrassment

смущённый confused, embarrassed

смысл sense, meaning

в по́лном смы́сле э́того сло́ва in the full sense of the word

В э́том нет смы́сла. There's no point in it.

здра́вый смысл common sense

Не име́ет никако́го смы́сла. It makes no sense at all.

прямо́й смысл literal meaning

смягча́ться (смягчи́ться) to soften, relent, grow mild, ease off

снару́жи from the outside

*снача́ла (adv.) from the beginning, at first

снег snow

сни́зу from below

*снима́ть (снять) to take, take off, remove, take pictures

снима́ть кварти́ру to rent an apartment

снима́ть ко́пию с чего́-либо to make a copy of something

снима́ть шля́пу to take off one's hat

сни́мок photograph, snapshot

снисходи́тельный condescending, lenient

сни́ться (присни́ться) to dream

ему́ сни́лось, что he dreamed that

Ему́ э́то да́же и не сни́лось. He had never even dreamed of it.

сно́ва (adv.) anew, afresh, again

начина́ть сно́ва to begin again

сно́ва сесть to resume one's seat

сновиде́ние dream

снять—see снима́ть

соба́ка dog

*собира́ть (собра́ть) to gather, assemble, collect

собира́ть свои́ ве́щи to collect one's belongings

собра́ть всё своё му́жество to pluck up one's courage

собра́ть мы́сли to collect one's thoughts

собира́ться (собра́ться) to gather together, assemble, make up one's mind

Он собира́ется е́хать в Москву́. He intends to go to Moscow.

собира́ться в путь to prepare for a journey

соблазни́тель (m.) tempter, seducer

соблазни́ть (pf.) to entice, allure, tempt, seduce

собо́р cathedral

собра́ние meeting, gathering

собра́ть(ся)–see собира́ть(ся)

со́бственно (adv.) properly

со́бственно говоря́ as a matter of fact, strictly speaking

со́бственность (f.) property

ли́чная со́бственность personal property

со́бственный own, personal

чу́вство со́бственного досто́инства self-respect

собы́тие event

теку́щие собы́тия current events

Это бы́ло больши́м собы́тием. It was a great event.

соверша́ть (соверши́ть) to accomplish, perform

соверша́ть по́двиг to accomplish a feat or deed

соверша́ть сде́лку to strike a bargain

*соверше́нно (adv.) absolutely, quite, totally, utterly

соверше́нно ве́рно quite so, of course

соверше́нно незнако́мый челове́к total stranger

соверше́нный absolute, perfect

соверше́нство perfection

соверши́ть–see соверша́ть

со́весть (f.) conscience

по со́вести говоря́ honestly speaking

*сове́т council, advice, counsel

сове́товать (посове́товать) to advise, counsel

сове́тский Soviet

Сове́тский Сою́з Soviet Union

совме́стно (adv.) commonly, jointly

совме́стный joint, combined

совме́стное обуче́ние coeducation

совме́стное предприя́тие joint venture

совпада́ть (совпа́сть) coincide, concur

совпаде́ние coincidence

совпа́сть–see совпада́ть

совреме́нный contemporary, modern

*совсе́м (adv.) quite, entirely, totally

совсе́м не not in the least

совсе́м не то nothing of the kind

согла́сие consent, assent

согаси́ться–see соглаша́ться

согла́сно (adv.) in accord, according, in harmony

согла́сный agreeable

быть согла́сным to agree with something

*соглаша́ться (согласи́ться) to consent, agree, concur

соглаше́ние agreement, understanding

согну́ться–see сгиба́ться

согрева́ть (согре́ть) to warm, heat

согре́ть–see согрева́ть

содержа́ние maintenance, upkeep, contents

быть на содержа́нии у кого́-либо to be supported by someone

содержа́ние кислоро́да в во́здухе content of oxygen in the air

содержа́ние кни́ги subject matter of a book

содержа́ть (imp.) to support, maintain, contain

соедине́ние joining, combination

соединённый united

Соединённые Шта́ты United States

соедини́ть(ся)–see соединя́ть(ся)

соединя́ть-ся (соедини́ть-ся) to join, unite, connect, combine

*сожале́ние regret, pity

к сожале́нию unfortunately

создава́ть (созда́ть) to create, found, originate

создава́ть иллю́зию to create an illusion

создава́ть мо́щную промы́шленность to create a powerful industry

созда́ть–see создава́ть

созна́тельно (adv.) consciously, deliberately, conscientiously

сойти́–see сходи́ть

сок juice, sap

сократи́ть–see сокраща́ть

сокраща́ть (сократи́ть) to shorten, curtail, abbreviate

Придётся сократи́ться. We'll have to tighten the purse strings.

сокраще́ние shortening, abbreviation

сокращённый brief, abbreviated

солда́т soldier

солёный salty, salted

соли́дность (f.) solidity, reliability

соли́дный solid, strong, reliable

соли́дный журна́л reputable magazine

солидный человек reliable man
солнечный sunny, solar
*солнце (n.) sun
солонина corned beef
*соль (f.) salt
  английская соль Epsom salts
  соль земли salt of the earth
*сомневаться (imp.) to doubt, have
  doubts
  Сомневаюсь в его искренности.
  I doubt his sincerity.
  я не сомневаюсь I don't doubt
сомнение doubt
сомнительно (adv.) doubtfully, it is
  doubtful
*сон dream, sleep
  видеть сон to have a dream
  во сне in one's sleep
  крепкий сон sound sleep
  сонный sleepy, drowsy
сообщать (сообщить) to report,
  communicate, inform
сообщение report, information
сообщить–see **сообщать**
соперник rival
соперничать (imp.) to compete with
сопровождать (imp.) to accompany,
  escort
сопротивляться (imp.) to resist,
  oppose
сопутствовать (imp.) to travel with
сорвать(ся)–see **срывать(ся)**
сорок forty
сороковой fortieth
*сорт sort, kind
*сосед, соседка neighbor (m., f.)
  сосед (соседка) по комнате
  roommate
соседний neighboring, adjacent
сосиска sausage (hot dog)
соскакивать (соскочить) to jump
  down, jump off
соскочить–see **соскакивать**
сосна pine tree
сосредоточивать (сосредоточить)
  to concentrate, focus
состав composition, structure
составить(ся)–see **составлять(ся)**
составление программ для
  компьютера programming
составлять (составить) to compose,
  compile, formulate
  составить список to make up
  a list
  составить план to formulate a plan
составляться (составиться) to be
  formed
состояние state, condition, fortune
  в хорошем состоянии in good
  condition
  получить состояние to come into
  a fortune

состояние здоровья state of
  health
состоять to consist in, of
  Квартира состоит из трёх
  комнат. The apartment consists of
  three rooms.
  разница состоит в том, что...
  the difference consists of...
сосуд vessel
сострадание compassion
сотый hundredth
соус sauce, gravy
софа sofa
*сохнуть (imp.) to dry, get dry
сохранение preservation, conservation
сохранить–see **сохранять**
*сохранять (сохранить) to keep,
  preserve, retain
  сохранить на память to keep as a
  souvenir
  сохранить хладнокровие to keep
  one's head
социализм socialism
*сочинение composition, work
  полное собрание сочинений
  Пушкина complete works of
  Pushkin
сочинить–see **сочинять**
сочинять (сочинить) to write, compose, make up
сочный juicy, succulent
  сочное яблоко juicy apple
  сочный стиль rich style
сочувствие sympathy
сочувствовать (imp.) to sympathize
  (with), feel (for)
*союз union, alliance
спальный sleeping
  спальный вагон sleeping car
*спальня bedroom
спаржа asparagus
*спасать (спасти) to save, rescue
  спасти жизнь to save a life
  спасти положение to save the situation
спасаться (спастись) to save oneself, escape
спасение rescue, salvation
*спасибо thanks, thank you
  большое спасибо many thanks
спасти(сь)–see **спасать(ся)**
*спать (imp.) to sleep
  ложиться спать to go to bed
  Он спит как убитый. He is sound
  asleep. He sleeps like a log.
спектакль (m.) play, performance
спектральный spectral
спелый ripe
сперва (adv.) at first, firstly
спереди (adv.) from the front
спеть–see **петь**

специали́ст specialist, expert
специа́льно (adv.) especially
*специа́льный special
*спеши́ть (поспеши́ть) to hurry, hasten

Его́ часы́ спеша́т на де́сять мину́т. His watch is ten minutes fast.

спе́шно (adv.) in haste, hastily
спе́шный urgent, pressing

в спе́шном поря́дке quickly, rush
СПИД (Синдром Приобретенного Иммуно-Дефицита) AIDS
*спина́ back
спи́сок list
спи́чка match
спле́тник, спле́тница gossip, tale-bearer (m., f.)
спле́тничать (imp.) to gossip, talk
сплошно́й continuous, entire

сплошна́я ма́сса solid mass
сплошно́е удово́льствие sheer joy
*сплошь (adv.) entirely, everywhere

сплошь и ря́дом very often
сплошь одни́ цветы́ flowers everywhere

споко́йно (adv.) quietly
*споко́йный quiet, peaceful, tranquil

Бу́дьте споко́йны. Don't worry.
споко́йное мо́ре calm sea
Споко́йной но́чи. Good night.

спор argument, debate
*спо́рить (поспо́рить) to argue, dispute
спо́рный questionable, debatable, moot, controversial
*спорт sport
спорти́вный sporting, athletic
спо́соб way, method

спо́соб выраже́ния manner of expressing oneself
таки́м спо́собом in this way

спосо́бность (f.) ability, faculty
спосо́бный able, clever, gifted, capable
справедли́вость (f.) justice, fairness
справедли́вый just, fair
спра́вочник reference book, information book, guidebook
*спра́шивать (спроси́ть) to ask a question, demand, inquire
спрос demand

в большо́м спро́се in great demand
спрос и предложе́ние demand and supply

спроси́ть—see спра́шивать
спря́тать(ся)—see пря́тать(ся)
спуска́ть (спусти́ть) to let down, lower

не спуска́ть глаз not to take one's eyes off

спуска́ть флаг to lower the flag
спуска́ться (спусти́ться) to descend, go down

спусти́ться по ле́стнице to go downstairs

спусти́ть(ся)—see спуска́ть(ся)
*спустя́ (adv.) after, later

не́сколько дней спустя́ several days later

спу́тник fellow-traveler, satellite, one who travels with

Луна́ спу́тник Земли́. The moon is the earth's satellite.

*сравне́ние comparison

по сравне́нию in comparison
сте́пени сравне́ния degrees of comparison

сра́внивать (сравни́ть) to compare
сравни́тельно (adv.) comparatively, in comparison
сравни́тельный comparative
сравни́ть—see сра́внивать
*сра́зу (adv.) at once, right away
среда́ Wednesday

в сре́ду on Wednesday
*среди́ amongst, amidst (with gen.)

среди́ ко́мнаты in the middle of the room
среди́ нас among us

сре́дний middle, medium, average

мужчи́на сре́дних лет middle-aged man
ни́же сре́днего below average
сре́дние спосо́бности average ability
сре́дняя шко́ла secondary school

сре́дство means

жить не по сре́дствам to live beyond one's means
ме́стные сре́дства local resources
сре́дства к существова́нию means of existence
сре́дства произво́дства means of production
сре́дства ма́ссовой информа́ции mass media

сровня́ть—see равня́ть
срыва́ть (сорва́ть) to tear away, to tear off

сорва́ть ма́ску с кого́-либо to tear the mask from someone

срыва́ться (сорва́ться) to break loose, break away
ссо́риться (поссо́риться) to quarrel (with), fall out (with)
*ста́вить (поста́вить) to set, place, put in a vertical position

высоко́ ста́вить кого́-либо to think highly of someone
поста́вить пье́су to produce a play
ста́вить всё на ка́рту to stake all
ста́вить кому́-либо препя́тствия

to put obstacles in one's way

ста́вить пробле́му to raise a problem

ста́вить усло́вия to lay down conditions

ста́вить часы́ to set the clock

стадио́н stadium

ста́до herd, flock

стажиро́вка special training

*стака́н drinking glass

ста́лкиваться (столкну́ться) to collide, run into

Автомоби́ли столкну́лись The cars collided.

Интере́сы их столкну́лись. Their interests clashed.

Мы вчера́ случа́йно столкну́лись. We ran into each other yesterday.

ста́ло быть so, thus, consequently, it follows that

сталь (f.) steel

станда́рт standard

станда́ртный standard (adj.)

станда́ртный дом prefabricated house

*станови́ться (стать) to become, grow

Его́ не ста́ло. He has passed away.

Стано́вится хо́лодно. It is getting cold.

стать учи́телем to become a teacher

ста́нция station

стара́тельно diligently, assiduously

стара́ться (постара́ться) to endeavor, try

стара́ться впусту́ю to waste one's efforts

стара́ться изо всех сил to do one's utmost

*стари́к old man

старина́ olden times

стари́нный ancient, antique

старомо́дный old-fashioned

ста́рость (f.) old age

*стару́ха old woman

ста́рший older, senior

ста́рший врач head physician

ста́рший сын oldest son

*ста́рый old

Всё по-ста́рому. Everything is the same (all as of old).

ста́рая де́ва old maid

стать (pf.) to begin, come to be

Он стал чита́ть. He began to read.

стать—see станови́ться

статья́ article

передова́я статья́ editorial

Это осо́бая статья́. That's another matter.

*стекло́ glass

око́нное стекло́ window glass

стекля́нный glass (adj.)

стели́ть (постели́ть) spread

стели́ть посте́ль to make the bed

*стена́ wall

стенографи́стка stenographer (f.)

сте́пень (f.) degree, extent

возводи́ть во втору́ю сте́пень to raise to the second power

До како́й сте́пени? To what extent?

до после́дней сте́пени to the last degree

сте́пени сравне́ния degrees of comparison

сте́пень до́ктора doctorate, Ph. D.

степь (f.) steppe

стере́ть—see стира́ть

стере́чь (imp.) to guard, watch over

стесня́ться to feel shy, be ashamed of

Он стесня́ется сказа́ть вам. He is ashamed to call you.

стиль (m.) style

возвы́шенный стиль grand style

сти́мул incentive, stimulus

стипе́ндия stipend, scholarship

стира́ть (стере́ть) to wipe, clean, erase

стира́ть пыль to dust

стира́ть (вы́стирать) to wash, launder

стих verse

стихотворе́ние poem

сто hundred

*сто́ить (imp.) to cost, to be worth

ничего́ не сто́ит to be worthless

Ско́лько э́то сто́ит? How much does it cost?

Сто́ит проче́сть э́то. It is worth reading.

Это сто́ило ему́ большо́го труда́. This cost him much trouble.

*стол table

накрыва́ть на сто to set the table

пи́сьменный стол desk

столе́тие century

столи́ца capital city

столкнове́ние collision, clash

столкну́ться—see ста́лкиваться

столо́вая dining room

столо́вый table (adj.)

столо́вая ло́жка tablespoon

столо́вое вино́ table wine

*сто́лько (adv.) so much, so many

сто́лько вре́мени so much time

сто́лько, ско́лько as much as

стона́ть (imp.) to moan, groan

сто́рож watchman, guard

*сторона́ side

брать чью́-либо сто́рону to take someone's side

име́ть свои́ хоро́шие сто́роны
to have one's good points
ро́дственник со стороны́ отца́
relative on one's father's side
с друго́й стороны́ on the other
hand
с мое́й стороны́ for my part
уклоня́ться в сто́рону to deviate
шу́тки в сто́рону joking aside
*стоя́ть to stand
Пе́ред ним стои́т вы́бор. He is
faced with a choice.
Со́лнце стои́т высоко́ на не́бе.
The sun is high in the heavens.
стоя́ть на коле́нях to kneel
стоя́ть на я́коре to be at anchor
Часы́ стоя́т. The watch has
stopped.
страда́ние suffering
страда́ть (пострада́ть) to suffer
страна́ country
страни́ца page
*стра́нно (adv.) strangely, in a strange
way
стра́нный strange, queer, odd, funny
стра́стно (adv.) passionately
стра́стный ardent, fervent, passionate
страсть (f.) passion
стратосфе́ра stratosphere
страх fear, fright
страхо́вка insurance
*стра́шно (adv.) it is terrible, terribly,
awfully
стра́шный terrible, frightful, fearful
стре́лка pointer, hand (of a clock)
стри́чься (остри́чься) to have one's
hair cut
стро́гий strict, severe
стро́го (adv.) strictly, severely
стро́ить (постро́ить) to build, con-
struct
строй system, order, formation
стро́йный well-proportioned, well-
composed
строка́ line
чита́ть ме́жду строк to read
between the lines
студе́нт, студе́нтка student (m., f.)
сту́день aspic
студи́ть (остуди́ть) to cool off
сту́дия studio, workshop
стук knock, tap, noise
сту́кать (сту́кнуть) to knock, rap,
pound
сту́кнуть—see сту́кать
*стул chair
стуча́ть (imp.) to knock, rap
Стучи́т в виска́х. The blood is
pounding at my temples.
стуча́ть в дверь to knock at the
door
стыд shame

стыдли́во (adv.) shamefacedly, bash-
fully, shyly
*сты́дно it is a shame, it is disgraceful
Как вам не сты́дно! You ought to
be ashamed of yourself.
Мне сты́дно. I am ashamed.
суббо́та Saturday
в суббо́ту on Saturday
суд law court, justice, judgment
суди́ть (imp.) to try, referee, judge
наско́лько он мо́жет суди́ть to
the best of his judgment
суди́ть по вне́шнему ви́ду to
judge by appearances
судьба́ fate, destiny, fortune
искуша́ть судьбу́ to tempt one's
fate
судья́ judge
сумасше́дший mad
сумасше́дшая ско́рость breakneck
speed
Э́то бу́дет сто́ить сумасше́дших
де́нег. It will cost an enormous sum.
сумато́ха bustle, turmoil
сумбу́р confusion
*суме́ть (pf.) to know how, be able,
succeed
Он не суме́ет э́того сде́лать. He
will not be able to do it.
су́мка handbag, pouch, pocketbook
су́мма sum
су́мрак twilight, dusk
сунду́к trunk, box, chest
су́нуть (perf.) to poke, thrust, shove
су́нуть свой нос to pry
су́нуть что-ли́бо в карма́н to slip
something in one's pocket
суп soup
супру́г (m.), супру́га (f.) spouse
суро́во (adv.) severely, sternly
суро́вый severe, stern
су́тки twenty-four hours, day
су́хо (adv.) it is dry, dryly
*сухо́й dry, arid
сухо́й кли́мат dry climate
сухо́й приём cold reception
суши́ть (вы́сушить) to dry
существо́ being, creature
существова́ние existence
существова́ть (imp.) to be, exist
существу́ют лю́ди, кото́рые
there are people who
Э́то существу́ет. It exists.
сфе́ра sphere, realm
сфе́ра влия́ния sphere of influence
Э́то вне его́ сфе́ры. It is out of his
realm.
сфинкс sphinx
схвати́ть—see хвата́ть
*сходи́ть (сойти́) to go down, get
off, alight
Кра́ска сошла́ со стены́. The

paint came off the wall.
сходи́ть с ума́ to go mad
схо́дный similar, suitable
схо́дство likeness, resemblance
сце́на stage, scene
устра́ивать сце́ну to make a scene
счастли́вый happy, fortunate
Счастли́вого пути́! Have a good trip!
сча́стье luck, happiness
к сча́стью fortunately
счесть—see **счита́ть**
счёт calculation, score, bill
на счёт on account
На э́тот счёт вы мо́жете быть споко́йны. You may be easy on that score.
откры́ть счёт to open an account
по его́ счёту by his reckoning
приня́ть что́-либо на свой счёт to take something as referring to oneself
своди́ть ста́рые счёты to pay off old scores
*****счита́ть (счесть)** to count, consider
Он счита́ет его́ че́стным челове́ком. He considers him an honest man.
счита́ть по па́льцам to count on one's fingers
счита́ть себя́ to consider oneself (to be)
счита́ться (посчита́ться) to consider, take into consideration, reckon
Он счита́ется хоро́шим учи́телем. He is considered a good teacher.
счита́ется, что it is considered that
Э́то не счита́ется. It does not count.
сшить—see **шить**
съедо́бный edible
съезд congress, convention, conference
съесть—see **есть**
сыгра́ть—see **игра́ть**
сын son
сыр cheese
сы́ро (adv.) damply, it is damp
*****сыро́й** damp, raw, uncooked
сыра́я пого́да damp weather
сыро́е мя́со raw meat
сыро́й материа́л raw material
сы́рость (f.) dampness
сы́тый satisfied, replete
сэконо́мить—see **эконо́мить**
*****сюда́** here, hither
Иди́те сюда́. Come this way. Come here.
сюже́т subject, topic, plot
сюрпри́з surprise, unexpected present
сюрту́к frock coat

Т

таба́к tobacco
табли́ца table, chart
табли́ца логари́фмов table of logarithms
таи́нственный mysterious, secret
таи́ть (imp.) to hide, conceal
не́чего греха́ таи́ть it must be confessed
таи́ть зло́бу про́тив кого́-либо to bear malice, have a grudge against someone
таи́ться (imp.) to be hidden, be concealed, hide oneself
Не таи́сь от меня́. Don't conceal anything from me.
тайко́м (adv.) secretly, surreptitiously
*****та́йна** mystery, secret, secrecy
выдава́ть та́йну to betray a secret
держа́ть что́-либо в та́йне to keep something secret
не та́йна, что it is no secret that
под покро́вом та́йны under the veil of secrecy
та́йно (adv.) secretly, underhandedly
та́йный secret, covert, clandestine
*****так** so, thus, in this way
Вот так. That's the right way.
е́сли так if that's the case
Здесь что́-то не так. There is something wrong here.
и́менно так just so
и так да́лее (и т. д.) and so forth, etc.
Как бы не так. Nothing of the sort.
Не так ли? Isn't it so?
Она́ так же краси́ва как её сестра́. She is just as pretty as her sister.
Он говори́л так, как бу́дто она́ не зна́ла. He spoke as though she didn't know.
Сде́лайте так, что́бы она́ не зна́ла. Do it so that she won't know.
так ва́жно so important
Так вы его́ зна́ете! So you know him!
так давно́ so long ago
Так ему́ и на́до. It serves him right.
так и́ли и́наче in any event
так как она́ уже́ уе́хала since she has already left
Так ли э́то? Is that really so?
так называ́емый so-called
так себе́ so-so, middling
Я так и сказа́л ему́. I told him so in so many words.
*****та́кже** also, in addition, either

Он та́кже пое́дет в Москву́. He will also go to Moscow.

Он та́кже не пое́дет в Москву́. He will not go to Moscow, either.

***тако́й** such, such a

  в тако́й-то час at such and such an hour

  Вы всё тако́й же. You are just the same.

  таки́м о́бразом in this way

  тако́й же как the same as

  Что тако́е? What is the matter?

  Что э́то тако́е? What is that?

такси́ (n., not declined) taxi

такт tact, bar (in music)

  отсу́тствие та́кта tactlessness

  челове́к с та́ктом a man of tact

такти́чно tactfully, with tact

тала́нт talent, gift

тала́нтливо (adv.) ably, finely

тала́нтливость (f.) talent, gifted nature

тала́нтливый gifted, talented

та́лия waist

***там** there

та́нец dance

  пойти́ на та́нцы to go to a dance

танцева́ть (imp.) to dance

***таре́лка** plate

таска́ть (тащи́ть) to drag, pull, lag

тащи́ть таска́ть

та́ять (раста́ять) to melt, thaw

  Его́ си́лы та́ют. His strength is dwindling.

  Зву́ки та́ют. The sounds are fading away.

тве́рдость (f.) hardness, solidity, firmness

тве́рдый hard, firm, steadfast

  стать тве́рдо ного́й где-ли́бо to secure a firm footing somewhere

  тве́рдые це́ны fixed prices

  тве́рдое убежде́ние firm conviction

***твой, твоя́, твоё, твои́** your, familiar (m., f., n., pl.)

тво́рческий creative

т. е. (то есть) that is

теа́тр theater

театра́льный theatrical, melodramatic

текст text

телеви́дение television

телеви́зор television set

телегра́мма telegram

телесериа́л television series

телефо́н telephone

  звони́ть по телефо́ну to telephone

те́ло body

  жи́дкое те́ло (in physics) liquid

  тве́рдое те́ло (in physics) solid

  посторо́ннее те́ло foreign body

теля́тина veal

тем the (not as an article)

  тем не ме́нее nevertheless

  тем ху́же so much the worse

  Чем бо́льше, тем лу́чше. The more, the better.

те́ма subject, topic, theme

темне́ть (потемне́ть) to grow dark

  Кра́ски потемне́ли. The colors have darkened.

  Темне́ет. It is getting dark.

  У него́ потемне́ло в глаза́х. Everything went dark before his eyes.

темно́ (adv.) dark, it is dark

***темнота́** darkness, intellectual ignorance

***тёмный** dark, obscure

темп rate, speed, pace

температу́ра temperature

тенде́нция tendency, purpose

  основна́я тенде́нция underlying purpose

  проявля́ть тенде́нцию to exhibit a tendency

те́ннис tennis

  игра́ть в те́ннис to play tennis

***тень** (f.) shade, shadow

  боя́ться со́бственной те́ни to be afraid of one's own shadow

  держа́ться в тени́ to remain in the background

  От него́ оста́лась одна́ тень. He is a shadow of his former self.

теоре́ма theorem

теорети́чески (adv.) in theory, theoretically

тео́рия theory

***тепе́рь** now, at present, nowadays

тепло́ (adv.) warmly, it is warm

  оде́ться тепло́ to dress warmly

  тепло́ встре́тить кого́-либо to give someone a hearty welcome

теплота́ warmth, cordiality

тёплый warm, cordial, kindly

  тёплая компа́ния rascally crew

  тёплые кра́ски warm colors

  тёплый приём cordial welcome

тере́ть (imp.) to rub, polish, grind

термо́метр thermometer

терпели́во (adv.) patiently, with patience

***терпели́вость** (f.) patience, endurance

терпели́вый patient

терпе́ние patience, endurance, forbearance

  выводи́ть кого́-либо из терпе́ния to try someone's patience

  вы́йти из терпе́ния to lose patience

терпе́ть (imp.) to suffer, endure, undergo, bear

  Вре́мя те́рпит. There's no hurry.

Он не мо́жет э́того бо́льше
терпе́ть. He can't stand it any
longer.
терпе́ть нужду́ to suffer privation
терпи́мый tolerant, indulgent
*теря́ть (потеря́ть) to lose
теря́ться (потеря́ться) to be lost,
get lost, lose one's self-possession
те́сно (adv.) narrowly, tightly, it is
crowded
те́сный cramped, tight, small, close
те́сная дру́жба intimate friendship
те́сная связь close connection
те́сные объя́тия tight embrace
те́сто dough
тетра́дь (f.) notebook, copybook
*тётя aunt
те́хник technician
те́хника technic, technique
те́хникум technical school
техни́ческий technical
тече́ние current (as of water), course,
trend, tendency
в тече́ние неде́ли in the course of
the week, during the week
течь (imp.) to flow (as of water), run,
glide, leak
Вре́мя течёт бы́стро. Time flies.
Здесь течёт. There's a leak here.
Река́ течёт. The river is flowing.
У него́ слю́нки теку́т. His mouth
is watering.
ти́гель (m.) crucible
тип type, model, species
ти́хий quiet, still, low, gentle, faint
ти́хо (adv.) quietly, faintly, gently, it
is calm
ти́ше quieter, hush!
*тишина́ quiet, silence, peace
наруша́ть тишину́ to disturb the
silence
соблюда́ть тишину́ to make no
noise
то then, in that case, that
Е́сли вы не пойдёте, то я пойду́.
If you don't go, (then) I will.
Не то, что́бы мне не хоте́лось...
It is not that I don't want to...
то́ есть (т. е.) that is
*това́рищ comrade
*тогда́ then, at that time
тогда́ же at the same time
тогда́шний of that time
то́же also, too, likewise, as well
Он то́же пойдёт. He is going, too
(as well).
Он то́же не зна́ет. He does not
know, either.
То́же хоро́ш! You are a nice one.
to be sure.
Я то́же не бу́ду. Neither will I.
толка́ть (толкну́ть) to push, shove

толкну́ть—see толка́ть
толко́вый intelligible, clear, sensible
толпа́ crowd, throng
толсте́ть (потолсте́ть) to become fat
то́лстый fat, thick, heavy, stout
то́лько only, merely, solely
Где то́лько он не быва́л! Where
has he not been!
как то́лько as soon as
Он то́лько хоте́л узна́ть. He only
wanted to know.
то́лько в после́днюю мину́ту
not until the last moment
то́лько что just now
Ты то́лько поду́май! Just think!
том volume
томи́тельно (adv.) it is wearisome
томи́тельный wearisome, tedious,
trying, painful
томи́ть (imp.) to weary, tire, wear out
Его́ томи́т жара́. He is exhausted
by the heat.
тон tone
Не говори́те таки́м то́ном.
Don't use that tone of voice.
то́ном вы́ше in more excited tones,
a tone higher
то́ненький slender, slim
*то́нкий thin, fine, delicate, slender
Где то́нко, там и рвётся. The
strength of the chain is determined by
its weakest link.
то́нкая фигу́ра slender figure
то́нкие черты́ лица́ delicate features
то́нкий вкус delicate taste
то́нкий намёк gentle hint
то́нкий слой thin layer
то́нкий слух keen ear
то́нкое разли́чие subtle distinction
то́нко (adv.) thinly, subtly
то́нкость (f.) thinness, delicacy, sub-
tlety, fine point
тону́ть (утону́ть) to sink, drown
топи́ть (утопи́ть) to sink, drown
(something else)
топи́ть го́ре в вине́ to drown
one's sorrows in drink
топи́ть су́дно to sink a ship
топи́ться (утопи́ться) to drown oneself
топо́р ах
торгова́ться (imp.) to bargain
торго́вец merchant, dealer
торго́вля trade, commerce
торже́ственный solemn, festive, tri-
umphant
торжество́ festival, celebration, triumph
торжествова́ть (imp.) to celebrate,
triumph, exult
то́рмоз brake, hindrance

тормози́ть to brake, hinder

торопи́ться (поторопи́ться) to hurry, be in a hurry

На́до торопи́ться. You must hurry.

не торопя́сь leisurely

торопи́ться в теа́тр to hurry to the theater

торт cake

тоска́ melancholy, depression, tedium, yearning

тоска́ по ро́дине homesickness

У него́ тоска́ на се́рдце. His heart is heavy.

Э́та кни́га—одна́ тоска́. This book is very boring

тост toast

*тот, та, то, те that, those (m., f., n., pl.)

вме́сте с тем at the same time

де́ло в том, что the fact is that

и тому́ подо́бное (и т. п.) and so on

кро́ме того́ besides that

к тому́ же moreover

несмотря́ на то, что in spite of the fact that

ни с того́, ни с сего́ for no reason at all

по́сле того́, как after

с тех пор since then

*то́чка point, dot, spot, period

попа́сть в то́чку to strike home. hit the nail on the head

то́чка зре́ния point of view

то́чка с запято́й semicolon

то́чно (adv.) exactly, precisely, accurately

то́чно так just so, exactly

то́чность (f.) exactness, precision, accuracy

тошни́ть (imp.) to be nauseous

Его́ тошни́т. He feels sick.

Меня́ тошни́т. I feel nauseous.

от э́того тошни́т It is sickening.

трава́ grass

траге́дия tragedy

траги́чески (adv.) tragically

траги́ческий tragic

траги́ческий актёр tragedian

тради́ция tradition

тра́ктор tractor

трамва́й (m.) streetcar

е́здить на трамва́е to go by streetcar

*тра́тить (истра́тить) to spend, expend

тра́ур mourning

тре́бование demand, request, claim

тре́бовательный exacting, fastidious, particular

тре́бовать (потре́бовать) to demand, urge, require

трево́га alarm, anxiety, uneasiness

ло́жная трево́га false alarm

трево́жить (потрево́жить) to disturb, harass, make uneasy

тре́зво soberly

тре́звый sober (sensible), abstinent

трепета́ние trembling, trepidation

трепета́ть (imp.) to tremble, quiver, thrill

Трепета́ть от ра́дости to thrill with joy

трепета́ть при мы́сли to tremble at the thought

тре́снуть—see треща́ть

тре́тий third

треуго́льник triangle

треща́ть (тре́снуть) to crack, crackle

три three

тривиа́льный banal, trite

три́дцать thirty

тридца́тый thirtieth

трина́дцать thirteen

трина́дцатый thirteenth

три́ста three hundred

тро́гательно (adv.) pathetically, touchingly

тро́гательный touching, moving, affecting, pathetic

*тро́гать (тро́нуть) to touch, disturb, trouble

Не тронь его́! Leave him alone!

Э́то не тро́гает его́. It does not move him.

тролле́йбус trolley bus

тро́нуть—see тро́гать

тротуа́р sidewalk

труба́ pipe, chimney, smokestack

*труд labor, difficulty, work

без труда́ without effort

жить свои́м трудо́м to live by one's own labor

Он с трудо́м её понима́ет. He understands her with difficulty.

сли́шком мно́го труда́ too much trouble, too much work

тру́дно (adv.) with difficulty, it is difficult

тру́дный difficult, hard, arduous

тру́дный вопро́с difficult question

тру́дный ребёнок unmanageable child

труп corpse, dead body

трус coward

трусли́во (adv.) apprehensively, in a cowardly manner

трусли́вый cowardly, timid

трущо́ба slum

тря́пка rag, duster, spineless creature

трясти́сь (imp.) to shake, tremble, shiver

Он весь трясётся. He is trembling all over.

тряст́ись от хо́лода to shiver with cold

*туда́ there, thither

биле́т туда́ и обра́тно round-trip ticket

Туда́ ему́ и доро́га. It serves him right.

туда́ и сюда́ here and there

тума́н mist, fog, haze

быть как в тума́не to be in a fog

напусти́ть тума́ну to obscure

Тума́н рассе́ялся. The fog has cleared.

тума́нно (adv.) hazily, obscurely, vaguely

тума́нный misty, foggy, obscure

тума́нный смысл hazy meaning

тупи́к dead-end street, blind alley

найти́ вы́ход из тупика́ to find a way out of an impasse

тупо́й blunt, dull, stupid

тупо́е зре́ние dim sight

тупо́й учени́к dunce

ту́пость (f.) bluntness, dullness, stupidity

тури́ст tourist

ту́склый dim, dull, lusterless

ту́склая жизнь dreary life

ту́склый свет dim light

ту́склый стиль lifeless style

*тут here

не тут-то бы́ло nothing of the sort

тут же there and then

ту́фля shoe, slipper

ту́ча storm cloud, swarm

смотре́ть ту́чей to lower (look very angry)

ту́ча мух swarm of the flies

тушёный stewed

туши́ть (потуши́ть) to put out, quell, stew

туши́ть газ to turn off the gas

туши́ть свет to put out the light

тща́тельный careful, painstaking

тще́тно (adv.) vainly, in vain

тще́тный vain, futile

*ты you (sing., familiar)

ты́сяча thousand

ты́сячный thousandth

тюрба́н turban

тюрьма́ prison

*тяжело́ (adv.) heavily, seriously, gravely

Ему́ тяжело́. It is hard for him.

тяжело́ бо́лен dangerously ill

тяжело́ вздыха́ть to sigh heavily

тяжёлый heavy, severe, difficult, serious

тяжёлая боле́знь serious illness

тяжёлая рабо́та hard work

тяжёлое наказа́ние severe punishment

тяжёлые времена́ hard times

У него́ тяжёлый хара́ктер. He is hard to get along with.

тя́жесть (f.) weight, gravity

тяну́ть (потяну́ть) to pull, draw, drag

Его́ тя́нет домо́й. He longs to go home.

Не тяни́! Hurry up! Don't drag it out.

тяну́ть всё ту же пе́сню to harp on the same string

тяну́ть жре́бий to draw lots

тяну́ть кого́-либо за рука́в to pull someone by the sleeve

тяну́ть но́ту to sustain a note

тяну́ться (потяну́ться) to stretch, extend

Дни тя́нутся однообра́зно. The days drag on monotonously.

Равни́на тя́нется на сто киломе́тров. The plain extends for 100 kilometers.

Цвето́к тя́нется к со́лнцу. The flower turns towards the sun.

У

*у by, at, near, at the home of, possession (with gen.)

Он был у меня́. He was at my house.

стоя́ть у две́ри to stand near, by the door

у меня́ есть I have

Я э́то взял у неё. I took it from her.

уба́вить—see убавля́ть

убавля́ть (уба́вить) to diminish, reduce, lessen

Он убавля́ет себе́ го́ды. He makes himself out younger than he is.

уба́вить в ве́се to lose weight

убавля́ть це́ну to lower the price

убеди́тельный convincing, persuasive

убега́ть (убежа́ть) to run away

убеди́ть—see убежда́ть

убежа́ть—see убега́ть

убежда́ть (убеди́ть) to convince, persuade

убежде́ние persuasion, conviction

Все убежде́ния бы́ли напра́сны. All persuasion was in vain.

де́йствовать по убежде́нию to act according to one's convictions

убива́ть (уби́ть) to kill, slay

убива́ть вре́мя to kill time

убива́ть мо́лодость to waste one's youth

Хоть убей не знаю. I couldn't tell you to save my life.

убийство murder, assassination

убийца killer

****убирать** to remove, take away

убирать комнату to clean a room

убирать со стола to clear the table

убить—see **убивать**

****уборная** lavatory, dressing room

убрать—see **убирать**

уважаемый respected

****уважать** (imp.) to respect, esteem

глубоко уважать to hold in high respect

уважать себя to have self-respect

уважение respect, esteem

из уважения in deference

Он достоин уважения. He is worthy of respect.

пользоваться глубоким уважением to be held in high respect

увеличение increase, extension, expansion, enlargement

увеличивать (увеличить) to increase, enlarge, extend

увеличительный magnifying

увеличить—see **увеличивать**

уверение assurance, protestation

уверенно (adv.) confidently, with confidence

уверенность (f.) confidence

с уверенностью with confidence

уверенность в себе self-reliance

уверенный sure, assured, positive, confident

будьте уверены you may be sure

уверенная рука sure hand

уверенный шаг confident step

уверить—see **уверять**

уверять (уверить) to assure, convince

уверяю вас, что I assure you that

увидеть—see **видеть**

увлекательный fascinating, captivating

увлекать (увлечь) to fascinate, captivate, allure, entice

увлечение enthusiasm, animation

говорить с увлечением to speak with enthusiasm

его старое увлечение an old flame of his

увлечь—see **увлекать**

увы! alas!

угадать—see **угадывать**

угадывать (угадать) to guess, divine

углублённый deep, profound, absorbed

уговаривать (уговорить) to try to persuade, talk into

уговариваться (уговориться) to arrange (with), agree

Они уговорились встретиться в библиотеке. They arranged (agreed) to meet at the library.

уговорить(ся)—see **уговаривать(ся)**

угодно (adv.) wished, desired; any-, -ever

Задавайте какие угодно вопросы. Ask any questions you like.

как вам угодно as you please

как угодно anyhow

кто угодно anybody

сколько душе угодно to one's heart's content

угол corner, angle

в углу in the corner

за углом around the corner

загнутые углы dog-eared pages

иметь свой угол to have a home of one's own

под прямым углом at right angles

уголь coal

угостить—see **угощать**

угощать (угостить) to treat, entertain

угощение treating, refreshments

угрюмый sullen, gloomy, morose

удалённый remote

удалиться—see **удаляться**

удаляться (удалиться) to move off, away

удаляться от берега to move away from the shore

удаляться от темы to wander from the subject

удар blow, stroke

одним ударом убить двух зайцев to kill two birds with one stone

солнечный удар sunstroke

Это для него тяжёлый удар. It is a hard blow for him.

ударение accent, stress, emphasis

ударить—see **ударять**

****ударять (ударить)** to hit, strike

Молния ударила. Lightning struck.

ударить кого-либо по карману to cost someone a pretty penny

ударять по столу to bang on the table

удаться (perf.) to turn out well, be a success

Ему удалось найти это. He succeeded in finding it.

Мы хотели поехать, но нам не удалось. We wanted to go, but it didn't work out.

удача good luck, success

Ему всегда удача. He always has luck.

удачи и неудачи ups and downs

уда́чно (adv.) successfully, well

*уда́чный successful, apt

уда́чная попы́тка successful attempt

уда́чное выраже́ние apt expression

уде́льный specific

уде́льный вес specific gravity

удиви́тельно (adv.) amazingly, astonishingly, it is strange

не удиви́тельно, что no wonder that

удиви́тельный astonishing, surprising, striking, amazing, wondrous

*удиви́ть(ся)–see удивля́ть(ся)

удивле́ние astonishment, surprise, wonder, amazement

рази́нуть рот от удивле́ния to be open-mouthed with astonishment

удивля́ть (удиви́ть) to astonish, surprise, amaze

удивля́ть-ся (удиви́ть-ся) to be surprised, wonder at

Вот она́ удиви́ться. She will be so surprised.

удо́бно (adv.) comfortably, conveniently

Ему́ удо́бно. He feels comfortable.

е́сли ему́ э́то удо́бно if it is convenient for him

*удо́бный comfortable, handy, convenient

удо́бное кре́сло comfortable armchair

удо́бный моме́нт opportune moment

удо́бный слу́чай opportunity

удо́бство comfort

удовлетворе́ние satisfaction, gratification

находи́ть удовлетворе́ние to find satisfaction

получа́ть по́лное удовлетворе́ние to be fully satisfied

удовлетвори́тельно (adv.) satisfactorily

удовлетвори́тельный satisfactory, satisfying

удовлетвори́ть–see удовлетворя́ть

удовлетворя́ть (удовлетвори́ть) to satisfy, content, comply with

удово́льствие pleasure

жить в своё удово́льствие to enjoy one's life

получи́ть удово́льствие от чего́-либо to enjoy something

с удово́льствием with pleasure, gladly

уедине́ние solitude, seclusion

уединённо (adv.) solitarily

уезжа́ть (уе́хать) to leave, go away, depart (by conveyance)

уе́хать–see уезжа́ть

у́жас terror, horror

быть в у́жасе to be horrified

Како́й у́жас! How terrible!

Ужас как хо́лодно. It is terribly cold.

ужа́сно (adv.) terribly, horribly, awfully, it is terrible

ужа́сный terrible, horrible

уже́ already, no longer

Он уже не ребёнок. He is no longer a child.

Он уже́ ко́нчил. He has already finished.

уже́ давно long time ago

уже́ не раз more than once

*у́жин supper

за у́жином at supper

у́жинать (поу́жинать) to have supper

у́зел knot, bundle

завя́зывать у́зел to tie a knot

*у́зкий narrow, tight

у́зкие взгля́ды narrow views

*узнава́ть (узна́ть) to recognize, find out

Он узна́л её по го́лосу. He knew her by her voice.

Он узна́л мно́го но́вого. He learned much that was new to him.

Узна́йте по телефо́ну, когда́ нача́ло спекта́кля. Find out by telephone when the play begins.

узна́ть–see узнава́ть

уйти́–see уходи́ть

ука́з decree, edict

указа́тельный indicating, indicatory

указа́тельный па́лец forefinger

указа́ть–see ука́зывать

ука́зывать (указа́ть) to show, indicate, point out

укла́дываться (уложи́ться) to pack

укра́сть–see красть

укрепи́ть–see укрепля́ть

укрепле́ние strengthening, fortifying

укрепля́ть (укрепи́ть) to fortify, strengthen

у́ксус vinegar

уку́с bite, sting

укуси́ть (perf.) to bite, sting

Кака́я му́ха его́ укуси́ла? What possessed him?

ула́дить (perf.) to settle, arrange

ула́дить спо́рный вопро́с to settle a controversial question

*у́лица street

на у́лице on the street, out of doors

уложи́ться–see укла́дываться

уло́женный packed

улучша́ть-ся (улу́чшить-ся) to improve (itself), make better

Его́ здоро́вье улу́чшилось. His health has improved.

улу́чшить(ся)–see улу́чшать(ся)

*улыба́ться (улыбну́ться) to smile
Жизнь ему́ улыба́лась. Life smiled on him.

не улыба́ясь unsmilingly

улы́бка smile

улыбну́ться–see улыба́ться

*ум mind, wit, intellect
в здра́вом уме́ in one's right senses
ему́ пришло́ на ум it occurred to him
сходи́ть с ума́ to go mad
Ум хорошо́, а два лу́чше. Two heads are better than one.

уменьша́ть-ся (уме́ньшить-ся) to diminish, decrease, lessen

уменьши́тельный diminutive

уме́ньшить(ся)–see уменьша́ть(ся)

уме́ренность (f.) moderation, temperance

уме́ренный moderate, temperate

умере́ть–see умира́ть

уме́ть (imp.) to know how, be able
Он сде́лает э́то как уме́ет. He'll do it to the best of his ability.

умира́ть (умере́ть) to die
умира́ть от ску́ки to be bored to death

умно́ (adv.) cleverly, wisely, sensibly

умноже́ние multiplication, increase

*у́мный clever, intelligent

умолка́ть (умо́лкнуть) to fall silent

умо́лкнуть–see умолка́ть

умоля́ть (imp) to entreat, implore

умоля́ющий pleading, supplicant

у́мственный mental, intellectual

умыва́ть-ся (умы́ть-ся) to wash (oneself)

умы́ть(ся)–see умыва́ть(ся)

унести́–see уноси́ть

универса́льный universal

университе́т university

униже́ние humiliation

уничтожа́ть (уничто́жить) to destroy, crush, wipe out
Ого́нь всё уничто́жил. The fire has destroyed everything.

уничто́жить–see уничтожа́ть

уноси́ть (унести́) to take away, carry off
Воображе́ние унесло́ его́ далеко́. He was carried away by his imagination.

уны́ло despondently, dolefully

уны́лый sad, dismal, despondent

упа́док decline, breakdown
приходи́ть в упа́док to fall into decay
упа́док ду́ха low spirits

упако́ван packed

упа́сть–see па́дать

упое́ние rapture, ecstasy

упомина́ть (упомяну́ть) to mention, refer to
упомина́ть вско́льзь to mention in passing

упомяну́ть–see упомина́ть

упо́рный persistent, stubborn

употреби́тельный common, generally used

употреби́ть–see употребля́ть

употребля́ть (употреби́ть) to make use of
употреби́ть власть to exercise one's authority
употреби́ть все уси́лия to exert every effort

употребля́ться (употреби́ться) to be in use
широко́ употребля́ется to be in common usage

упра́виться–see управля́ться

управле́ние management, control, conducting

управля́ть-ся (упра́вить-ся) to govern, rule, manage, conduct

упражне́ние exercise

упражня́ться to practice

упрёк reproach, reproof

упрека́ть (упрекну́ть) to reproach, upbraid

упрекну́ть–see упрека́ть

упроще́ние simplification

упря́мство stubbornness, obstinacy

*упря́мый obstinate, stubborn

уравне́ние equalization, equation (math.)

ура́внивать (уровня́ть) to equalize, level

урага́н hurricane

у́ровень (m.) level, standard
жи́зненный у́ровень standard of living
у́ровень воды́ water level

уровня́ть–see ура́внивать

*уро́к lesson

ус, усы́ (pl.) mustache, whiskers
мота́ть что́-либо себе́ на ус to observe something silently

усе́рдие zeal, diligence

усе́рдный zealous, diligent

уси́лие effort

уско́рить–see ускоря́ть

ускоря́ть (уско́рить) to hasten, quicken, expedite

усла́ть-see усыла́ть

*усло́вие condition, term
ни при каки́х усло́виях under no circumstances
обяза́тельное усло́вие indispensable condition

при усло́вии, что on condition that

усло́вия догово́ра terms of the treaty

усло́вия жи́зни conditions of life

ста́вить усло́вия to lay down terms

усложне́ние complication

услу́га service, good turn

к ва́шим услу́гам at your service

ока́зывать кому́-либо услу́гу to do someone a service

Услу́га за услу́гу. One good turn deserves another.

услу́живать (услужи́ть) to render a service, do a good turn

услужи́ть–see услу́живать

услы́шать–see слы́шать

усмотре́ние discretion, judgment

*успе́ть (pf.) to have time

Ему́ уже́ не успе́ть на по́езд. He cannot be on time for the train.

Он успе́л ко́нчить уро́к. He had time to finish the lesson.

*успе́х success, good luck

де́лать успе́хи to make progress

Жела́ю вам успе́ха. I wish you good luck.

по́льзоваться успе́хом to be a success

успе́шно (adv.) successfully

успе́шный successful

успока́ивать-ся (успоко́ить-ся) to calm, soothe, appease

успока́ивать свою́ со́весть to salve one's own conscience

Успоко́йтесь. Compose yourself. Calm yourself.

успоко́ить(ся)–see успока́ивать(ся)

*устава́ть (уста́ть) to get tired

уста́лость (f.) tiredness, weariness, fatigue

уста́лый tired, weary, fatigued

У вас уста́лый вид. You look tired.

уста́ть–see устава́ть

у́стный oral, verbal

устра́ивать (устро́ить) to arrange, organize, establish

устра́ивать сканда́л to make a row

устра́ивать свои́ дела́ to settle one's affairs

устро́ить так, что́бы to arrange so as to

устро́ить ребёнка в шко́лу to get a child into school

Э́то меня́ вполне́ устра́ивает. That suits me completely.

устра́иваться (устро́иться) to settle

Всё устро́илось. Everything has turned out all right.

Он хо́чет устро́иться в Москве́. He wants to settle in Moscow.

устра́иваться в но́вой кварти́ре to settle in a new apartment

устремле́ние aspiration

у́стрица oyster

устро́ить(ся)–see устра́ивать(ся)

усту́пка concession

идти́ на усту́пки to make concessions

усыла́ть (усла́ть) to send away

утверди́тельно (adv.) affirmatively

утверди́ть–see утвержда́ть

утвержда́ть (утверди́ть) to affirm, maintain, assert, confirm

утвержде́ние assertion, statement

утере́ть–see утира́ть

утеша́ть (уте́шить) to comfort, console

утеше́ние comfort, consolation

утеши́тельный comforting, consoling

уте́шить–see утеша́ть

утира́ть (утере́ть) to wipe, dry

у́тка duck

утоми́тельный tiresome, tiring, wearing

утоми́ть–see утомля́ть

утомле́ние tiredness, weariness

утомля́ть (утоми́ть) to tire, weary

утону́ть–see тону́ть

утопи́ть(ся)–see топи́ть(ся)

у́тренний morning (adj.)

у́тро morning

в де́вять часо́в утра́ at nine o'clock in the morning

До́брое у́тро. Good morning.

у́тром in the morning

утю́г iron (for clothes), flatiron

уха́живать (imp.) to nurse, look after, court

уха́живать за ребёнком to tend to a child

*у́хо ear

влюби́ться по́ уши to be head over heels in love

в одно́ у́хо вошло́, в друго́е вы́шло in one ear and out the other

Он уша́м не ве́рил. He could not believe his ears.

*уходи́ть (уйти́) to leave, depart (on foot)

Все си́лы ухо́дят на э́то. One's whole energy is spent on it.

От э́того не уйдёшь. You can't get away from it.

уходи́ть в отста́вку to retire

уходи́ть в себя́ to withdraw into oneself

уча́ствовать (imp.) to take part in, participate

уча́стие participation, collaboration

принима́ть уча́стие в чём-либо to take part in something

учéбник textbook, manual
учéбный educational, school
  учéбное заведéние educational institution
  учéбный год school year
учéние studies, learning
  кóнчить учéние to finish one's studies
*****ученúк, ученúца** student (m., f.)
учёный learned, learned person, scholar, scientist
учúтель, учúтельница teacher (m., f.)
*****учúть** (imp.) to learn, study, teach
  Онá ýчит мýзыку. She is studying music.
  Он ýчит её мýзыке. He teaches her music.
учúться (imp.) to learn, study
  Век живú-век учúсь. Live and learn.
  учúться в университéте to attend the university
  учúться на сóбственных ошúбках to profit by one's own mistakes
ую́т comfort, coziness
ую́тно comfortably, cozily
ую́тный cozy, comfortable
  ую́тная кóмната cozy room

Ф

фáбрика factory, mill
фабрикáнт manufacturer
фабрúчный industrial, manufacturing
  фабрúчная мáрка trademark
  фабрúчный гóрод industrial city
фáбула plot, story
фáза phase, period
  фáзы лунý phases of the moon
факт fact
  гóлые фáкты bare facts, naked facts
  факт то, что the fact is that
  Фáкты-упрямая вещь. You can't fight facts.
фактúчески (adv.) practically, actually, in fact
фактúческий actual, factual, virtual
фáктор factor
  врéменные фáкторы transitory factors
факультéт department of a university
  быть на юридúческом факультéте to be a student in the law school
  медицúнский факультéт medical school
фальсифицúрованный counterfeited, forged, adulterated

фальшúвый false, artificial, counterfeit
  фальшúвая нóта false note
  фальшúвые зýбы false teeth
фамúлия surname, family name
фамильярно (adv.) unceremoniously
фамильярный unceremonious, familiar
фанатúческий fanatic
фантазúровать (imp.) to daydream, dream, let one's imagination run
фантáзия fancy, fantasy, imagination
фантастúческий fantastic, fabulous
Фаренгéйт Fahrenheit
фáртук apron
фарфóр porcelain, china
фарш stuffing
фаршúрованный stuffed
  фаршúрованная рýба gefilte fish
фасóн fashion, style
  на другóй фасóн in a different fashion
фатáльный fatal
фáуна fauna
феврáль (m.) February
федерáция federation
фейервéрк fireworks
фен hairdryer
феноменáльный phenomenal
фéрма farm
  молóчная фéрма dairy farm
фéрмер farmer
фéтровый felt
  фéтровая шляпа felt hat
фехтовáние fencing
фéя fairy
фиáлка violet
фúга fig
фигýра figure
  крýпная фигýра outstanding figure
  представлять собóю жáлкую фигýру to cut a poor figure
  У неё хорóшая фигýра. She has a good figure.
фигýрка statuette, figurine
фúзик physicist
фúзика physics
физúческий physical
  физúческая сúла physical strength
  физúческий кабинéт physics laboratory
фиктúвный fictitious
фúкция fiction
филантрóп philanthropist
филантропúческий philanthropic
филé sirloin, fillet
филиáл subsidiary, branch office
филóсоф philosopher
филосóфски (adv.) philosophically
филосóфия philosophy
фильм film
  снимáть фильм to make a film

цветнóй фильм color film
финáл finale
финанси́рование financing
финáнсовый financial
финáнсы finances, financial position
фи́ник date (fruit)
фиолéтовый violet (color)
фи́рма firm, company
флаг flag
фланéль (f.) flannel
флéйта flute
  игрáть на флéйте to play the flute
фли́гель (m.) wing of a building, annex
флиртовáть (imp.) to flirt
флóра flora
флот fleet, the navy
  воздýшный флот air force
фойé (n., not declined) foyer, lobby
фóкус trick, focus
фонáрь (m.) lantern, lamp
  подстáвить фонáрь комý-либо to give someone a black eye
  ýличный фонáрь street light
фонд fund, stock, reserve
  фóндовая би́ржа stock exchange
фонтáн fountain
  фонтáн красноречия fountain of eloquence
фóра odds
  дать фóру to give odds
фóрма form, shape, uniform
  в пи́сьменной фóрме in written form
  в фóрме шáра in the form of a globe
  граммати́ческие фóрмы grammatical forms
  надевáть фóрму to wear a uniform
  одéтый не по фóрме not properly dressed
формáльность (f.) formality
фóрмула formula
фортепиáно piano
фотографи́ровать (imp.) to take a photograph
фотогрáфия photography
фрáза phrase, sentence
  пустые фрáзы mere words
франт dandy
францýз, францýженка Frenchman, woman (m., f.)
францýзский French
фрукт fruit
фундáмент foundation, groundwork
фундаментáльный fundamental, solid, substantial
фуникулёр funicular (railway)
функционáльный functional
фýнкция function
фунт pound
фурóр furor

произвести́ фурóр to create a furor
фут foot
  длиною в два фýта two feet long
футбóл football, soccer
  футболи́ст football player
футуристи́ческий futuristic
фуфáйка jersey, sweater
фы́ркать (фы́ркнуть) to snort, sniff
  презри́тельно фы́ркнуть to sniff scornfully
фы́ркнуть—see фы́ркать

X

халáт dressing gown, bathrobe
хандрá the blues
  На негó напáла хандрá. He has the blues.
хáос chaos
*харáктер disposition, temper, character
  имéть твёрдый харáктер to have a strong will or character
  тяжёлый харáктер difficult nature
характери́стика characteristics
харáктерно (adv.) characteristically
харáктерный typical, distinctive, characteristic
хáта hut
  Моя хáта с крáю. It's no concern of mine. (My hut is on the outskirts.)
*хвали́ть (похвали́ть) to commend, praise
хвáстать-ся (похвáстать-ся) to brag, boast
хватáть (схвати́ть) to snatch, seize, grasp, grab
  хватáть когó-либо зá руку to seize someone by the hand
  хватáть чтó-либо на летý to be very quick at something
  хватáться за солóминку to grasp at a straw
хватáть (хвати́ть) to suffice, be enough, last out
  Емý хвати́ло врéмени. He had the time.
  На сегóдня хвáтит. That will do for today.
  Этого емý хвáтит на мéсяц. It will last him for a month.
хвати́ть—see хватáть
хвост tail, train
  бить хвостóм to lash the tail
хвост комéты tail of a comet
хи́мик chemist
хими́ческий chemical
хи́мия chemistry
хирýрг surgeon

хи́тро (adv.) slyly, cunningly

*хи́трый cunning, artful, sly

хладнокро́вие coolness, composure, equanimity

сохраня́ть хладнокро́вие to keep one's head

хладнокро́вный cool, composed

*хлеб bread, grain

жить на чужи́х хлеба́х to live at someone's expense

зараба́тывать себе́ на хлеб to earn one's living

отби́ть у кого́-либо хлеб to take the bread out of someone's mouth

хле́бница breadbasket

хлеб-соль hospitality (bread and salt)

хлопота́ть (похлопота́ть) to bustle about, take the trouble, solicit

Не хлопочи́те! Don't bother!

хлопота́ть о ме́сте to seek a job

хло́поты trouble, cares, fuss

несмотря́ на все его́ хло́поты in spite of all the trouble he has taken

Не сто́ит хлопо́т. It is not worth the trouble.

хму́риться (нахму́риться) to frown, lower, be overcast

хму́рый gloomy, sullen

*ход motion, run, course, speed, entry

быть в ходу́ to be in vogue

за́дний ход backward motion

знать все ходы́ и вы́ходы to know all the ins and outs

ло́вкий ход clever move

ти́хий ход slow speed

ход мы́слей train of thought

ход собы́тий course of events

*ходи́ть (imp.) to go, walk (habitual action)

По́езд хо́дит ка́ждый день. There is a train every day.

Слу́хи хо́дят. Rumors are afloat.

Ту́чи хо́дят по не́бу. Storm clouds are drifting across the sky.

ходи́ть вокру́г да о́коло to beat around the bush

ходи́ть в шко́лу to attend school

ходи́ть на лы́жах to ski

ходи́ть по магази́нам to go shopping

ходи́ть по́д руку to walk arm in arm

ходьба́ walking

полчаса́ ходьбы́ half an hour's walk

*хозя́ин master, boss, proprietor, owner, host, landlord

Он хоро́ший хозя́ин. He is thrifty and industrious.

хозя́ин положе́ния master of the situation

хозя́йка mistress, owner, hostess, landlady

дома́шняя хозя́йка housewife

*хозя́йничать (imp.) to keep house, manage a household, play the boss

хозя́йство economy, household

занима́ться хозя́йством to keep house

пла́новое хозя́йство planned economy

се́льское хозя́йство agriculture

холм hill, mound

хо́лод cold

холоде́ц jellied meat

холоди́льник refrigerator

хо́лодно (adv.) coldly, it is cold

Мне хо́лодно. I am cold.

хо́лодно встре́тить кого́-либо to receive someone coldly

*холо́дный cold, cool

холосто́й unmarried (of men)

холостя́к bachelor

хор chorus

хорони́ть (похорони́ть) to bury

хоро́шенький pretty, nice

хоро́шенькая исто́рия a pretty kettle of fish

хороше́ть (похороше́ть) to grow prettier, better-looking

*хоро́ший good

Всего́ хоро́шего. Goodbye. (All of the best.)

Она́ хороша́ собо́й. She is good-looking.

хоро́шая пого́да good weather

Что хоро́шего? What's new?

Это де́ло хоро́шее. That's a good thing.

*хорошо́ (adv.) good, well, nice

Вот хорошо́. That's fine.

Вы хорошо́ сде́лаете, е́сли приде́те. You would do well to come.

Ему́ хорошо́ здесь. He is comfortable here.

о́чень хорошо́ very well

хорошо́ ска́зано well said

Хорошо́ то, что хорошо́ конча́ется. All's well that ends well.

хоте́ть (захоте́ть) to wish, want

как хоти́те just as you like

Он не хо́чет мне зла. He means no harm to me.

Он о́чень хо́чет её ви́деть. He wants to see her very much.

хоте́ть спать to want to sleep

хо́чешь, не хо́чешь willy-nilly

хоте́ться (захоте́ться) to want, feel like

Ему́ хо́чется поговори́ть с ва́ми. He wants to talk with you.

Мне хо́чется пить. I am thirsty.

не так, как хоте́лось бы not as one would like it

*хоть even, if you wish, at least
  Ему́ ну́жно хоть два дня́. He ought to have at least two days.
  Не могу́ сде́лать э́то, хоть убе́й. I can't do this for the life of me.
  Хоть бы он поскоре́е пришёл. If only he would come.
  хоть сейча́с at once if you like
хотя́ although, though
  Мы должны́ говори́ть хотя́ бы на двух языка́х. We should speak at least two languages.
  хотя́ бы if only, even if
  хотя́ бы и так even if it were so
хохота́ть (imp.) to laugh boisterously
хра́брый brave, valiant, gallant
храни́тель (m.) keeper, guardian
храни́ть (imp.) to keep, retain
  храни́ть в па́мяти to keep in one's memory
  храни́ть в та́йне to keep something secret
  храни́ть де́ньги в сберка́ссе to keep one's money in a savings bank
храпе́ть (imp.) to snore
хребе́т spinal column, backbone
хрен horseradish
христиа́нство Christianity
хрома́ть (imp.) to limp
  хрома́ть на пра́вую но́гу to be lame in the right leg
  У него́ хрома́ет орфогра́фия. His spelling is poor.
хромо́й lame, limping
хро́ника news summary
хрони́ческий chronic
хруста́ль (m.) cut glass, crystal
ху́денький slender, slim
худе́ть (похуде́ть) to grow thin
ху́до (adv.) ill, badly
худо́жественный art, artistic
  худо́жественный фи́льм movie (feature film)
худо́жество art
худо́жник artist
худо́й lean, thin, bad, worn-out
  на худо́й коне́ц if worse comes to worst
*ху́же worse
  Пого́да сего́дня ху́же, чем вчера́. The weather is worse today than yesterday.
  тем ху́же so much the worse
  ху́же всего́ worst of all

Ц

цара́пать (цара́пнуть) to scratch, claw, scribble
цара́пина scratch, abrasion

цара́пнуть—see цара́пать
цари́ть (imp.) to reign
  Цари́л мрак. Darkness reigned.
цвет color
  Како́го цве́та? What color?
  цвет лица́ complexion
цветно́й colored
цвето́к flower
целеустремлённость purposefulness
целико́м (adv.) as a whole, wholly
целова́ть-ся (поцелова́ть-ся) to kiss (each other)
це́лый whole, entire, intact
  по це́лым неде́лям for weeks on end
  це́лая дю́жина a whole dozen
  цел и невреди́м safe and sound
  це́лые чи́сла whole numbers
*цель (f.) aim, goal, object, purpose
  дости́чь це́ли to achieve one's goal
  отвеча́ть це́ли to answer the purpose
  попа́сть в цель to hit the mark
  с како́й це́лью? for what purpose?
*цена́ price, worth, cost
  знать себе́ це́ну to know one's own value
  любо́й цено́й at any price
  твёрдые це́ны fixed prices
  Э́то не име́ет цены́. It is priceless.
цензу́ра censorship
цени́ть (оцени́ть) to value, estimate, appreciate
  высоко́ цени́ть себя́ to think much of oneself
  Его́ не це́нят. He is not appreciated.
це́нный valuable
цент cent
центр center
центра́льный central
цепь (f.) chain, bonds
  го́рная цепь mountain range
  спусти́ть с це́пи to let loose
церемо́ниться (imp.) to stand on ceremony
церемо́ния ceremony
  без церемо́ний informally
це́рковь (f.) church
цивилиза́ция civilization
ци́ник cynic
цини́ческий cynical
цинк zinc
цирк circus
цита́та quotation
цити́ровать to quote, cite
ци́фра figure, cipher
цыга́нский gypsy

Ч

*чай (m.) tea
чайка seagull
чайник teapot
чайная ложка teaspoon
чайная роза tea rose
*час hour
 в котором часу at what time
 в час дня at 1:00 P.M.
 Который час? What time is it?
 приёмные часы reception or visit-
  ing hours
 через час in an hour
часовой clock, watch (adj.), sentry
 (noun)
 двигаться по часовой стрелке
  to move clockwise
 часовая оплата payment by the
  hour
частица fraction, little part
частный private
*часто (adv.) often, frequently
часть (f.) part, share, portion
 большая часть greater part
 большей частью for the most part
 запасные части spare parts
 по частям in parts
 части тела parts of the body
часы (plural only) watch, clock, timepiece
 поставить часы to set a watch
 Часы отстают. The watch is slow.
 Часы спешат. The clock is fast.
чахотка consumption
чашка cup
*чаще more often
чаяние expectation, hope
 сверх чаяния beyond expectations
*чей, чья, чьё, чьи whose (m., f., n.,
 pl.)
чек check
*человек (pl. люди) man, person,
 human being
человеческий human
 человеческая природа human
  nature
человечество humanity, mankind
*чем than
 меньше чем less than
 Чем больше, тем лучше. The
  more, the better.
 Чем писать, вы бы раньше
  спросили. You'd better ask first
  and write afterward.
чемодан valise
чемпион champion
чепуха nonsense
 говорить чепуху to talk nonsense

чередовать(ся) (imp.) to take turns,
 alternate
*через over, across, through (with acc)
 перейти через дорогу to walk
  across the street
 писать через строчку to write on
  every other line
 через неделю in a week
череп skull
чересчур too
 чересчур много much too much
 Это уже чересчур. That's going
  too far.
черешня cherry
чернила (pl.) ink
*чёрный black
 на чёрный день against a rainy day
 ходить в чёрном to wear black
 чёрные мысли gloomy thoughts
 чёрный как смоль jet-black,
  pitch-black
 чёрный рынок black market
черта trait, line
 черты лица features
 Это фамильная черта. It is a
  family trait.
чертёнок imp
чертовщина devilry
чесаться (почесаться) to scratch
 oneself, itch
 У него чешется нос. His nose
  itches.
 У неё руки чешутся это сделать.
  Her fingers itch to do it.
чеснок garlic
честно (adv.) honestly, fairly, frankly
честность (f.) honesty
*честный honest, fair
 дать честное слово to give one's
  word of honor
 Честное слово! Upon my word!
честолюбивый ambitious
честь (f.) honor
 в честь кого-либо in honor of
  someone
 дело чести matter of honor
 Не имею чести знать вас. I do
  not have the honor of knowing you.
 Считаю за честь. I consider it an
  honor.
 Это делает ему честь. It does him
  credit.
четверг Thursday
 в четверг on Thursday
четверть (f.) one-fourth, a quarter
 четверть часа a quarter of an hour
четвёртый fourth
четыре four
четыреста four hundred
четырнадцать fourteen
четырнадцатый fourteenth
чин rank, grade

чини́ть (почини́ть) to repair, mend

чино́вник official, functionary

*число́ number, date

в большо́м числе́ in great numbers

в пе́рвых чи́слах ию́ня in the first days of June

Како́е сего́дня число́? What is today's date?

неизве́стное число́ unknown quantity

чи́стить (почи́стить) to clean, scour, scrub

чи́сто (adv.) cleanly, neatly, purely, it is clean

чистота́ cleanliness, purity

*чи́стый clean, neat, tidy, pure

бриллиа́нт чи́стой воды́ a diamond of the first water

чи́стая рабо́та neat job

чи́стое безу́мие sheer madness

чи́стый вес net weight

чи́стый слу́чай pure chance

чита́ть (прочита́ть, проче́сть) to read

чита́ть ле́кцию to give a lecture

чиха́ть (чихну́ть) to sneeze

чихну́ть—see чиха́ть

чи́ще cleaner

член member, limb

член парла́мента member of parliament

член уравне́ния term of an equation

чёрт devil, deuce

Како́го чёрта он там де́лает? What the blazes is he doing there?

Чёрт возьми́! The devil take it!

Чёрт зна́ет что! It's outrageous!

чрезвыча́йно (adv.) extraordinarily, extremely

чрезвыча́йный extraordinary, extreme

чте́ние reading

*что what, that

всё, что он знал all that he knew

Мне что́-то не хо́чется. I somehow don't feel like it.

Ну и что́ же? Well, what of it?

потому́ что because

Что вы! You don't say so!

Что де́лать? What is to be done?

Что зна́чит э́то сло́во? What does this word mean?

что́-нибудь anything

Что с ва́ми? What is the matter with you?

что́-то something, somehow

*что́бы that, in order that

Невозмо́жно, что́бы он сказа́л э́то. It is impossible that he said it.

Он говори́л гро́мко, что́бы все слы́шали. He spoke loudly so that all would hear.

Он не мо́жет написа́ть ни стро́чки без того́, что́бы не сде́лать оши́бки. He can't write a line without making a mistake.

Он ра́но встал, что́бы быть там во́время. He got up early in order to be there on time.

Он хоте́л, что́бы она́ слы́шала. He wanted her to hear.

чувстви́тельность (f.) sensitivity, perceptibility, sentimentality

чувстви́тельный sensible, perceptible, painful, sensitive

*чу́вство sense, feeling

обма́н чувств delusion, illusion

прийти́ в чу́вство to come to one's senses

пять чувств the five senses

чу́вство ме́ры sense of proportion

чу́вство прекра́сного feeling for the beautiful

чу́вство ю́мора sense of humor

*чу́вствовать (почу́вствовать) to feel, sense

Как вы себя́ чу́вствуете? How do you feel?

чу́вствовать го́лод to be hungry

чу́вствовать ра́дость to feel joy

чу́вствовать свою́ вину́ to feel one's guilt

чу́дно (adv.) beautifully, wonderfully, it is beautiful

чу́дный wonderful, marvelous, beautiful

чу́до miracle, wonder, marvel

чужо́й someone else's, strange, alien

в чужи́е ру́ки into strange hands

на чужо́й счёт at someone else's expense

под чужи́м и́менем under an assumed name

чужи́е края́ foreign lands

чуло́к stocking

чума́зый dirty-faced, smudgy

чу́ткий sensitive, keen, tactful, delicate

чу́ткий подхо́д tactful approach

чу́ткий сон light sleep

чу́ткость (f.) sensitiveness, keenness, tactfulness, delicacy

чуть hardly, slightly, just

Он чуть ды́шит. He can hardly breathe.

Он чуть не упа́л. He nearly fell.

чуть-чуть a little

Ш

*шаг step, stride, footstep
  в двух шага́х a few steps away
  ло́вкий шаг clever move
  на ка́ждом шагу́ at every step
  сде́лать пе́рвый шаг to take the
    first step
  шаг за ша́гом step by step
  ша́гом at a walking pace
*шали́ть (imp.) to play pranks, be
    naughty
шалу́н, шалу́нья playful person,
    mischievous child (m., f.)
шаль (f.) shawl
шампа́нское champagne
шанс chance
  име́ть мно́го ша́нсов to have
    many chances
  ни мале́йшего ша́нса not the
    ghost of a chance
ша́пка cap
шар ball, sphere, globe
  возду́шный шар balloon
шарф scarf, muffler
ша́ткий unsteady, shaky, tottering
ша́хматы chess
  игра́ть в ша́хматы to play chess
шве́дский Swedish
шве́йный sewing
  шве́йная маши́на sewing machine
швейца́рский Swiss
швея́ seamstress
шевели́ть (шевельну́ть) to stir,
    move
  Он па́льцем не шевельнёт.
    He won't stir a finger.
шевельну́ть—see шевели́ть
шеде́вр masterpiece
шёлк silk
шёлковый silken
  Он стал, как шёлковый. He has
    become as meek as a lamb.
шепну́ть—see шепта́ть
шепта́ть (шепну́ть) to whisper
шерсть wool
шерстяно́й woolen
шестидеся́тый sixtieth
шестна́дцать sixteen
шестна́дцатый sixteenth
шесто́й sixth
шесть six
шестьдеся́т sixty
шестьсо́т six hundred
ше́я neck
  броса́ться кому́-либо на ше́ю to
    throw one's arms around someone's
    neck
  получи́ть по ше́е to get it in the
    neck

по ше́ю up to the neck
сиде́ть у кого́-либо на ше́е to be
  a burden to someone
шика́рный chic, smart
ши́на tire
шине́ль (f.) overcoat (uniform)
ши́ре broader, wider
ширина́ width, breadth
*широ́кий wide, broad
  в широ́ком смы́сле in the broad
    sense
  жить на широ́кую ногу́ to live in
    grand style
  широ́кая пу́блика general public
  широ́кое обобще́ние sweeping
    generalization
широко́ (adv.) widely, broadly
  смотре́ть широко́ to take a broad
    view of things
  широко́ толкова́ть to interpret
    loosely
широта́ width, breadth, latitude
  широта́ ума́ breadth of mind
шить (сшить) to sew
шитьё sewing, needlework
шкаф cupboard, closet, wardrobe
шко́ла school
  вы́сшая шко́ла college, university
  нача́льная шко́ла elementary
    school
  романти́ческая шко́ла литера-
    ту́ры romantic school of literature
  сре́дняя шко́ла secondary, high
    school
  ходи́ть в шко́лу to attend school
  челове́к ста́рой шко́лы man of
    the old school
шку́ра skin, hide
  дрожа́ть за свою́ шку́ру to trem-
    ble for one's life
  спаса́ть свою́ шку́ру to save one's
    own skin
  Я не хоте́л бы быть в его́
    шку́ре. I would not like to be in his
    place.
шля́па hat
  Де́ло в шля́пе. It's in the bag.
шнур cord
шокола́д chocolate
шёпот whisper
шёпотом in a whisper, under one's
    breath
шо́рох rustle
шотла́ндский Scottish
шо́у show
шофёр chauffeur, driver
шпага́т string, cord, twine
шпи́лька hairpin
шпина́т spinach
шприц syringe
шрифт print, type
штаны́ (pl.) trousers, breeches

штат state
шта́тский civil
што́пать (зашто́пать) to darn
што́пор corkscrew
што́ра blind, shade
  спусти́ть што́ры to draw the blinds
штраф fine, penalty
шту́ка piece, thing
  Вот так шту́ка! That's a fine
  thing!
  В том-то и шту́ка! That's just the
  point.
  штук де́сять about ten pieces
шту́чный piece
шту́чная рабо́та piecework
шу́ба fur coat
шу́лер cheat, cardsharp
*****шум** noise, uproar
  мно́го шу́ма из ничего́ much ado
  about nothing
  шум и гам hue and cry
шуме́ть (imp.) to make a noise, be
  noisy
шу́мный noisy, loud
шурша́ние rustling
шурша́ть (imp.) to rustle
шути́ть (пошути́ть) to joke, jest
  Не шути́! Don't trifle with this!
  Он не шу́тит. He is serious.
*****шу́тка** joke, jest
  в шу́тку in jest
  шу́тки в сто́рону joking aside
  Это не шу́тки. It is not a laughing
  matter.
шутя́ (adv.) in jest, for fun, easily
  не шутя́ seriously

Щ

щади́ть (пощади́ть) to spare
  Не щади́те расхо́дов. Do not
  spare expenses.
  не щадя́ себя́ without sparing oneself
  щади́ть чью-либо жизнь to
  spare someone's life
ще́дрость (f.) generosity, liberality
ще́дрый generous, liberal
  ще́дрой руко́й lavishly
щека́ cheek
щекота́ть (пощекота́ть) to tickle
  У меня́ в го́рле щеко́чет. My
  throat tickles.
  щекота́ть чьё-либо самолю́бие
  to tickle someone's vanity
щекотли́вый ticklish, delicate
  щекотли́вый вопро́с ticklish point
щено́к puppy
щётка brush
  зубна́я щётка toothbrush

Э

эволюцио́нный evolutionary
эгои́зм selfishness
эгои́ст egoist, selfish person
эгоисти́ческий selfish, egotistical
экза́мен examination
  вы́держать экза́мен to pass an
  exam
  держа́ть экза́мен to take an exam
  провали́ться на экза́мене to fail
  at an exam
экзаменова́ть (проэкзаменова́ть)
  to examine
экземпля́р copy, specimen
экипа́ж carriage, crew
эконо́мика economics
экономи́ст economist
эконо́мить (сэконо́мить) to economize, save
экономи́ческий economical
эконо́мия economy
  для эконо́мии вре́мени to save
  time
  полити́ческая эконо́мия political
  economy
  соблюда́ть эконо́мию to save,
  economize
экра́н screen
экску́рсия excursion, trip
экспанси́вный effusive
экспа́нсия expansion
экспеди́ция expedition
экспериме́нт experiment
эксперимента́льный experimental
экспе́рт expert
экспе́ртный expert (adj.)
эксплуата́ция exploitation
э́кспорт export
экспресси́вный expressive
экспре́ссия expression
экста́з ecstasy
экстенси́вный extensive
экстравага́нтный extravagant
экстра́кт extract
э́кстренно urgently
эксцентри́ческий eccentric
эксце́сс excess
элева́тор elevator
элега́нтность (f.) elegance
элега́нтный elegant
эле́гия elegy
электри́ческий electric
электри́чество electricity
элеме́нт element (chemistry)
элемента́рный elementary
эликси́р elixir
эма́левый enamel (adj.)
эма́ль (f.) enamel
эмансипа́ция emancipation
эмоциона́льный emotional
эмо́ция emotion

эмфати́ческий   emphatic
энерги́чный   energetic
эне́ргия   energy
энтузиа́зм   enthusiasm
энциклопе́дия   encyclopedia
эпиде́мия   epidemic
эпо́ха   age, era, epoch
э́ра   era
эроти́ческий   erotic
эскала́тор   escalator
эски́з   sketch, study, outline
эстети́ческий   aesthetic
*эта́ж   floor, story
э́тика   ethics
эти́ческий   ethical
*э́то   this, it, that
  Как э́то возмо́жно?   How is it possible?
  Кто э́то?   Who is that?
  по́сле э́того   after that
  при всём э́том   in spite of all this
  Что э́то?   What is that?
  Это моя́ кни́га.   This is my book.
  Это хорошо́.   That's good.
э́тот, э́та, э́то, э́ти,   this, these, (m., f., n., pl.)
этю́д   study, sketch
эффе́кт   effect
эффе́ктный   spectacular, effective
э́хо   echo

Ю

юбиле́й   anniversary, jubilee
ю́бка   skirt
юг   south
ю́жный   southern
ю́мор   humor
  чу́вство ю́мора   sense of humor
юмористи́ческий   humorous, comic
ю́ность   (f.) youth
ю́ноша   (m.) youth, lad
юриди́ческий   juridical, legal
юри́ст   lawyer

Я

*я   I
я́блоко   apple
я́блочный   apple (adj.)
  я́блочный пиро́г   apple pie
яви́ться–see явля́ться
явле́ние   appearance, occurrence
  обы́чное явле́ние   everyday occurrence
  явле́ние приро́ды   natural phenomenon
явля́ться (яви́ться)   to appear, present oneself, occur

  как то́лько я́вится подходя́щий слу́чай   as soon as an opportunity presents itself
  явля́ться в ука́занное вре́мя   to present oneself at a fixed time
  явля́ться кста́ти   to arrive opportunely
я́вно   (adv.) it is evident, evidently, obvious
я́вный   evident, obvious, manifest
я́года   berry
  одного́ по́ля я́годы   birds of a feather
яд   poison, venom
  яд его́ рече́й   the venom of his words
я́дерный   nuclear
ядови́тый   poisonous, toxic
я́зва   ulcer, sore
*язы́к   language, tongue
  владе́ть каки́м-то языко́м   to know a language
  копчёный язы́к   smoked tongue
  литерату́рный язы́к   literary language
  о́бщий язы́к   common language
  о́стрый язы́к   sharp tongue
  показа́ть язы́к   to stick out one's tongue
  родно́й язы́к   mother tongue
  ру́сский язы́к   Russian language
  У него́ отня́лся язы́к.   He became speechless.(His tongue failed him.)
  чеса́ть язы́к   to wag one's tongue.
  Язы́к до Ки́ева доведёт.   You can get anywhere if you know how to use your tongue. (The tongue will take you as far as Kiev.)
языково́й   linguistic
язы́ческий   heathen, pagan
яи́чница   omelet
  яи́чница-болту́нья   scrambled eggs
яи́чный   egg (adj.)
*яйцо́   egg
  яйцо́ в мешо́чек   poached egg
  яйцо́ всмя́тку   soft-boiled egg
я́корь   (m.) anchor
я́мочка   dimple
янва́рь   (m.) January
янта́рь   (m.) amber
япо́нский   Japanese
я́ркий   bright, vivid, brilliant
  я́ркое описа́ние   vivid description
  я́ркий приме́р   striking example
  я́ркий свет   bright light
я́рко   brightly, strikingly, vividly
я́ркость   (f.) brightness, brilliance, vividness
я́рмарка   fair
я́рость   (f.) fury, rage
  вне себя́ от я́рости   beside oneself with rage

я́сно (adv.) clearly, distinctly, it is clear

  ко́ротко и я́сно in a nutshell (short and clear)

я́сность clearness, lucidity

я́сный clear, lucid, distinct

я́щик box, drawer, chest

  откла́дывать в до́лгий я́щик to shelve, procrastinate

GLOSSARY OF GEOGRAPHICAL NAMES

Австра́лия Australia
Австрия Austria
Адриати́ческое мо́ре Adriatic Sea
Азербайджа́н Azerbaijan
Азия Asia
Алба́ния Albania
Алжи́р Algeria
Альпы The Alps
Аля́ска Alaska
Аме́рика America
Англия England
Ара́вия Arabia
Аргенти́на Argentina
Астрахань Astrakhan
Атланти́ческий океа́н Atlantic Ocean
Африка Africa
Байка́л Baikal (Lake)
Баку́ Baku
Белору́ссия Belarus
Бе́льгия Belgium
Болга́рия Bulgaria
Бонн Bonn
Бо́стон Boston
Брази́лия Brazil
Брюссе́ль Brussels
Вашингто́н Washington
Великобрита́ния Great Britain
Ве́нгрия · Hungary
Владивосто́к Vladivostok
Во́лга Volga (River)
Волгогра́д Volgograd
Га́мбург Hamburg
Герма́ния Germany
Гру́зия Georgia
Да́ния Denmark
Детро́йт Detroit
Днепр Dnieper (River)
Дон Don (River)
Дуна́й Danube (River)
Евро́па Europe
Еги́пет Egypt
Жене́ва Geneva
Иерусали́м Jerusalem
Изра́иль Israel
Индия India
Иорда́ния Jordan
Ира́к Iraq
Ира́н Iran
Ирла́ндия Ireland
Испа́ния Spain
Ита́лия Italy
Кавка́з The Caucasus (Mountains)
Карпа́тские го́ры The Carpathian Mountains
Каспи́йское мо́ре Caspian Sea
Ки́ев Kiev
Кита́й China
Копенга́ген Copenhagen
Коре́я Korea
Крым Crimea

Лама́нш English Channel
Ло́ндон London
Лос-А́нджелес Los Angeles
Магнитого́рск Magnitogorsk
Мадри́д Madrid
Ме́ксика Mexico
Москва́ Moscow
Мю́нхен Munich
Нева́ Neva (River)
Нидерла́нды The Netherlands
Норве́гия Norway
Нью-Йо́рк New York
Оде́сса Odessa
Пана́мский кана́л Panama Canal
Пари́ж Paris
Пирене́и Pyrenees (Mountains)
По́льша Poland
Португа́лия Portugal
Рейн Rhine (River)
Рим Rome
Росси́я Russia
Сан-Франци́ско San Francisco
Санкт-Петербу́рг Saint Petersburg
Се́верная Аме́рика North America
Се́на Seine (River)
Сиби́рь Siberia
Си́рия Syria
Скали́стые го́ры Rocky Mountains
Слова́кия Slovak Republic
Соединённые Шта́ты Аме́рики United States of America
Содру́жество Незави́симых Госуда́рств Commonwealth of Independent States
Средизе́мное мо́ре Mediterranean Sea
Стокго́льм Stockholm
Таджикиста́н Tajikistan
Ташке́нт Tashkent
Тбили́си Tbilisi
Те́мза Thames (River)
Ти́хий океа́н Pacific Ocean
То́кио Tokyo
Ту́рция Turkey
Узбекиста́н Uzbekistan
Украи́на Ukraine
Урал Urals (Mountains)
Филаде́льфия Philadelphia
Финля́ндия Finland
Фра́нция France
Хе́льсинки Helsinki
Чёрное мо́ре Black Sea
Че́хия Czech Republic
Чика́го Chicago
Чи́ли Chile
Швейца́рия Switzerland
Шве́ция Sweden
Шотла́ндия Scotland
Югосла́вия Yugoslavia
Южная Аме́рика South America
Япо́ния Japan

GLOSSARY OF PROPER NAMES

Ага́фья Agatha
Агне́са Agnes
Аделаи́да, Аде́ль Adelaide, Adelle
Алексе́й Alexei
Алекса́ндр Alexander
Алекса́ндра Alexandra
Али́са Alice
Альфре́д Alfred
Анастаси́я Anastasia
Анато́лий Anatole
Андре́й Andrew
А́нна Anna
Анто́н Anthony
Арту́р Arthur
Бори́с Boris
Вади́м Vadim
Валенти́н Valentin
Валенти́на Valentina
Ва́льтер Walter
Варва́ра Barbara
Васи́лий Vassily
Ве́ра Vera
Ви́ктор Victor
Вильге́льм William
Влади́мир Vladimir
Владисла́в Vladislav
Гео́ргий George
Ге́рман Herman
Григо́рий Gregory
Дави́д David
Дани́ил Daniel
Дими́трий Dimitry
Дороте́я Dorothy
Е́ва Eva
Евге́ний Eugene
Екатери́на Catherine
Еле́на Helen
Елизаве́та Elizabeth
Заха́р Zachary
Ива́н John, Ivan
Илья́ Elias, Ilya
Ио́сиф Joseph
Ири́на Irene, Irina

Карл Carl
Кла́вдия Claudia
Константи́н Constantine
Лавре́нтий Lawrence
Лёв Leo, Lou
Леони́д Leonid
Луи́за Louise, Louisa
Лука́ Luke, Luka
Любо́вь Amy, Lyubov
Людми́ла Ludmilla
Мака́р Macar, Mark
Макси́м Maxim
Маргари́та Margaret
Мари́на Marina
Мари́я Marie, Mary
Ма́рфа Martha
Матве́й Matthew
Михаи́л Michael
Наде́жда Nadezhda
Ната́лия Natalia
Ники́та Nikita
Никола́й Nicholas, Nikolai
Оле́г Oleg
О́льга Olga
Па́вел Paul, Pavel
Пётр Peter
Самуи́л Samuel
Святосла́в Sviatoslaff
Серге́й Sergei
Симео́н Simon
Со́фья Sofia
Суса́нна Susan, Suzanna
Татья́на Tatyana
Тимофе́й Timothy
Фёдор Theodore, Fyodor
Фили́пп Philip
Фома́ Thomas
Шарло́тта Charlotte
Эдуа́рд Edward
Элеоно́ра Eleanore
Ю́лия Julia
Ю́рий Yury
Я́ков Jacob, Yakov

ENGLISH - RUSSIAN

A

abandon (to) оставля́ть, поки́нуть
abbreviate (to) сокраща́ть
abbreviation сокраще́ние
ability спосо́бность (f.)
able (to be) мочь
able спосо́бный
abortion або́рт (m.), вы́кидыш (m.)
about о (prep.), о́коло (gen..),
    про (acc.)
above наверху́, над (inst.)
abruptly ре́зко
absence отсу́тствие
absent (to be) отсу́тствовать
absent-minded рассе́янный
absent-mindedly машина́льно,
    рассе́янно
absolute абсолю́тный, совершё́н-
    ный
absolutely безусло́вно, соверше́нно
absorb (to) вса́сывать, впи́тывать
absorbed углублё́нный
abstain (to) возде́рживаться
abstinent трё́звый
abstract абстра́ктный
absurd абсу́рдный
absurdity абсу́рд, неле́пость (f.)
abundant оби́льный
abuse (to) руга́ть
abusive оскорби́тельный
academy акаде́мия
accent акце́нт
accepted при́нятый
accident несча́стный слу́чай
accidental случа́йный
accidentally неча́янно, случа́йно
accommodate (to) приспоса́бливать,
    устра́ивать
accommodated (to be) помеща́ться
accompany (to) провожа́ть, сопро-
    вожда́ть, аккомпани́ровать
accomplish (to) соверша́ть, выпол-
    ня́ть
according согла́сно, по (dat.)
accumulate (to) набира́ть(ся)
accuracy аккура́тность(f.), то́ч-
    ность(f.)
accusation обвине́ние
accuse (to) обвиня́ть
accustomed (to become) привыка́ть
ache (to) боле́ть
achievement достиже́ние
acid rain кисло́тный дождь
acknowledge (to) признава́ть
acknowledgement призна́ние
acquaintance знако́мый
acquainted (to become) знако́миться
acquire (to) приобрета́ть
across че́рез (acc.)
act (to) де́йствовать, игра́ть (on
    stage)
act акт (of a play), докуме́нт (deed)

action де́йствие
actively акти́вно
actor актё́р, арти́ст
actress актри́са, арти́стка
actual факти́ческий
actually действи́тельно, факти́чески
acupuncture иглотерапи́я
acute о́стрый
add (to) прибавля́ть, присоединя́ть
add to (to) добавля́ть, прибавля́ть
addition сложе́ние, добавле́ние,
    приба́вка
additional дополни́тельный,
    приба́вочный
address (to) адресова́ть, обра-
    ща́ться, выступа́ть
address а́дрес
adjacent сосе́дний
administration администра́ция
administrator администра́тор
admire (to) любова́ться
admirer кавале́р, покло́нник
admit (to) впуска́ть, принима́ть
adopted при́нятый
adoration обожа́ние
adore (to) обожа́ть
adroit ло́вкий
adult взро́слый
advance ава́нс
advantage преиму́щество
  to take advantage of
    воспо́льзоваться
advantageously вы́годно
adventure приключе́ние
adversity невзго́да
advertise (to) реклами́ровать
advertisement рекла́ма
advertising agency рекла́мное
    аге́нтство
advice сове́т
advise (to) рекомендова́ть, совето-
    вать
affected неесте́ственный
affectionate ла́сковый, лю́бящий
affirm (to) утвержда́ть
affirmatively утверди́тельно
afresh сно́ва
after за (inst.), по́сле (gen.)
afterward по́сле, пото́м, спустя́
again опя́ть
against про́тив (gen.)
age во́зраст
agency аге́нтство
agent де́йствующая си́ла, аге́нт,
    представи́тель
aggression агре́ссия
aggressive агресси́вный
agitation агита́ция, волне́ние
ago тому́ наза́д
  long ago давно́
agony аго́ния
agree (to) соглаша́ться

agreeable приятный, согласный
agreement договор, контракт, соглашение
agriculture сельское хозяйство
ah ах
ahead вперёд, впереди
aid помощь (f.)
aim цель (f.)
aimless бесцельный
air воздух
airfield аэродром
airplane самолёт
airy воздушный
alarm тревога
alarm clock будильник
alas! увы!
album альбом
alcohol алкоголь (m.)
algebra áлгебра
alien чужой
alike равно
all весь (вся, всё, все)
alley переулок
alliance союз
allot (to) наделять
allow (to) позволять, пускать, разрешать
allure (to) увлекать, соблазнить
alluring привлекательный, заманчивый
ally (to), соединять-ся
almond миндаль
almost почти
alone один, одинокий
   to leave alone оставить в покое
along вдоль (gen.), по (dat.)
alongside рядом
aloud вслух
alphabet áзбука, алфавит
already уже
also и, тоже, также
altar алтарь (m.)
alter (to) изменять, переделать
alteration изменение
alternate (to) чередовать(ся)
although хотя
altitude высота
altruism альтруизм
always всегда
amaze (to) удивлять
amazement удивление, изумление
amazing изумительный, удивительный
ambassador посол
amber янтарь (m.)
ambition амбиция
ambitious честолюбивый
America Америка
American американский
amiable любезный
among между (inst.), среди (gen.)
amorous любовный

amount количество
amusement забава, развлечение
analysis разбор, анализ
anatomy анатомия
anchor якорь (m.)
ancient старинный
and и, да
anew снова
angel áнгел
anger гнев
angle угол
angry (to be) злиться, рассердиться, сердиться
angry злой, раздражённый, сердитый
animal животное
animated живой, одушевлённый
animatedly оживлённо, живо
animation одушевление, увлечение
animosity озлобление
anniversary годовщина
announce (to) объявлять
announcement объявление
announcer диктор (radio or TV)
annoy (to) раздражать
annoyance досада, неприятность (f.)
annually ежегодно
another другой
answer (to) отвечать
answer ответ
ant муравей
anticipate (to) ожидать
antique старинный
anxiety тревога, забота
anxious озабоченный
any всякий, любой
anybody кто угодно, кто-нибудь
anyhow как угодно, как-нибудь
apartment квартира
apology извинение
apparatus аппарат
apparently видно, очевидно, по-видимому
appear (to) обозначаться, появляться, являться,
to appear to казаться
appearance вид, наружность, явление
appease (to) успокаивать
appetite аппетит
appetizing апетитный
applaud (to) аплодировать
apple яблоко
appoint (to) назначать
appreciate (to) ценить
approach (to) близиться, подходить, приближаться
approach подход
approximate приблизительный
approximate (to) приближаться
approximately óколо (gen.),

приблизи́тельно
apricot абрико́с
April апре́ль (m.)
apron пере́дник, фа́ртук
architect архите́ктор
ardent жа́ркий, пы́лкий,
    стра́стный
ardor пыл
area пло́щадь
argue (to) спо́рить
argument спор, аргуме́нт
arid сухо́й
arithmetic арифме́тика
arm рука́
armchair кре́сло
army а́рмия
aroma арома́т
aromatic аромати́ческий
around вокру́г (gen.), круго́м
arouse (to) возбужда́ть
arrange (to) аранжи́ровать,
    ула́дить, устра́ивать
arrangement устро́йство
arrest аре́ст
  to arrest взять под аре́ст
arrival прие́зд, прихо́д
arrive (to) приезжа́ть, приходи́ть
arson поджо́г
art иску́сство
article статья́
artificial фальши́вый, иску́сственный
artist худо́жник
artistic артисти́ческий, худо́жест-
    венный
as как
  as far as до
  as if как бу́дто
  as soon as как то́лько
  as though бу́дто
ascent подъём
ashamed (to be) стесня́ться
ashtray пе́пельница
ask (to) проси́ть, спра́шивать
asleep (to fall) засыпа́ть
asparagus спа́ржа
aspiration устремле́ние
aspirin аспири́н
assemble (to) собира́ть(ся)
assent согла́сие
assert (to) утвержда́ть, дока́зывать
assertion утвержде́ние
assimilate (to) осво́ить
assist (to) помога́ть
assistant помо́щник
association ассоциа́ция
assortment ассортиме́нт
assurance увере́ние
assure (to) уверя́ть
assured уве́ренный
asterisk звёздочка
astonish (to) удивля́ть
astonished (to be) поража́ться

astonishment удивле́ние
at в (prep.), у (gen.)
  at first внача́ле
  at last наконе́ц
athlete атле́т
athletic спорти́вный
atlas а́тлас
atmosphere атмосфе́ра
atomic а́томный
attach (to) привя́зывать
attache case кейс
attached привя́занный
attachment привя́занность, при-
    способле́ние
attack припа́док
attain (to) достига́ть
attempt (to) про́бовать, пыта́ться
attempt попы́тка
attend (to) прису́тствовать
attention внима́ние
attentively внима́тельно
attic мезони́н, черда́к
attitude отноше́ние
attract (to) привлека́ть
attractive интере́сный, привлека́-
    тельный
auction аукцио́н
audibly слы́шно
audience пу́блика
August а́вгуст
aunt тётя
author а́втор, писа́тель
authority авторите́т, власть,
    влия́ние
autobiography автобиогра́фия
autocracy автокра́тия
automatic автомати́ческий
auto mechanic's shop автосе́рвис
automobile автомоби́ль (m.)
autonomy автоно́мия
autumn о́сень (f.)
available нали́чный, предоста́в-
    ленный в распоряже́ние
avenue бульва́р
aversion антипа́тия
aviation авиа́ция
avoid (to) избега́ть
awaken (to) разбуди́ть, просну́ться
awakening пробужде́ние
away! прочь!
awfully стра́шно, ужа́сно
awkward нело́вкий, неуклю́жий

B

baby ребёнок
bachelor холостя́к
back за́дний (adj.), обра́тно, наза́д
    (adv.)
backbone хребе́т

101

backing подде́ржка
backward наза́д
bacon беко́н
bad плохо́й, скве́рный
badly ду́рно, пло́хо, скве́рно
bag мешо́к
baggage бага́ж
bake (to) печь
baked печёный
balance бала́нс
balcony балко́н
bald (headed) лы́сый
ball мяч, шар
ballet бале́т
banana бана́н
bandage (to) бинтова́ть
bank банк (savings)
bar (to) устра́ивать препя́тствие,
    прегражда́ть
bar полоса́, брусо́к
barber парикма́хер
barbershop парикма́херская
bare (to) обнажа́ть, раскрыва́ть
bare го́лый
bargain (to) торгова́ться
bark (to) ла́ять
bark кора́
barren неплодоро́дный
barrier барье́р
base осно́ва, ба́зис
baseball (adj.) бейсбо́льный
baseball player бейсболи́ст
basement подва́л
baseness по́длость
bashful засте́нчивый
bashfulness засте́нчивость
basin ми́ска
basis ба́за, осно́ва
basket корзи́на
bath ва́нна
bathe (to) купа́ться
bathrobe хала́т
bathroom ва́нная
be (to) быть, быва́ть (to be some-
    times)
beach пляж
beam луч
bear (to) носи́ть, терпе́ть
bear медве́дь
beard борода́
beast зверь
beat (to) бить, би́ться
beautiful краси́вый, прекра́сный
beauty красота́, краса́вица
because потому́ что
beckon (to) подозва́ть
become (to) де́латься, станови́ться,
    ста́ться
bed крова́ть (f.), посте́ль (f.)
bedroom спа́льня
bee пчела́
beer пи́во

beet свёкла
before впереди́ (adv.), до (gen.),
    пе́ред (inst.)
beforehand зара́нее
beg (to) проси́ть
begin (to) начина́ть, стать
beginner начина́ющий
beginning нача́ло
  from the beginning снача́ла
behavior поведе́ние
behind за (acc., inst.), позади́ (gen.)
    позади́ (adv.)
belief ве́ра
believe (to) ве́рить, ду́мать
bell ко́локол
belong (to) принадлежа́ть
below внизу́
belt по́яс
bench скамья́
bend (to) гнуть, нагиба́ть
bend поворо́т
berry я́года
beside по́дле (gen.), ря́дом с (inst.)
besides кро́ме (gen.), поми́мо (gen.),
    сверх (gen.)
best лу́чший
best-seller бестсе́ллер
betray (to) изменя́ть
better лу́чший (adj.), лу́чше (adv.)
between ме́жду (inst.)
beyond по ту сто́рону, по́зже
Bible Би́блия
bicarbonate бикарбона́т
bicycle велосипе́д
big большо́й, кру́пный
bill счёт, законопрое́кт
billion биллио́н, миллиа́рд
bind (to) свя́зывать
binding переплёт
biochemist биохи́мик
biography биогра́фия
biologist био́лог
biology биоло́гия
birch tree берёза
bird пти́ца
birth рожде́ние
birthday день рожде́ния
bite (to) куса́ть, укуси́ть
bite уку́с
bitter го́рький
bitterness озлобле́ние
black чёрный
blanket одея́ло
blend (to) сме́шивать
blessing благослове́ние
blind слепо́й
blindness слепота́
bliss блаже́нство
blizzard пурга́
block кварта́л
blood кровь (f.)
bloom расцвета́ть

blouse блузка, кофточка
blow (to) дуть
blow удар
blue голубой, синий
blush (to) краснеть
board, blackboard доска
boardinghouse пансион
boat лодка
body корпус, тело
boil (to) кипеть
boiled варёный
bold смелый
boldly смело
bone кость (f.)
book книга
bookstore книжный магазин
bore (to) наскучить, надоедать
bored (to be) скучать
boring скучный
born (to be) родиться
borrow (to) брать; брать взаймы
   (money)
both оба (m.,n), обе (f.)
bottle бутылка
bottom дно
boulevard бульвар
boundary граница, рубеж
bow (to) кланяться
box коробка, сундук, ящик
boy мальчик
brag (to) хвастать(ся)
braid коса
brain мозг
brake (to) тормозить
brake тормоз
brand марка
brassiere лифчик
brave храбрый
bravely храбро, смело
bread хлеб
break (to) ломать, нарушать
break разрыв, перелом
breakfast завтрак
  to have breakfast завтракать
breast грудь (f.)
breathe (to) вздыхать, дышать
breeze ветер
bridge мост
brief краткий, сокращённый
briefcase портфель
bright яркий, светлый
brighten (to) проясне́ть
brilliance блеск
brilliantly блестяще
bring (to) приводить, привозить,
   приносить
brisk бодрый, живой
broad широкий
broken ломанный, сломанный
brook ручей
broom метла, веник
brother брат

brown коричневый
brush щётка, кисть
brutal жестокий
bubble пузырь (m.)
budget бюджет
build (to) строить
building здание
bundle узел, пакет
burn (to) гореть, жечь, сгорать
burst (to) лопаться
bury (to) хоронить
bus автобус
bus stop остановка (автобуса)
business дело
businessman коммерсант,
   бизнесмен
busy занятый
but а, да, но, однако
butter масло
butterfly бабочка
button пуговица
buttonhole петля
buy (to) покупать
by у (gen.), по (dat.), мимо (gen.)
  by the way кстати

C

cab такси
cabbage капуста
cake кекс, торт
calamity бедствие
calculate (to) рассчитывать
calculation расчёт, счёт
calendar календарь
call (to) звать, окликать
  to call on заходить
calm (to) успокаивать
cameraman оператор
camp лагерь (m.)
can (to be able) мочь
candidate кандидат
candle свеча
candy конфета
cane палка
canvas high-tops кеды
cap кепка, шапка
capable способный
capacity объём, вместимость
capital city столица
capitalist капиталист
captain капитан
car машина (f.)
card карточка
care забота, осторожность
career карьера
carefree беззаботный
careful аккуратный, осторожный,
   тщательный
carefully внимательно, осторожно

careless небре́жный, невнима́-
тельный
caress (to) ласка́ть
caress ла́ска
carnival карнава́л
carpenter пло́тник
carrots морко́вь (f.)
carry (to) вози́ть (by conveyance)
носи́ть (on foot)
carry out (to) исполня́ть, произ-
води́ть
cartoon мультипликацио́нный
фильм
case слу́чай (m.)
cashier касси́р
cassettes (tapes) кассе́ты
cat ко́шка
catch (to) лови́ть, пойма́ть
category катего́рия
cathedral собо́р
cattle скот
cause причи́на
  without cause беспричи́нно
cautiously осторо́жно
caviar икра́
cease (to) переста́ть
ceiling потоло́к
celebrate (to) пра́здновать
celery сельдере́й
cemetery кла́дбище
censorship цензу́ра
cent цент
center центр
central центра́льный
century век, столе́тие
cereal ка́ша
ceremony церемо́ния
certain уве́ренный, определённый
certainly коне́чно, непреме́нно,
обяза́тельно
chain цепь (f.)
chair стул
chairman председа́тель (m.)
chalk мел
challenge (to) вызыва́ть
champagne шампа́нское
champion чемпио́н
chance слу́чай, шанс
  by chance случа́йно
change (to) изменя́ть, меня́ть(ся),
преобража́ть
  to change one's clothes
  переоде́ть(ся)
  to change one's mind переду́мать
change измене́ние, переме́на,
ме́лочь (f.) (money)
chapter глава́
character хара́ктер
characteristic характери́стика
charge (to) обвиня́ть, назнача́ть
це́ну
charge обвине́ние

charm очарова́ние, пре́лесть (f.)
charming очарова́тельный,
преле́стный
chart ка́рта
chat (to) болта́ть
cheap дешёвый
cheat шу́лер (at cards), обма́нщик
check (to) проверя́ть
check чек
cheek щека́
cheerful весёлый
cheese сыр
chemical хими́ческий
chemist хи́мик
chemistry хи́мия
cherry ви́шня, чере́шня
chess ша́хматы
chest грудь (f.) (part of the body);
сунду́к, я́щик, комо́д
chic шика́рный
chicken ку́рица
chief глава́
chief (adj.) гла́вный
child ребёнок, дитя́
childish ребя́ческий
children де́ти, ребя́та
chimney труба́
chin подборо́док
china фарфо́р
chocolate шокола́д
choice вы́бор
choose (to) выбира́ть
chop (to) руби́ть
chopped ру́бленый
chord акко́рд
chorus хор
Christianity христиа́нство
Christmas Рождество́
church це́рковь
cigar сига́ра
cigarette сигаре́та
circle круг
circumstance обстоя́тельства
circus цирк
citizen граждани́н (m.), гражда́нка
(f.)
city го́род
civil шта́тский
civilization цивилиза́ция
claim прете́нзия, тре́бование
clap (to) аплоди́ровать
class класс
classical класси́ческий
classification классифика́ция
clause предложе́ние (gram.)
clean (to) стира́ть, чи́стить
clean чи́стый
cleanliness чистота́
clear зво́нкий, я́сный
clear up (to) проясня́ть
clever у́мный
climate кли́мат

climb поднима́ться
clinic амбулато́рия, кли́ника
clock часы́
close (to) закрыва́ть
close те́сный
close бли́зко от
closed закры́тый
cloth мате́рия
clothes оде́жда
cloud о́блако, ту́ча
cloudy па́смурный
club клуб
clumsy неуклю́жий, нело́вкий
coal у́голь
coarse гру́бый
coat пальто́
cobweb паути́на
coffee ко́фе
coffeepot кофе́йник
cognac конья́к
coin моне́та
coincide (to) совпада́ть
coincidence совпаде́ние
cold на́сморк, просту́да, холо́дный
   to catch cold простуди́ться
coldness хо́лод
collar воротни́к
colleague колле́га
collect (to) собира́ть(ся)
collection сбо́рник
college ко́лледж
collide (to) ста́лкиваться
collision столкнове́ние
color (to) кра́сить
color цвет
colored кра́шеный, цветно́й
colossal колосса́льный
comb (to) причёсывать(ся)
comb гребешо́к
combination комбина́ция,
   соедине́ние
combine (to) объединя́ть, сочета́ть
combined свя́занный, совме́стный
comedy коме́дия
comfort (to) утеша́ть
comfort удо́бство, утеше́ние, ую́т
comfortable удо́бный, ую́тный
comic смешно́й, юмористи́ческий
command (to) кома́ндовать,
   прика́зывать
command прика́з
commerce торго́вля, комме́рция
commercial комме́рческий
commission поруче́ние
commit (to) доверя́ть, соверша́ть
committee коми́ссия
common о́бщий, просто́й
communicate (to) сообща́ть
compact пу́дреница
company компа́ния, фи́рма
compare (to) сра́внивать
comparison сравне́ние

compel (to) принужда́ть, застав-
   ля́ть
compensation компенса́ция
compete (to) сопе́рничать
competition конкуре́нция
compile (to) составля́ть
complain (to) жа́ловаться
complaint жа́лоба
complete по́лный
complexion цвет лица́
complicated сло́жный
complication осложне́ние, усло́ж-
   не́ние
compliment комплиме́нт
compose (to) сочиня́ть
composer компози́тор
composition сочине́ние
composure хладнокро́вие
compote компо́т
compromise компроми́сс
compulsory обяза́тельный
computer компью́тер
minicomputer ми́ни-ЭВМ
comrade това́рищ
conceal (to) пря́тать(ся), скрыва́ть
   (ся), таи́ть(ся)
conceited кичли́вый
concentrate (to) сосредото́чивать
concept иде́я, поня́тие
concern (to) каса́ться
concerning относи́тельно, насчёт, о
   (prep.), про (acc.)
concert конце́рт
conclude (to) заключа́ть
conclusion заключе́ние
condition положе́ние, состоя́ние,
   усло́вие
conduct (to) води́ть (lead), дирижи́-
   ровать (orchestra); управля́ть (rule)
conduct поведе́ние
conductor дирижёр (orchestra),
   проводни́к (wire), (on train)
confession и́споведь
confidence дове́рие, уве́ренность
confident уве́ренный
confirm (to) утвержда́ть
conflict конфли́кт
confused пу́танный, растё́рянный,
   смущё́нный
confusion смуще́ние, сумбу́р
congratulate (to) поздравля́ть
congratulation поздравле́ние
connect (to) свя́зывать, соеди-
   ня́ть(ся)
connection связь
conquer (to) побежда́ть
conscience со́весть (f.)
conscious созна́ющий, созна́тельный
consciously созна́тельно
consent (to) соглаша́ться
consent согла́сие
conservation сохране́ние

conservative консервати́вный
consider (to) засчи́тывать, обду́мывать, счита́ть(ся)
consist (to) заключа́ться, состоя́ть
constant постоя́нный
constitution конститу́ция
constructive констру́кти́вный
consul ко́нсул
consulate ко́нсульство
consultant консульта́нт
consumption чахо́тка, туберкулёз
contain (to) содержа́ть
contemporary совреме́нный
contempt презре́ние
contemptuous презри́тельный
content (to) удовлетворя́ть
contents содержа́ние
continent контине́нт
continuation продолже́ние
continue (to) продолжа́ть
continuity непреры́вность
continuously непреры́вно
contract контра́кт
contradict (to) противоре́чить
contradiction противоре́чие
contrary проти́вный
  on the contrary наоборо́т, напро́тив
contrast контра́ст, противополо́жность (f.)
control контро́ль
control oneself (to) сде́рживаться
convenient удо́бный
convention съезд
conversation бесе́да, разгово́р
converse (to) бесе́довать, разгова́ривать
conviction убежде́ние
convince (to) уверя́ть, убежда́ть
cook (to) гото́вить
cook по́вар
cookie пече́нье
cool прохла́дный, хладнокро́вный (person)
cooperative кооперати́в
copper медь
copy (to) копи́ровать, переписы́вать
copy ко́пия, экземпля́р
coquette коке́тка
cord верёвка, шнур, шпага́т
cordial серде́чный, тёплый
cork про́бка
corkscrew што́пор
corn кукуру́за, мозо́ль
corned beef солони́на
corner у́гол
corpse труп
correct (to) исправля́ть, поправля́ть
correct ве́рный, пра́вильный
correspond (to) перепи́сываться
correspondence перепи́ска

correspondent корреспонде́нт
corridor коридо́р
cosmetics косме́тика
cost (to) сто́ить
cost цена́
cotton бума́жный
couch куше́тка
cough (to) ка́шлять
counsel (to) сове́товать
counsel сове́т
country дере́вня, страна́
  country house да́ча
couple па́ра
courage дух, му́жество, сме́лость (f.), хра́брость (f.)
courageous сме́лый
course курс
courteous ве́жливый
courtesy ве́жливость (f.), любе́зность (f.)
cousin кузе́н (m.), кузи́на (f.), двою́родный брат, двою́родная сестра́
cover (to) накрыва́ть, покрыва́ть
covered кры́тый
covering покры́шка
cow коро́ва
coward трус
cozy ую́тный
crackle (to) треща́ть
cradle колыбе́ль
cranberry клю́ква
cranky капри́зный
  to be cranky капри́зничать
craving жа́жда, жела́ние
creak (to) скрипе́ть
cream крем, сли́вки
crease скла́дка
create (to) создава́ть
creative тво́рческий
creep (to) по́лзать
crime преступле́ние
criminal престу́пник
crisis кри́зис
critical крити́ческий
criticism кри́тика
crooked криво́й
cross (to) переходи́ть
  to cross out зачёркивать
cross крест
crossing перехо́д
crowd толпа́
crown коро́на, коро́нка (dental)
cruel жесто́кий
cruelty жесто́кость (f.)
crush (to) уничтожа́ть
crust кора́
cry (to) пла́кать
cry крик
cucumber огуре́ц
cultural интеллиге́нтный, культу́рный
culture культура́

cunning хитрый
cup чашка
cupboard шкаф
cure (to) излечивать
cure излечение, средство
curiosity любопытство
curious любознательный, любопытный
curly кудрявый
current течение, ток
cursed проклятый
curtail (to) сокращать
curtain занавес
curved кривой
cushion подушка
custom нравы, обычай
cut (to) нарезать, резать, порезать
cutlet котлета
cynic циник
cynical циничный

D

daily ежедневно
dam плотина
damage повреждение
damned проклятый
damp сырой
dampness сырость (f.)
dance (to) танцевать
dance бал, танец
danger опасность (f.)
dangerous опасный
dare (to) сметь
daring дерзкий, смелый
dark тёмный
darken (to) темнеть
darkness темнота
darn (to) штопать
date число (of time); финик (fruit); свидание (engagement)
daughter дочь (f.)
dawn заря, рассвет
day день (m.), сутки (24 hours)
   day after tomorrow послезавтра
   day before yesterday позавчера
daydream (to) фантазировать, мечтать
daydream мечта
dazzle (to) ослеплять
dazzling ослепительный
dead мёртвый
deaf глухой
dealer торговец
dear дорогой, милый
death смерть
debate дискуссия, спор
debt долг
decay (to) портиться
deceased (the) покойник

deceive (to) обманывать
December декабрь (m.)
decency приличие
decent порядочный, приличный
deceptive обманчивый
decide (to) решать
decision решение
deck палуба
declaration заявление, декларация
decline (to) отказываться
decline упадок
decrease (to) уменьшать
decree указ, приказ
deep глубокий
defect дефект, недостаток, брак
defend (to) защищать
defenseless беззащитный
define (to) определять
definite определённый
definition определение
deft ловкий
defy (to) вызывать
degree градус, степень (f.) (extent)
delay (to) задерживать, медлить
delay опоздание
delegate делегат
deliberate намеренный, рассчитанный
delicacy тонкость (f.), чуткость (f.)
delicate тонкий, чуткий
delicious вкусный
delight восторг, отрада, наслаждение
delightful восхитительный, прелестный
delirium бред
demand (to) требовать
demand спрос, требование
denial отрицание
dense густой
dental зубной
deny (to) отрицать
depart (to) пойти, поехать, уходить, уезжать
department отдел, отделение, факультет (of a university)
departure отход, отъезд
depend on (to) базировать, зависеть (от)
dependable положительный
dependence зависимость (f.)
deposit (to) отлагать
deprivation лишение
deprive (to) лишать
depth глубина
descend (to) происходить, спускаться
descent происхождение
despise (to) презирать
description описание
desert пустыня
deserted покинутый

deserve (to) заслуживать
deserving достойный
desire желание
desk письменный стол
despair отчаяние
desperately отчаянно
despise (to) презирать
dessert десерт, сладкое
destiny жребий, судьба
destroy (to) разрушать, уничтожать
destruction разрушение
detach (to) отделять
detail деталь (f.), подробность (f.), мелочь
detailed подробный
detain (to) задерживать
determination определение
determine (to) определять
detest (to) ненавидеть
develop (to) проявлять, развивать
development проявление, развитие, рост
device прибор
devil бес, чёрт, дьявол
devise (to) придумывать
devotion набожность (f.), преданность (f.)
dew роса
diagnosis диагноз
dial циферблат
dialect диалект
diameter диаметр
diamond бриллиант, алмаз
dictionary словарь
die (to) скончаться, умирать
diet (to) садиться на диету
diet диета
differ (to) отличаться, различать (ся)
difference разница, разногласие (of opinion), разность (f.)
different другой, различный, разный
difficult трудный
difficulty затруднение
dig (to) копать, рыть
digest (to) переваривать
digestion пищеварение
dignity достоинство
diligence усердие
diligent прилежный, усердный
dim неясный, смутный
dimension размер
diminish (to) падать, убавлять, уменьшать
dimple ямочка
dine (to) обедать
dining room столовая
dinner обед
diplomacy дипломатия
direct(to) направлять, обращать,

руководить, управлять
direct (adj.) прямой
direction направление
director директор, режиссёр (theater)
dirt грязь (f.)
dirty грязный, чумазый
disadvantage невыгода
disagreeable неприятный, неугодный
disappear (to) исчезать
disappoint (to) разочаровать
to be disappointed быть разочарованным
disappointed разочарованный
disappointment разочарование
disapproving неодобрительный
disaster бедствие
disastrous погибельный
discipline дисциплина
disclose (to) раскрывать
discomfort неудобство
discontent недовольство
discount скидка
discourage (to) обескураживать, отбивать охоту
discourteous нелюбезный
discourtesy нелюбезность
discover (to) находить, открывать
discovery открытие
discretion осторожность, усмотрение
discuss (to) обсуждать, переговорить, разбирать
discussion дискуссия, обсуждение
disdain презрение
disease болезнь (f.)
disgrace позор
disgust отвращение
dish блюдо, (course)
dishes посуда
dishonest нечестный
disk диск, круг
disorder беспорядок
display (to) показывать
displeasure неудовольствие
disposition нрав, склонность (f.), характер
dispute (to) спорить
disrespectfully неуважительно
dissatisfaction недовольство
dissatisfied недовольный
distance расстояние
distant далёкий
distinct отчётливый, ясный
distinction отличие, различие
distinguish (to) отличать, различать
distraction рассеянность
distribute (to) выдавать, раздавать
district район
distrust (to) не доверять

distrust недове́рие
distrustful недове́рчивый
disturb (to) беспоко́ить, меша́ть, наруша́ть, трево́жить
divide (to) дели́ть(ся), разделя́ть(ся)
divine боже́ственный
division деле́ние, разделе́ние
divorce разво́д
dizzy (to be) чу́вствовать головокруже́ние
do (to) де́лать
doctor врач, до́ктор
doctrine уче́ние, доктри́на
document бума́га, докуме́нт
documentary (film) документа́льный
dog пёс, соба́ка
doll ку́кла
dollar до́ллар
domestic семе́йный (family), ме́стный
door дверь
dose до́за
double вдво́е, двойно́й
doubt (to) сомпева́ться
doubt сомне́ние
dough те́сто
doughnut по́нчик
down вниз
  to get down слеза́ть, спуска́ться, сходи́ть
downstairs вниз, внизу́
doze (to) дрема́ть
dozen дю́жина
draft чертёж, план
drag (to) таска́ть, тяну́ть
drama дра́ма
drastic радика́льный
draw (to) рисова́ть (paint)
draw out (to) вынима́ть
drawer я́щик
dread боя́знь (f.), стра́шный (adj.)
dream (to) сни́ться
dream сон, сновиде́ние
dress (to) одева́ть(ся)
dress пла́тье
dressing-gown хала́т
dressmaker портни́ха
drink (to) пить
drink напи́ток
drive (to) гоня́ть, ката́ться (for pleasure), пра́вить
driver шофёр
drop (to) роня́ть
drop ка́пля
drown (to) тону́ть, топи́ть (something else), топи́ться (oneself)
drugstore апте́ка
drum бараба́н
drunk пья́ный
drunkard пья́ница

dry (to) суши́ть, утира́ть, со́хнуть
dry сухо́й
duck у́тка
due (adj.) сле́дуемый
duet дуэ́т
dull му́тный, па́смурный, тупо́й
dumb глу́пый (stupid), немо́й
  deaf and dumb глухонемо́й
during во вре́мя
dust пыль (f.)
duty обя́занность (f.), пови́нность (f.)
dwelling жили́ще
dye кра́ска

E

each ка́ждый
eagle орёл
ear у́хо
early ра́нний, ра́но (adv.)
earn (to) зараба́тывать
earnest серьёзный
earring серьга́
earth земля́
east восто́к
Easter Па́сха
eastern восто́чный
easy лёгкий
eat (to) есть, ку́шать
echo э́хо
economical экономи́ческий
economize (to) эконо́мить
economy расчётливость (f.)
edge край (m.)
edit (to) редакти́ровать
edition изда́ние
editor реда́ктор
editorial staff, office реда́кция
educate (to) воспи́тывать, дава́ть образова́ние
educated интеллиге́нтный, культу́рный, образо́ванный
education образова́ние
educational образова́тельный (pert. to education); уче́бный (providing instruction)
effect впечатле́ние, де́йствие
effective эффе́ктный
efficient де́йственный
effort уси́лие
egg яйцо́
egoist эгои́ст
eight во́семь
eighteen восемна́дцать
eighteenth восемна́дцатый
eighth восьмо́й
eightieth восьмидеся́тый
either та́кже, тот и́ли друго́й
  either... or... и́ли... и́ли...
elastic рези́на (f.)
elbow ло́коть (m.)

elder ста́рший
elderly пожило́й
election избра́ние, вы́боры
electric электри́ческий
electricity электри́чество
elegant изя́щный, элега́нтный
element элеме́нт
elementary нача́льный, элемента́рный
elephant слон
elevator лифт, элева́тор
eleven оди́ннадцать
eleventh оди́ннадцатый
eliminate (to) исключа́ть
else (adv.) ещё, кро́ме
  No one else has come. Никто́ бо́льше не приходи́л.
elsewhere где́-нибудь в друго́м ме́сте
embarrassed сконфу́женный, смущённый
  to become embarrassed сконфу́зиться
embarrassment затрудне́ние, смуще́ние
embassy посо́льство
embrace (to) обнима́ть
embroidered расши́тый
emerge (to) появля́ться
emergency кра́йняя необходи́мость
emigrant эмигра́нт
eminent выдаю́щийся, знамени́тый
emotion волне́ние, эмо́ция
emphasize (to) подчёркивать, заостря́ть
emphatic эмфати́ческий
employ (to) дава́ть рабо́ту, нанима́ть
employee слу́жащий
employment заня́тие, рабо́та, слу́жба
empty (to) вылива́ть
empty пусто́й
enamel эма́ль (f.)
enclose (to) окружа́ть, вкла́дывать
encore бис
encourage (to) ободря́ть, поощря́ть
encouragement ободре́ние
end (to) конча́ть(ся), ока́нчивать
end коне́ц, преде́л, оконча́ние
endeavor (to) пыта́ться, стара́ться
endeavor попы́тка
endurance вы́держка, терпе́ние
endure (to) выде́рживать, переноси́ть, терпе́ть
enemy враг
energy эне́ргия
engine маши́на, мото́р
engineer инжене́р, меха́ник
English англи́йский

enjoy (to) весели́ться (oneself), наслажда́ться
enjoyment наслажде́ние
enlarge (to) увели́чивать
enormous грома́дный, огро́мный
enough доста́точно, дово́льно
enter (to) входи́ть, вступа́ть (on foot), въезжа́ть (by vehicle)
entertain (to) развлека́ть, угоща́ть
entertainment развлече́ние
enthusiasm восто́рг, энтузиа́зм
entire це́лый, сплошно́й
entirely совсе́м
entrance вход, въезд
entrust (to) поверя́ть, доверя́ть
envelope конве́рт
envious зави́стливый
environment обстано́вка
envy (to) зави́довать
envy за́висть (f.)
equal ра́вный
equality ра́венство
equalize (to) ура́внивать
equilibrium равнове́сие
era эпо́ха, э́ра
erase (to) стира́ть
eraser рези́нка
err (to) заблужда́ться, ошиба́ться
errand поруче́ние
error оши́бка
escalator эскала́тор
escape (to) избежа́ть, спасти́сь
escort (to) сопровожда́ть
especially осо́бенно, специа́льно
establish (to) устра́ивать
estate име́ние
esteem (to) уважа́ть
esteem уваже́ние
estimate (to) оце́нивать, составля́ть сме́ту
estimate оце́нка, сме́та
eternal ве́чный
eternity ве́чность (f.)
ether эфи́р
ethics э́тика
European европе́йский
evacuate (to) очища́ть, эвакуи́ровать
eve кану́н
even (adj.) гла́дкий, ро́вный
even (adv.) да́же, хоть
evening ве́чер
  in the evening ве́чером
event слу́чай (m.), собы́тие
ever всегда́
  forever навсегда́
  ever since с тех пор
  hardly ever почти́ никогда́
every вся́кий, ка́ждый, любо́й
everyone ка́ждый
everything всё
everywhere везде́, повсю́ду

evidence доказа́тельство, свиде́тельство
evident я́вный
evidently ви́дно
evil (n.) зло
evil (adj.) дурно́й, злой
exact то́чный, аккура́тный
exacting тре́бовательный
exactly и́менно, то́чно
exaggerate (to) преувели́чивать
exaggerated преувели́ченный
exaggeration преувеличе́ние
examination экза́мен
examine (to) осма́тривать, рассма́тривать, экзаменова́ть
example приме́р
  for example наприме́р
exceed (to) превыша́ть, переходи́ть грани́цы
excel (to) превосходи́ть
excellent отли́чный, прекра́сный
except (prep.) кро́ме (gen.)
exception исключе́ние
exceptionally исключи́тельно
excess изли́шек
excessive чрезме́рный
exchange (to) обме́нивать
exchange обме́н
excite (to) возбужда́ть
excitement волне́ние
exclaim (to) а́хнуть, воскли́кнуть
exclude (to) исключа́ть
excursion экску́рсия
excuse (to) извиня́ть, проща́ть
  Excuse me. Извини́те. Прости́те.
excuse оправда́ние
execution исполне́ние (of an idea)
exercise (to) упражня́ть
exercise упражне́ние
exertion напряже́ние, уси́лие
exhaust (to) вытя́гивать, изнуря́ть
exhibition вы́ставка
exist (to) существова́ть
existence существова́ние
exit вы́ход
expand (to) расширя́ть(ся), увели́чивать(ся)
expansion разложе́ние, экспа́нсия, увеличе́ние
expect (to) ожида́ть
expectation ожида́ние, ча́яние
expel (to) исключа́ть
expense расхо́д
expensive дорого́й
experience (to) пережива́ть
experience о́пыт, экспериме́нт
experienced о́пытный
experimental про́бный, эксперимента́льный
expert знато́к, специали́ст
explain (to) объясня́ть
explanation объясне́ние

explode (to) взрыва́ть
exploit (to) эксплуати́ровать
explore (to) иссле́довать
explosion взрыв
export э́кспорт
expose (to) разоблача́ть, раскрыва́ть
express oneself (to) выража́ть(ся)
expression выраже́ние
expressive экспресси́вный, вырази́тельный
exquisite преле́стный
extend (to) вытя́гивать, тяну́ться
extensive обши́рный, эксте́нсивный
extent сте́пень (f.)
exterior вне́шний (adj.), нару́жность (noun, f.)
external вне́шний
extinguish (to) туши́ть
extra осо́бенно, сверх, э́кстра
extraordinary чрезвыча́йный
extravagant нерасчётливый, экстравага́нтный
extreme кра́йний, чрезвыча́йный (adj.), кра́йность (noun, f.)
extremely весьма́, кра́йне
eye глаз
eyebrow бровь (f.)
eyeglasses очки́ (pl.)
eyelid ве́ко
eyesight зре́ние

F

fabric материа́л, мате́рия
face лицо́
  face to face лицо́м к лицу́
facilitate (to) облегча́ть
facility лёгкость (f.)
fact факт
factory фа́брика
factual факти́ческий
faculty спосо́бность (f.), преподава́тельский соста́в
fade (to) вя́нуть, блёкнуть
fail (to) провали́ться (exam.), слабе́ть
failure неуда́ча
faint (to) упа́сть в о́бморок
fainthearted малоду́шные
fair справедли́вый, че́стный
fairy фе́я
faith ве́ра, дове́рие
faithful ве́рный
fall (to) па́дать
  to let fall урони́ть
false фальши́вый
falsehood ложь (f.), непра́вда
fame изве́стность (f.), сла́ва

familiar знако́мый
  to become familiar with ознако́миться
family семе́йный (adj.), семья́ (noun)
famous знамени́тый
fan вентиля́тор
fancy (noun) фанта́зия, воображе́ние
fantastic фантасти́ческий
far далёкий (adj.), далеко́ (adv)
  from far away и́здали
  not far недалеко́
fare (carfare) пла́та за прое́зд
farewell проща́ние (n.)
  Farewell! Проща́й! До свида́ния!
farm фе́рма
farmer фе́рмер
farther да́льше
fascinating очарова́тельный, увлека́тельный
fashion фасо́н, мо́да
fashionable мо́дный
fast кре́пкий, ско́рый (of speed)
fasten (to) привя́зывать
  to fasten together скрепля́ть
fastidious разбо́рчивый
fat жир (noun), жи́рный, то́лстый (adj.)
fatal поги́бельный, фата́льный
fate жре́бий , судьба́
father оте́ц
fatherland оте́чество
faucet кран
fault вина́
favor ми́лость (f.), одолже́ние
favorite люби́мец (noun), люби́мый (adj.)
fax (noun) факс
fear (to) боя́ться
fear боя́знь (f.), страх
February февра́ль (m.)
federation федера́ция
fee вознагражде́ние, пла́та
feeble бесси́льный, сла́бый
feed (to) корми́ть, пита́ть
feel (to) ощуща́ть, чу́вствовать
feeling чу́вство
fellow па́рень (m.)
feminine же́нский
fencing фехтова́ние
fertility плодоро́дность (f.)
fervent пы́лкий, стра́стный
fetch (to) доста́ть, приноси́ть
fever жар
feverish лихора́дочный
few ма́ло, немно́го, не́сколько
  fewer ме́ньше
fiber фи́бра, волокно́
fiction беллетри́стика, фи́кция
fictitious фикти́вный, вообража́емый
field по́ле

fifteen пятна́дцать
fifteenth пятна́дцатый
fifth пя́тый
fiftieth пятидеся́тый
fifty пятьдеся́т
fig инжи́р, фи́га
fight (to) боро́ться, дра́ться
fight борьба́, дра́ка
figure фигу́ра, ци́фра (number)
file (to) приня́ть к выполне́нию зака́з, регистри́ровать и храни́ть
file напи́льник, картоте́ка
fill (to) наполня́ть
  to fill in заполня́ть
fillet (meat) филе́
film фильм
filthy гря́зный
final оконча́тельный
finally наконе́ц
finances фина́нсы
financing финанси́рование
financial фина́нсовый
find (to) находи́ть
  to find out узнава́ть
fine (penalty) штраф
fine то́нкий
  fine fellow! молоде́ц!
  fine point то́нкость (f.)
finger па́лец
fingernail но́готь (m.)
finish (to) конча́ть(ся), ока́нчивать
finished ко́нчено, сде́лано
fire огóнь(m.), пожа́р
fireplace ками́н
fireproof несгора́емый
firewood дрова́ (pl.)
fireworks фейерве́рк
firm фи́рма (company), кре́пкий, твёрдый (adj.)
first пе́рвый
  at first сперва́
  first-rate превокла́ссный
  for the first time впервы́е
fish ры́ба
fist кула́к
fit (to) сиде́ть, подходи́ть
fit припа́док (attack)
five пять
fix (to) исправля́ть, починя́ть
flag флаг
flame пла́мя
flap (to) маха́ть
flash (to) блесну́ть, мелька́ть, сверкну́ть
flashlight ручно́й электри́ческий фона́рь
flat пло́ский, ро́вный
flattering ле́стный
flattery лесть (f.)
flavor арома́т
fleet флот
flesh сыро́е мя́со

flexible ги́бкий
flight бе́гство, отступле́ние, полёт
flirt (to) флиртова́ть
float (to) пла́вать
flood пото́к, наводне́ние
floor пол, эта́ж (story)
flora фло́ра
flour мука́
flourishing здоро́вый, цвету́щий
flow (to) течь
flower цвето́к
fluently бе́гло, свобо́дно
fluid жи́дкость (noun, f.) жи́дкий (adj.)
fly (to) лета́ть
fly му́ха
flying летучий
focus (to) сосредото́чивать, наводи́ть на фо́кус,
focus фо́кус
fog тума́н
flood (to)
fold скла́дывать
fold скла́дка
folk (adj.) наро́дный
follow (to) следи́ть, сле́довать
following сле́дующий
fond не́жный, лю́бящий
food еда́, пи́ща
fool дура́к
foolish глу́пый
foolishness глу́пость (f.)
foot нога́, фут (of length)
  on foot пешко́м
football футбо́л
footstep шаг
for для (gen.), за (acc., inst.), на (extent of time)
  for the sake of ра́ди (gen.)
forbid (to) запреща́ть
force (to) заставля́ть, принужда́ть
force си́ла
forehead лоб
foreign иностра́нный
foreigner иностра́нец
foresight предви́дение
forest лес
forever наве́ки, навсегда́
forewarn (to) предупрежда́ть
forged фальсифици́рованный
forget (to) забыва́ть
forgetfulness забы́вчивость (f.)
forgive (to) извиня́ть, проща́ть
forgiveness проще́ние
fork ви́лка
form о́браз, фо́рма
formality форма́льность (f.)
formation строй
formed (to be) составля́ть(ся)
former бы́вший
formerly пре́жде, ра́ньше
formula фо́рмула

forsake (to) поки́нуть
fortieth сороково́й
fortunate счастли́вый, уда́чный
fortunately к сча́стью
fortune сча́стье, уда́ча, судьба́
fortune-teller гада́лка
forty со́рок
forward вперёд (adv.), передово́й (adj.)
found (to) создава́ть
foundation фунда́мент
founder основа́тель (m.)
fountain фонта́н
fountain pen авторучка
four четы́ре
fourteen четы́рнадцать
fourteenth четы́рнадцатый
fourth четвёртый
fowl дома́шняя пти́ца
foyer пере́дняя, фойе́ (noun not decl.)
fragment кусо́к, отры́вок
fragrance арома́т
fragrant арома́тный
frame ра́ма
frank и́скренний, открове́нный
frankness открове́нность (f.)
fraud обма́н
free беспла́тно (gratis), свобо́дный
freedom во́льность (f.), свобо́да
freely свобо́дно
freeze (to) замерза́ть, мёрзнуть, замора́живать, ледени́ть,
French францу́зский
frequently ча́сто
fresh све́жий
Friday пя́тница
fried жа́реный
friend друг (m.), подру́га (f.), прия́тель, ...ница
friendly дру́жеский, приве́тливый
friendship дру́жба
fright испу́г, страх
frighten (to) пуга́ть, напуга́ть
  to become frightened испуга́ться
frightening стра́шный
frog лягу́шка
from из (gen.), от (gen.), с (gen.)
  from behind из-за
front фаса́д (noun), пере́дняя (adj.)
frost моро́з
frown (to) хму́риться
frozen мёрзлый, заморо́женный
fruit фрукт
fry (to) жа́рить(ся)
frying pan сковорода́
fuel горю́чее, то́пливо
  fuel oil мазу́т
fugitive бе́глый
fulfill (to) выполня́ть, исполня́ть
fulfillment выполне́ние, исполне́ние
full по́лный

fully вполне́
fun весе́лье, шу́тка (joke)
  to have fun весели́ться
function (to) де́йствовать
function фу́нкция
fund запа́с, фонд
fundamental основно́й, фунда-
  мента́льный
funeral по́хороны
funny заба́вный, смешно́й
fur мех
  fur coat шу́ба
furnace горн, печь, то́пка
furnish (to) обставля́ть
furniture ме́бель (f.), обстано́вка
fury бе́шенство, я́рость (f.)
fuss хло́поты, суета́
futile тще́тный
future бу́дущий (adj.), бу́дущее
  (noun)

G

gain (to) вы́играть (win)
  to gain weight полне́ть
gain дохо́ды
gallant гала́нтный
gallery галере́я
gallon галло́н
gamble (to) игра́ть в аза́ртные
  и́гры
game игра́
garage гара́ж
garbage му́сор
garden сад
garlic чесно́к
garment предме́т оде́жды, пла́тье
gas газ
gasoline бензи́н, газоли́н
gates воро́та
gather (to) собира́ть(ся)
gauze газ, ма́рля
gay весёлый
gender род
general (adj.) о́бщий
  in general вообще́
generality неопределённость
generally обы́чно, вообще́, широко́
generation поколе́ние
generosity ще́дрость (f.)
generous ще́дрый
genius гениа́льный (adj.), ге́ний
gentle мя́гкий
gentleman джентльме́н
genuine настоя́щий
geography геогра́фия
geometry геоме́трия
germ микро́б
German неме́цкий (adj.)
gesture жест

get (to) достава́ть (fetch), получа́ть
  (receive)
  to get along пожива́ть
  to get even with распла́чиваться
  to get up встава́ть
ghost привиде́ние
gift дар (talent), пода́рок
gifted спосо́бный, тала́нтливый
gigantic гига́нтский
girl де́вочка (little girl), де́вушка
  (young girl, unmarried)
give (to) дава́ть
  to give a present дари́ть
  to give back возвраща́ть, отдава́ть
  to give out выдава́ть, раздава́ть
glad рад, ра́достный
gladly охо́тно
glance взгляд
glands железа́, же́лезы
glass стака́н (drinking), стекло́,
  стекля́нный (adj.)
glasses очки́
gleam (to) мелька́ть
glimpse мелька́ние, мимолётное
  впечатле́ние
glitter (to) блесте́ть, сверка́ть
globe гло́бус, шар
gloom мрак
gloomy мра́чный, угрю́мый
glory сла́ва
glove перча́тка
glue (to) кле́ить
go (to) идти́, ходи́ть (on foot),
  е́хать, е́здить (by conveyance)
goal цель (f.)
God Бог
gold зо́лото
golden золото́й
good добро́ (noun), до́брый,
  хоро́ший (adj.)
  good day до́брый день
  good evening до́брый ве́чер
  good morning до́брое у́тро
  good night споко́йной но́чи
good-bye до свида́ния
good-looking краси́вый
good-natured доброду́шный
goodness доброта́
gossip (to) спле́тничать
gossip спле́тник (m.), спле́тница(f.)
govern (to) пра́вить, управля́ть
government прави́тельство,
  управле́ние
grace ми́лость (f.)
graceful грацио́зный, изя́щный
gradually ма́ло-пома́лу,
  постепе́нно
graduate выпускни́к
graduating class вы́пуск
grammar грамма́тика
grand грандио́зный, великоле́пный
granddaughter вну́чка

grandfather дедушка
grandmother бабушка
grandson внук
grant (to) соглашаться, давать субсидию
grapes виноград
grasp (to) хватать
grass трава
grateful благодарный
gratitude благодарность (f.)
gratis бесплатно, даром
grave могила
gravely тяжело
gravity тяжесть (f.)
gravy подливка, соус
gray серый
　gray-haired седой
grease (to) мазать, смазывать
grease жир
greasy сальный, жирный
great великий
greatly очень сильно
greedy жадный
green зелёный
greet (to) здороваться, приветствовать
greeting привет, приветствие
grief горе, печаль (f.), скорбь (f.)
grieve (to) горевать
grind (to) растирать, тереть
groan (to) стонать
grocery store гастроном
ground земля, фундамент
groundwork фундамент
group группа
grow (to) расти, (become) становиться делаться
　to grow up вырастать
grown-up взрослый
growth развитие, рост
grumble (to) ворчать, жаловаться
guarantee (to) гарантировать
guarantee гарантия, ручательство
guard (to) охранять, стеречь
guard сторож
guardian хранитель
guess (to) догадываться, отгадывать
guess догадка, предположение
guest гость (m.)
guidance руководство
guide (to) руководить
guidebook справочник
guilt вина
guilty виноватый
guitar гитара
gulp (to) глотать
gulp глоток
gum десна, резина
gun ружьё
gust порыв
gypsy цыганский

H

habit привычка
habitual обычный
hair волосы
　to cut hair остричь волосы
haircut стрижка
hairdo причёска
hairdresser парикмахер
hairdryer фен
hairpin шпилька
half половина
　by halves пополам
　half a year полгода
　half-hour полчаса
halfway на полпути, возможный компромисс
hall зал
halt привал, стой (команда)
ham ветчина
hammer молот
hand рука, стрелка (of a clock), ручной (adj.)
handbag сумка
handicraft ремесло, ручная работа
handkerchief носовой платок
handle ручка
handmade ручной работы
handshake рукопожатие
handsome красивый
handwriting почерк
handy удобный, сподручный
hang (to) висеть
　to hang up вешать
hanger вешалка
haphazardly кое-как
happen (to) происходить, случаться
happiness счастье
happy счастливый
harbor порт
hard твёрдый (firm), трудный (difficult)
harden (to) твердеть
hardly едва, чуть
hardness твёрдость (f.)
harm (to) вредить
harm зло, вред
harmful вредный
harmless безвредный
harmonious гармонический
harmony гармония
harsh резкий, грубый
harvest урожай
haste торопливость (f.)
hasten (to) ускорять
hastily поспешно, спешно
hasty поспешный
hat шляпа
hate (to) ненавидеть

hatred не́нависть (f.)
haughty высокоме́рный
haunt (to) пресле́довать
have (to) име́ть
  to have to до́лжен (а, о, ы),
    приходи́ться
hay се́но
hazy тума́нный
he он
head глава́ (chief), голова́
head (to) заве́довать, возглав-
  ля́ть
headache головна́я боль
headmost передово́й
heal (to) зажива́ть
health здоро́вье
healthful поле́зный
healthy здоро́вый
hear (to) слы́шать
hearing слух
heart се́рдце
  by heart наизу́сть
  of the heart серде́чный
heartburn изжо́га
heartless безду́шный
heat греть, нагрева́ть
  heating system отопле́ние
heat жара́
heaven не́бо
heavenly небе́сный
heavy си́льный (strong), тяжёлый,
  то́лстый
  to grow heavy толсте́ть
heel каблу́к
height высота́, рост
heir насле́дник
hell ад
hello здра́вствуйте
help (to) помога́ть
help по́мощь (f.)
helpless беспо́мощный, бесси́ль-
  ный
hen (to) подшива́ть
hem подо́л, подши́вка
hen ку́рица
her её, ей
herd ста́до
here здесь, сюда́, тут
  from here отсю́да
  here are (is) вот
hero геро́й
heroine герои́ня
herring селёдка
hers её
herself она́, сама́
hesitate (to) колеба́ться
hide (to) пря́тать (ся), скрыва́ть(ся),
  таи́ть(ся)
hideous ужа́сный
high высо́кий
  high-principled иде́йный
highest вы́сший

high school diploma аттеста́т
  зре́лости
highway шоссе́
hill холм
him его́
himself он сам
hinder (to) меша́ть
hint намёк
hint at (to) намека́ть
hip бедро́
hire (to) взять напрока́т, нани-
  ма́ть
  for hire дава́ть напрока́т
his его́
historical истори́ческий
history исто́рия
hit (to) бить, ударя́ть
hoarse хри́плый
hold (to) держа́ть(ся)
  to hold in сдержа́ться
  to hold out выде́рживать
hole ды́рка
holiday пра́здник
hollow пусто́й
holy свято́й
home дом
  at home до́ма
  to go home идти́ домо́й
homemade самоде́льный, дома́ш-
  ний
homosexual гомосексуали́ст (m.),
  гомосексуа́льный
honest поря́дочный, че́стный
honesty че́стность (f.)
honey мёд
honeymoon медо́вый ме́сяц
honor (to) почита́ть
honor честь (f.)
hook крюк
hope (to) наде́яться
hope наде́жда, ча́яние
hopeful наде́ющийся
hopeless безнадёжный
horizon горизо́нт
horizontal горизонта́льно
horn рог
horoscope гороско́п
horrible ужа́сный
horror у́жас
horse конь (m.), ло́шадь (f.)
  horseback верхо́м
hospitable гостеприи́мный
hospital больни́ца, го́спиталь (m.)
hospitality гостеприи́мность,
  хлеб-соль (bread and salt)
host хозя́ин
hostess хозя́йка
hot горя́чий, (objects, emotions)
  жа́ркий
hotel гости́ница
hour час
house дом

housemaid го́рничная
housewarming новосе́лье
how как
  how much, many ско́лько
however одна́ко
huge огро́мный
hum (to) напева́ть
human челове́к (noun), челове́-
    ческий (adj.)
humanitarian гуманита́рный
humanity челове́чество
humble скро́мный
humiliate (to) унижа́ть
humility смире́ние
humor ю́мор
humorous юмористи́ческий
hundred сто
hundredth со́тый
hunger го́лод
hungry голо́дный
hunter охо́тник
hunting охо́та
hurricane урага́н
hurry (to) спеши́ть, торопи́ться
hurt (to) боле́ть, сде́лать бо́льно
husband муж
hush (to) молча́ть
hyphen дефи́с, тире́
hypnosis гипно́з
hypocrite лицеме́р
hypothesis гипо́теза
hysterical истери́ческий

I

I я
ice лёд
ice cream моро́женое
icon ико́на
icy ледяно́й
idea иде́я, мысль (f.), поня́тие
ideal идеа́льный
idealistic идеалисти́ческий
identical одина́ковый
identity ли́чность (f.)
idiot идио́т
idle лени́вый
idleness лень (f.)
if е́сли
ignorance неве́дение, темнота́
ignorant неве́жественный
ignore (to) игнори́ровать
ill больно́й
  to fall ill заболе́ть
illegal незако́нный
illiteracy безгра́мотность
illiterate безгра́мотный
illness боле́знь (f.)
illuminate (to) освеща́ть
illumination освеще́ние

illusion иллю́зия
illustrate (to) иллюстри́ровать,
    поясня́ть
illustration поясне́ние, рису́нок
image и́мидж
imaginary вообража́емый
imagination воображе́ние, фанта́-
    зия
imagine (to) вообража́ть
imbalance дисбала́нс
imitate (to) изобража́ть, подража́ть
imitation подража́ние
immature незре́лый
immediate прямо́й, спе́шный
immediately неме́дленно, сра́зу
immense безме́рный, огро́мный
imminent бли́зкий
immobility неподви́жность (f.)
immodest нескро́мный
immoral безнра́вственный
immorality безнра́вственность (f.)
immortal бессме́ртный
immortality бессме́ртие, ве́чность
    (f.)
immovable неподви́жный
imp чертёнок
impartial беспристра́стный
impatience нетерпе́ние
impatient нетерпели́вый
imperfect дефе́ктный, непо́лный,
    брако́ванный
impersonal безли́чный
impertinence де́рзость (f.),
    на́глость (f.)
implore (to) умоля́ть
imply (to) намека́ть
impolite неве́жливый
important ва́жный
impossible невозмо́жно, нельзя́
impostor самозва́нец
impoverished обедне́вший
impression впечатле́ние
imprison (to) заключа́ть в тюрьму́
improve (to) поправля́ть(ся), улуч-
    ша́ть(ся)
improvement улучше́ние
improvise (to) импровизи́ровать
imprudent неблагоразу́мный
impudence де́рзость (f.), наха́льство
impudent де́рзкий
impulse и́мпульс
impure нечи́стый
in в (prep.), а, на (acc., prep.)
  in case на вся́кий слу́чай, в
    слу́чае
  in fact факти́чески
inaccurate неаккура́тный
inactivity безде́йствие
inadequate неудовлетвори́тельный,
    недоста́точный
inanimate неодушевлённый
inappropriate неподходя́щий

117

inaudible неслы́шный
incapable неспосо́бный
incentive побужде́ние
inch дюйм
incident слу́чай
inclination наклоне́ние
include (to) включа́ть
income дохо́д
incomparable бесподо́бный, несравни́мый
incompatible несовмести́мый
incompetent неспосо́бный, некомпете́нтный
incomplete непо́лный, несоверше́нный
inconvenient неудо́бный
incorrect непра́вильный
incorruptible неподку́пный
increase (to) возраста́ть, прибавля́ть, увели́чивать
increase умноже́ние, увеличе́ние
incredible невероя́тный
incredibility невероя́тность (f.)
indecent неприли́чный
indecision нереши́тельность (f.)
indeed пои́стине
indefinite неопределённый
independence незави́симость
independent незави́симый, самостоя́тельный
index и́ндекс, оглавле́ние
index finger указа́тельный па́лец
indicate (to) ука́зывать
indication при́знак
indifference безразли́чие, равноду́шие
indifferent равноду́шный
indignant негоду́ющий
indignation негодова́ние
indirect непрямо́й, побо́чный
indiscreet неосторо́жный, нескро́мный
indispensable необходи́мый
individual индивидуа́льный, ли́чный
indoors в до́ме, внутри́
induce (to) убежда́ть
indulge (to) позволя́ть себе́ удово́льствие, злоупотребля́ть
indulgence терпи́мость (f.)
indulgent терпи́мый
industrial фабри́чный
industrious приле́жный
industry промы́шленность (f.)
inedible несъедо́бный
inefficient неспосо́бный
inequality нера́венство
inexpensive дешёвый
inexperienced нео́пытный
infancy ра́ннее де́тство, младе́нчество
infant ребёнок

infection зараже́ние
inferior ни́зший
inferiority неполноце́нность (f.)
infinite безграни́чный, бесконе́чный
infinitive неопределённое наклоне́ние, инфинити́в
infinity бесконе́чность
influence (to) влия́ть
influence вес, влия́ние
inform (to) сообща́ть
informally без церемо́ний
information изве́стие (news), све́дение
ingenious остроу́мный
ingratitude неблагода́рность (f.)
inhabit (to) жить
inhabitant жи́тель (m.)
inherit (to) насле́довать
inheritance насле́дство
inhuman бесчу́вственный, жесто́кий, бесчелове́чный
initial нача́льный
initiate (to) вводи́ть
initiative инициати́ва
injection уко́л
injurious вре́дно
injury поврежде́ние
injustice несправедли́вость (f.)
ink черни́ла
inn гости́ница
inner вну́тренний
innocence неви́нность (f.)
innocent безви́нный (guiltless), неви́нный (harmless)
inquire (to) спра́шивать
inquiry вопро́с, спра́вка
inquisitive любозна́тельный
insane безу́мный, сумасше́дший
insanity безу́мие
inscription на́дпись
insect насеко́мое
insensible бесчу́вственный
inseparable неразлу́чный
insert (to) вкла́дывать
inside внутри́
  inside out навы́ворот
insight интуи́ция, понима́ние
insignificant ничто́жный
insincere неи́скренний
insincerity неи́скренность (f.)
insist (to) наста́ивать
insistence насто́йчивость (f.)
inspect (to) рассма́тривать, проверя́ть
inspiration вдохнове́ние
install (to) помеща́ть, устана́вливать
instance приме́р, слу́чай
  for instance наприме́р
instant мгнове́ние, миг, моме́нт
instantly момента́льно

118

instead of вме́сто (gen.)
instep подъём
instinct инсти́нкт
institute институ́т
instruct (to) учи́ть
instruction нака́з (order), обуче́ние
instructor инстру́ктор
instrument инструме́нт, ору́дие
insufficient недоста́точный
insult (to) оскорбля́ть
insult оскорбле́ние
insulting оскорби́тельный
insurance страхо́вка
insure (to) страхова́ть(ся)
intact це́лый
intellect ум
intellectual интеллектуа́льный, мы́слящий
intelligence ра́зум, ум
intelligent у́мный
intense си́льный
intensity интенси́вность (f.)
intention наме́рение
intentional наме́ренный
interest (to) интересова́ть, заинтересова́ть
interest интере́с
interested (to become) интересова́ться
interesting интере́сный
interfere (to) вме́шивать(ся)
interior вну́тренность (f.)
intermission переры́в
internal вну́тренний
international междунаро́дный
interpret (to) переводи́ть
interpretation перево́д, взгляд
interpreter перево́дчик
interrupt (to) прерыва́ть
interval па́уза, переры́в
interview интервью́
intimacy инти́мность (f.)
intimate инти́мный
into в (acc.)
intolerable несно́сный, нестерпи́мый
intolerant нетерпи́мый
intoxicate (to) опьяня́ть, возбужда́ть
intoxication опьяне́ние
intricate сло́жный
intrigue интри́га
introduce (to) вводи́ть, представля́ть (a person)
introduction введе́ние, представле́ние
intuition интуи́ция
invalid недействи́тельный (adj.), больно́й, нетрудоспосо́бный (adj. or noun)
invaluable бесце́нный
invent (to) выду́мывать, изобре-
та́ть, приду́мывать
invented вы́думанный
investigate (to) иссле́довать
investigation иссле́дование
invisible неви́димый
invitation приглаше́ние
invite (to) приглаша́ть
inviting привлека́тельный
involuntary нево́льно
iodine ио́д
Irish ирла́ндский
iron (to) гла́дить
iron желе́зо, утю́г (for ironing), желе́зный (adj.)
irony иро́ния
irregular незакономе́рный, непра́вильный
irresistible неотрази́мый
irresponsibility безотве́тственность (f.)
irritate (to) раздража́ть
irritation раздраже́ние
island о́стров
isolate (to) изоли́ровать, отделя́ть
isolated изоли́рованный
issue изда́ние
it оно́
Italian италья́нский
itch (to) чеса́ться
itinerary маршру́т
its его́
ivory слоно́вая кость
ivy плющ

J

jacket жаке́т
jail тюрьма́
jam варе́ньс
January янва́рь (m.)
Japanese япо́нский
jar ба́нка
jaw че́люсть (f.)
jealous ревни́вый
  to be jealous ревнова́ть
jealousy за́висть, ре́вность (f.)
jelly желе́
jewel драгоце́нность (f.)
Jewish евре́йский
job рабо́та
join (to) присоединя́ться, соединя́ться
joint суста́в, ме́сто соедине́ния, совме́стный (adj.)
joke (to) шути́ть
joke анекдо́т, шу́тка
jokingly шутя́
journalist журнали́ст
journey пое́здка
joy отра́да, ра́дость (f.)

joyous радостный
judge (to) судить
judge судья
judgment суд (legal), усмотрение
juice сок
juicy сочный
July июль (m.)
jumble каша (fig.)
jump (to) прыгать, скакать
  to jump off соскакивать
  to jump out выскакивать
jump прыжок
June июнь (m.)
junior младший
just справедливый (adj.)
just (hardly) едва, чуть
justice справедливость (f.), суд
justification оправдание
justify (to) оправдывать(ся)
juvenile малолетний

K

keen сильный (strong), чуткий
keep (to) держать, сохранять,
  хранить
kernel зерно
kerosene керосин
key ключ
kick (to) ударять ногой, брыкаться
  (animal)
kidney почка
kill (to) убивать
killer убийца
kin род, родство
kind сорт (m.), добрый (adj.)
kindly добрый, тёплый
kindness любезность (f.)
king король (m.)
kiss (to) целовать(ся)
kiss поцелуй
kitchen кухня
knee колено
kneel (to) стоять на коленях
knife нож
knight рыцарь
knit (to) вязать
knock (to) стучать
knock стук
knot (to) завязывать
knot узел
know (to) знать
  it is known известно
  it is not known неизвестно
  little known малоизвестный
  to know how уметь
  well-known известный
knowledge знание
kopeck копейка
Kremlin Кремль

L

label ярлык
labor труд
laboratory лаборатория
laborer рабочий
lace шнурок
lack (to) недоставать
lack недостаток, отсутствие
ladder лестница
lady дама
lag (to) отставать
lake озеро
lamb баранина
lame хромой
lamp лампа, фонарь (m.) (lantern)
lampshade абажур
land земля
landlord хозяин
landscape пейзаж
language язык
  common language общий язык
lantern фонарь (m.)
lard сало
large большой, крупный
last (to) продолжаться (continue),
  хватать (last out)
last (adj.) последний, прошлый
late поздний
  to be late опаздывать
lately за последнее время
later позже
  two days later два дня спустя
laugh (to) смеяться
  to burst out laughing засмеять-
  ся
  to laugh boisterously хохотать
laughter смех
launder (to) стирать
lavatory уборная
lavish щедрый
law закон, правило, право
  law court суд
lawful законный
lawless беззаконный
lawn лужайка
lawyer адвокат, юрист
lay (to) класть, положить
layer слой
lazy ленивый
  lazy person лентяй (m.), -ка (f.)
lead (to) водить, руководить
leader руководитель (m.)
leadership руководство
leaf лист
leak (to) течь
lean (to) наклоняться, опираться
  to lean over перегибаться
leap (to) прыгать, скакать
leap прыжок, скачок
learn (to) учить(ся), выучить(ся)

learned учёный
learning учение
least наименьший
  at least по крайней мере
leather кожа
leave (to) оставлять, уезжать, уходить
  to leave out пропускать
leave отпуск (vacation)
lecture доклад, лекция
lecturer лектор
left левый
  to the left налево
leg нога
legal законный, юридический (profession)
legislation законодательство
legitimate законный
leisure досуг
lemon лимон
lend (to) одолжать
length длина
lengthen (to) удлинять(ся)
less меньше
lessen (to) убавлять, уменьшать
lesson урок
let (to) давать, позволять, пускать
  let us давай, давайте (plus infinitive)
letter буква (alphabet), письмо (correspondence)
lettuce салат
level уровень
liable ответственный
liar лгун
liberal либеральный, щедрый (lavish)
liberate (to) освобождать
liberty вольность (f.), свобода
library библиотека
license право, разрешение
  driver's license водительские права
lie (to) лгать (falsify), лежать (rest)
  to lie down ложиться
lie ложь (f.)
life жизнь (f.)
lifeless безжизненый
lift (to) поднимать
light (to) зажигать
  to light up освещать
light лёгкий (adj.), светлый (bright) (adj.), свет (noun)
lighten (to) светлеть (make brighter), облегчать (in weight)
lighter зажигалка
lighting освещение
lightning молния
likable симпатичный
like (to) любить, нравиться
like как (as), подобный, похожий (similar)
likely возможно, наверно
likeness сходство
likewise тоже
limb член, конечность
limit (to) ограничивать
limit граница, ограничение, предел
limp (to) хромать
line линия, ряд (row), строка (of a page)
linen бельё (household or underwear), полотно
linger (to) медлить
lingerie дамское бельё
linguistic языковой
lining подкладка
link (to) связывать, соединять
link связь (f.), звено
lion лев
lip губа
lipstick губная помада
liquid жидкий (adj.), жидкость (noun, f.)
liquor спиртной напиток
list список
listen слушать
literacy грамотность (f.)
literally буквально
literary литературный
literature литература
little маленький
  a little мало, немного
live (to) жить
live живой
lively живой
liver печёнка
living room гостиная
load груз, тяжесть
loaf (to) бездельничать
loaf (of bread) буханка, целый хлеб
loan заём
lobby прихожая, фойе
lobster омар
local здешний, местный
locality место
locate (to) находить (find), поселяться
location помещение
lock (to) запирать
  locked up взаперти
lock замок
locomotive локомотив
logic логика
logical логический, логичный
loneliness одиночество
lonely одинокий, уединённый
long (to) тосковать
long длинный (distance), долго (time)
  long ago давно, давным-давно
  not long недолго

longing жела́ние
look (to) гляде́ть, смотре́ть
  Look! Посмотри́те!
  Look out! Осторо́жно!
  to look for иска́ть
  to look over просма́тривать
look взгляд
loop пе́тля
loose свобо́дный
lose (to) теря́ть, проигра́ть
  (at playing)
  to lose one's self-possession
  теря́ться
loss поте́ря
lost затеря́нный, поте́рянный
  to get lost заблуди́ться
lot (a) мно́го
loud гро́мкий
love (to) люби́ть
  in love влюблённый
  to fall in love влюбля́ться
love любо́вь (f.)
loved люби́мый
lovely ми́лый
loving лю́бящий, не́жный
low ни́зкий (height), ти́хий (faint)
lower (to) спуска́ть
loyal ве́рный
loyalty ве́рность (f.), лоя́льность
luck сча́стье
lucky счастли́вый, уда́чный
luggage бага́ж
luminous све́тлый
lump глы́ба, кусо́к (small piece)
lunch за́втрак
lung лёгкое
luster блеск
luxurious роско́шный
luxury ро́скошь (f.)
lyrical лири́ческий

M

machine маши́на
mad сумасше́дший
madam госпожа́, мада́м
made сде́ланный
madman безу́мец
madness сумасше́ствие, безу́мие
magazine журна́л
magician маг
magistrate судья́
magnet магни́т
magnificent великоле́пный,
  превосхо́дный
magnifying увеличи́тельный
maid служа́нка
mail по́чта
main гла́вный
maintain (to) содержа́ть

maintenance содержа́ние
  (support), обслу́живание (service)
majority большинство́
make (to) де́лать
male (adj.) мужско́й
man мужчи́на (m.), челове́к
  (person)
manage (to) заве́довать, управля́ть
management администра́ция,
  управле́ние
manager дире́ктор, заве́дующий
mankind челове́чество
manner мане́ра, нра́вы
manufacture (to) производство
manuscript ру́копись (f.)
many мно́гие, мно́го
marble мра́мор
March март
margin по́ле
mark (to) отмеча́ть
  to mark off отчёркивать
mark пятно́ (spot), ме́тка
market база́р, ры́нок
marketing ма́ркетинг
marriage брак
marry (to) жени́ться (men),
  выходи́ть за́муж (women)
marvel (to) удивля́ться
marvel чу́до
marvelous чуде́сный
masculine мужско́й
mask (to) скрыва́ть
mask ма́ска
mass ма́сса
master (to) овладе́ть, вы́учить
master ма́стер, хозя́ин
masterpiece шеде́вр
match (to) подходи́ть
match спи́чка
matchless бесподо́бный
material материа́л
maternal матери́нский
mathematician матема́тик
mathematics матема́тика
matter вещество́
  a matter of course я́сное де́ло
mattress матра́ц
mature взро́слый, зре́лый
maximum ма́ксимум
May май (m.)
may мочь, мо́жно
mayonnaise майоне́з
me меня́ (acc.), мне (dat.)
meadow луг
mean (to) зна́чить
mean (adj.) скро́мный, захуда́лый,
  неприя́тный
meaning значе́ние, смысл (sense)
meanness ме́лочность (f.),
  ни́зость (f.)
means сре́дства
  by means of посре́дством

meanwhile ме́жду тем
measure (to) ме́рить
measure ме́ра
meat мя́со
mechanic меха́ник
mechanical механи́ческий
mechanically машина́льно
mechanized механизи́рованный
medicine лека́рство, медици́на (the profession)
  medical treatment лече́ние
mediocre посре́дственный
mediocrity посре́дственность (f.)
meditate (to) размышля́ть
meditation размышле́ние
medium середи́на (noun), сре́дний (adj.)
meet (to) встреча́ть
  I'm very happy to meet you. Очень прия́тно с ва́ми познако́миться.
meeting встре́ча, свида́ние, собра́ние (gathering)
melancholy меланхо́лия (noun), меланхоли́ческий (adj.)
melodious мелоди́чный
melody мело́дия
melon ды́ня
melt (to) та́ять
member член
memorable па́мятный
memorize (to) запомина́ть
memory па́мять (f.)
mend (to) исправля́ть, чини́ть
mental у́мственный
mention (to) отмеча́ть, упомина́ть
menu меню́
merchandise това́ры
merchant купе́ц, торго́вец
merciful милосе́рдный
merciless немилосе́рдный
mercy милосе́рдие
merit (to) заслу́живать
merit заслу́га
merry весёлый
message сообще́ние
messenger курье́р, посы́льный
metal мета́лл
metallic металли́ческий
metallurgy металлу́ргия
method ме́тод, спо́соб
microphone микрофо́н
microscope микроско́п
midday по́лдень (m.)
middle середи́на (noun), сре́дний (adj.)
  in the middle of посреди́ (gen.)
midnight по́лночь (f.)
midway полпути́
might си́ла
mighty грома́дный (huge), си́льный (strong)

mild мя́гкий
mildness мя́гкость (f.)
mile ми́ля
milk молоко́
mill ме́льница, фа́брика
million миллио́н
mind (to) следи́ть, забо́титься
  I don't mind. Я ничего́ не име́ю про́тив.
mind ум
mineral ископа́емый, минера́л
minimum ми́нимум
minister мини́стр (state), свяще́нник (church)
mirror зе́ркало
minority меньшинство́
minute мину́та
  this very minute сию́ мину́ту
  Wait a minute. Подожди́те мину́ту.
miracle чу́до
miscellaneous разнообра́зный
mischief беда́, вред, ша́лость
mischievous зло́бный, шаловли́вый
miser скупо́й, бедня́га
miserable жа́лкий, несча́стный
miserliness ску́пость (f.)
miserly скупо́й
misfortune беда́, го́ре, несча́стье
miss (to) скуча́ть, пропуска́ть (leave out)
Miss, Mrs. Госпожа́
mission поруче́ние, зада́ние, делега́ция
mist тума́н
mistake оши́бка
  to be mistaken заблужда́ться
  to make a mistake ошиба́ться
Mister, Mr. господи́н
mistrust (to) не доверя́ть
misty тума́нный
misunderstand (to) непра́вильно поня́ть
misunderstanding недоразуме́ние
mittens ва́режки
mix (to) сме́шивать
  to mix up (confuse) пу́тать
mixed сме́шанный
moan (to) стона́ть
mob толпа́
mobile подвижно́й
mobilize (to) мобилизова́ть
mock (to) насмеха́ться
mocking насме́шка
mode мо́да
model моде́ль, тип, показа́тельный (adj.), манеке́нщица (n.)
moderate уме́ренный
moderation уме́ренность (f.)
modern новомо́дный, но́вый, совреме́нный
modernism модерни́зм

modest скромный
modesty скромность (f.)
modification видоизменение
modify (to) видоизменять
moist сырой
moisten (to) увлажнять
moment мгновение, миг, момент
Monday понедельник
money деньги
monkey обезьяна
monotonous однозвучный (tone), однообразный
monotony однообразие
monstrous чудовищный
month месяц
monthly ежемесячный
monument памятник
mood настроение
moody угрюмый
moon луна, месяц
mop швабра
moral мораль (noun, f.), моральный, нравственный (adj.)
more больше, ещё
moreover к тому же, кроме того
morning утро (noun), утренний (adj.)
  in the morning утром
morose угрюмый
morsel кусочек
mortal смертный
mortality смертность (f.)
mortgage заклад, закладная
Moscow Москва, московский (adj.)
mosquito комар
most наибольший
mostly главным образом
moth моль (f.)
mother мать (f.)
motion движение, ход
motionless неподвижный
motivate (to) побуждать, мотивировать
motive побуждение, мотив
motor двигатель (m.), мотор
mound холм
mount (to) влезать, подниматься
mountain гора
mourn (to) оплакивать, сетовать
mournful печальный, скорбный
mourning траур
mouse мышь (f.)
mouth рот
  mouthful глоток
move (to) двигаться, переезжать (a household)
  to move off удаляться
movement движение
movies кино
moving трогательный
much гораздо, много
  how much сколько

mud грязь
muddy грязный, мутный
multiplication умножение
multiply (to) увеличивать, размножаться, умножать (arith.)
mumble (to) бормотать
municipal городской
murder (to) убивать
murder убийство
murderer убийца
murmur (to) жужжать, журчать
muscle мускул
museum музей
mushrooms грибы
music музыка
musical музыкальный
  musical group ансамбль
musician музыкант
must должен (-а, -о, -ы)
mustache усы
mustard горчица
mute немой
mutter (to) бормотать
mutton баранина
mutually взаимно, обоюдно
my мой, (моя, моё, мои)
myself я сам; себя, меня, самого
mysterious неведомый, таинственный
mystery тайна; (film, book) детектив
mysticism мистика

N

nail гвоздь (hardware), ноготь, (m.) коготь
naïve наивный
naked голый
name (to) называть, давать имя
name имя, название (inanimate things), фамилия (surname)
  What is your name? Как вас зовут?
named (to be) называть
namely именно, то есть (т. е.)
nap (to) поспать
napkin салфетка
narrate (to) рассказывать
narrow узкий
nasty противный
nation нация
national народный
nationalistic националистический
nationality народность (f.), национальность (f.)
native родной, коренной житель
  native country родина
natural естественный, натуральный

naturally есте́ственно, натура́льно, коне́чно (of course)
nature нату́ра, приро́да
naughty дурно́й, капри́зный
  to be naughty капри́зничать
navy флот
near близ, о́коло, у́ (prep. with gen.), бли́зко (adv.), бли́зкий (adj.)
  near at hand побли́зости
  to draw near бли́зиться, приближа́ться
nearly почти́
nearsighted близору́кий
neat аккура́тный, чи́стый
necessary необходи́мый, ну́жный
  it is necessary на́до, необходи́мо, ну́жно
necessity на́добность (f.), необходи́мость (f.)
neck ше́я
necklace ожере́лье
necktie га́лстук
need (to) нужда́ться
  I need мне ну́жно
need нужда́
needle иго́лка
needless изли́шний, нену́жный
negation отрица́ние
negative отрица́тельный, негати́вный
neglect (to) пренебрега́ть
neglect небре́жность (f.)
negotiations перегово́ры
neighbor сосе́д, -ка
neighborhood окре́стность (f.)
neighboring сосе́дний
neither никако́й
  neither... nor ни…ни
nephew племя́нник
nerve нерв
nervous не́рвный
  to be nervous не́рвничать
nest гнездо́
neuter сре́дний (adj.), сре́днего ро́да
neutral нейтра́льный
never никогда́
  Never mind. Ничего́, нева́жно.
nevertheless всё-таки, несмотря́ на
new но́вый
news изве́стие, но́вость (f.)
newspaper газе́та
next сле́дующий
nice прия́тный, сла́вный
nickname кли́чка
niece племя́нница
night ночь
  at night но́чью
  Good night! Споко́йной но́чи
nightmare кошма́р
nine де́вять
nineteen девятна́дцать

nineteenth девятна́дцатый
ninetieth девяно́стый
ninety девяно́сто
ninth девя́тый
nitrates (pl.) нитра́ты
no нет
nobody никто́, ничто́жество
noise шум
  to make noise шуме́ть
noisy шу́мный
nominate (to) назнача́ть, называ́ть
nomination назначе́ние
none никако́й, ни оди́н
nonsense вздор, ерунда́
  to talk nonsense говори́ть чепуху́
noon по́лдень (m.)
no one никто́
nor та́кже не
norm но́рма
normal норма́льный
north се́вер
northern се́верный
nose нос
not не, ни
  not at all ниско́лько
  there is not нет
note (to) отмеча́ть
note запи́ска, примеча́ние
notebook тетра́дь (f.)
nothing ничто́, ничего́
notice (to) замеча́ть
notice предупрежде́ние
noticeably заме́тно
notify (to) предупрежда́ть, сообща́ть
notion иде́я
noun и́мя существи́тельное
nourish (to) пита́ть
nourishment пита́ние
novel рома́н
novelty новизна́
November ноя́брь (m.)
now сейча́с, тепе́рь
nowadays тепе́рь
nowhere нигде́ (location), никуда́ (direction)
nuance отте́нок
nuclear я́дерный
nude наго́й, обнажённый
nuisance неудо́бство, неприя́тность
numb онеме́лый
number но́мер, число́
numerous многочи́сленный
nurse медсестра́ (medical), ня́ня (for children)
nursery де́тская, я́сли
nut оре́х, га́йка (hardware)

O

oak дуб
oar весло
oath присяга
oats овёс
obedience послушание
obedient покорный, послушный
obey (to) подчиняться
object (to) протестовать, быть против
objection возражение
objective объективный
obligation обязательство, повинность (f.)
oblige (to) обязывать
obliging любезный
obscure мрачный, неясный, неизвестный (unknown)
obscurity мрак, тьма
observation замечание (remark), наблюдение
observe (to) замечать (notice), наблюдать
observer наблюдатель (м.)
obsolete отживший
obstacle препятствие
obstetrician акушерка
obstinacy упрямство
obstinate упрямый
obtain (to) доставать
obvious очевидный, ясный
obviously очевидно
occasion случай
occasional редкий, случайный
occasionally изредка, от времени до времени
occupation занятие
occupy (to) занимать(ся)
occur (to) происходить, случаться
occurrence происшествие, случай
ocean океан
October октябрь (m.)
odd странный
ode ода
odor запах
of из, от (gen.)
  of course конечно, разумеется
  out of из-за
off с (gen.)
  Off! Прочь!
  to get off слезать, сходить
offend (to) обижать
offended обиженный
offense оскорбление, преступление (legal), наступление (military)
  to take offense оскорбляться
offensive оскорбительный
offer (to) предлагать, представлять
offer предложение

office канцелярия, контора
official официальный (adj.), чиновник (noun)
often часто
oil масло, нефть
ointment мазь (f.)
old старый
  old age старость (f.)
  olden times старина
  old-fashioned старомодный
  old man старик
  old woman старуха
olive маслина
omelet омлет, яичница
on на (acc. and prep.)
once однажды
  at once сейчас же
  once in a while иногда
  once more ещё раз
one один (одна, одно)
  one and a half полтора
oneself себя
onion лук
only единственный (adj.), только (adv.)
open (to) открывать, раскрывать
open откровенный, открытый
open-hearted простодушный
opening отверстие (hole), открытие (season)
opera опера
operate (to) оперировать
operation операция
opinion мнение
  in my opinion по-моему
opponent противник
opportunely кстати, своевременно
opportunity удобный случай, возможность (f.)
oppose (to) сопротивляться
opposed to против (gen.)
opposite против (gen.)
opposition противоположность (f.), противоречие
oppress (to) притеснять
oppression притеснение
optician оптик
optimism оптимизм
optimist оптимист
optimistic оптимистический
or а, или, либо
  either... or или ...или, либо... либо
oral устный
orange апельсин (noun), оранжевый (color)
orator оратор
orchard фруктовый сад
orchestra оркестр
ordeal тяжёлое испытание
order (to) заказать (commercial), приказать (command)

order порядок (neatness),
    заказ (commercial order), приказ
    (command),.строй (system)
  out of order не работать
  to put in order приводить в
    порядок
ordinarily обыкновенно
ordinary обыкновенный
organ орган (musical), орган
    (anatomy)
organization организация,
    устройство
organize (to) устраивать
organized организованный
Orient восточные страны, Восток
origin происхождение
original оригинальный, перво-
    начальный
originality оригинальность (f.)
ornament украшение
orphan сирота
other другой, иной
  on the other hand зато, с другой
    стороны
otherwise иначе
ounce унция
our наш (а, е, и)
ourselves (мы) сами
out из (gen.)
outburst взрыв
outcome результат
outing прогулка
outlast (to) переживать
outlet выходное отверстие,
    электрическая розетка
outline (to) намечать
outline очертание, эскиз, контур
outlook вид, перспектива
output продукция
outrage безобразие, оскорбление
outside вне (prep. with gen.),
    посторонний (adj.)
outward внешний
oven духовка, печь (f.)
over над (inst.), сверх (gen.), через
    (across) (acc.)
overcoat пальто (not declined),
    шинель (f.)
overcome (to) преодолевать
overcooked пережаренный, пере-
    варенный
overdue просроченный
overeat (to) переедать
overestimate (to) переоценивать
overflow (to) переливаться
overlook (to) не замечать,
    смотреть сквозь пальцы
overpay (to) переплачивать
overseas за морем
overshoes галоши
overstep (to) переступать
overstrain (to) переутомлять,

    перенапрягать
overstrain переутомление
overtake (to) настигать
overthrow (to)) опрокидывать,
    свергать
owe (to) быть должным
own (to) владеть
own родной, собственный, свой
    (своя, своё, свой)
owner владелец, хозяин
oxygen кислород
oyster устрица
ozone layer озоносфера

P

pace темп
pacific мирный
pack (to) укладываться
package пакет, пачка
pact пакт
page страница
pain боль (f.)
painful чувствительный
painfully больно
painless безболезненный
paint (to) красить, рисовать
    (artistic)
paint краска
painting живопись (f.)
pair пара
pajamas пижама
pale бледный
  to grow pale бледнеть)
pamphlet брошюра
pan кастрюля
pancakes блинчики, оладьи
pane оконное стекло, грань
panel панель; тонкая доска для
    живописи; распределительная
    доска
panic паника
pants брюки, штаны
paper бумага
parade парад
paradise рай
paragraph абзац, параграф
parallel параллельный
paralysis паралич
parcel пакет
pardon (to) извинять, прощать,
    помиловать
pardon прощение
parenthesis скобки
parents родители (pl.)
Parisian парижский
park парк
parrot попугай
part (to) прощаться, расстаться,
    разделять

part роль (f.) (acting), часть (f.)
 little part частица
partial частичный, пристрастный (favoring)
 partial to неравнодушный
participate (to) участвовать
participation участие
particular требовательный
particularly особенно
partner партнёр
party вечер, вечеринка (social), партия
pass (to) проезжать (by conveyance), проходить (on foot), передавать (give), выдержать (examination)
passage проезд, проход
passenger пассажир, -ка
passion пыл, страсть (f.)
passionate горячий, пылкий, страстный
passionately страстно
passive пассивный
passport паспорт
past прошлое (noun), прошедший прошлый (adj.), мимо (prep. with gen.)
past (to) клеить
paste паста
pastry печенье, пирожное
patch заплата
path тропинка
pathetic патетичный
patience терпение
patient пациент (noun), терпеливый (adj.)
patriot патриот
patriotism патриотизм
patron покровитель
patronage покровительство
pattern (sewing) выкройка, шаблон
pause пауза
pavement тротуар
paw лапа
pay (to) платить
 to pay off расплачиваться
payment уплата
peace мир, тишина (quiet), покой (quiet)
peaceful мирный, спокойный
peach персик
peak вершина
peanut земляной орех
pear груша
pearl жемчуг
peas горошек
pebble галька
peculiar особенный
peculiarity особенность (f.)
peel (to) снимать кору, снимать кожицу
peel корка
pen перо

fountain pen авторучка
penalty штраф
pencil карандаш
penetrate (to) проникать внутрь
peninsula полуостров
pension пенсия
pensive мечтательный
people народ, нация, люди
pepper перец
perceive (to) замечать, ощущать
percent на сотню, %
percentage процент
perfect идеальный, совершенный
perfection совершенство
perfectly вполне, совершенно
perform (to) играть (on stage), исполнять
performance игра, спектакль
performer исполнитель
perfume духи
perhaps может быть
peril опасность (f.)
period период, точка (punctuation)
periodical журнал (magazine), периодический (adj.)
perish (to) погибать
perishable скоропортящийся
permanent постоянный
permission разрешение, позволение
permit (to) позволять, пускать, разрешать
perpendicular перпендикуляр
perpetual вечный, бесконечный
persecute (to) преследовать
persecution преследование
perseverance настойчивость (f.)
persist (to) настаивать
persistent настойчивый, упорный
person лицо, человек
personal личный, собственный
personality личность (f.)
perspective перспектива
perspiration пот
perspire (to) потеть
persuade (to) убеждать, уговаривать
pesticides (pl.) пестициды
pet (to) ласкать
petroleum нефть, петролеум, керосин
petticoat нижняя юбка
petty мелкий
pharmacy аптека
phase фаза
phenomenon необыкновенное явление
philanthropist благотворитель (m.), филантроп
philosopher философ
philosophically философски
philosophy философия
phone телефон

photograph (to) снима́ть, фотографи́ровать
photograph ка́рточка, сни́мок
photography фотогра́фия
phrase фра́за
physical физи́ческий
physician врач
physicist фи́зик
physics фи́зика
pianist пиани́ст, -ка (m., f.)
piano роя́ль (m.), пиани́но
pick (to) срыва́ть
  to pick out выбира́ть
  to pick up поднима́ть
picnic пикни́к
picture карти́на, рису́нок
pie пиро́г
piece кусо́к, кусо́чек, шту́ка (noun), шту́чный (adj.)
piercing пронзи́тельный
pig свинья́
pigeon го́лубь
pile ку́ча
pill пилю́ля
pillow поду́шка
pillowcase на́волочка
pilot авиа́тор, лётчик
pin була́вка
pinch (to) ущипну́ть
pineapple анана́с
pine tree сосна́
pink ро́зовый
pious на́божный
pipe труба́, тру́бка (for tobacco)
pistol револьве́р, пистоле́т
pitiful жа́лкий
pity жа́лость (f.), сожале́ние
  It's a great pity. Очень жаль.
place (to) помеща́ть
place ме́сто
plain просто́й
plan (to) составля́ть план
plan план
plane ро́вный
planet плане́та
plant (to) сажа́ть
plant заво́д (factory), расте́ние (botany)
plaster штукату́рка
plastic пласти́ческий
plate таре́лка
plateau плато́, плоского́рье
platform платфо́рма
play (to) игра́ть
play спекта́кль (m.), пье́са
playground де́тский городо́к
plead (to) проси́ть, умоля́ть
pleasant прия́тный
please (to) нра́виться
please пожа́луйста
pleasure удово́льствие
pleat скла́дка

pledge обеща́ние
plentiful оби́льный
plenty оби́лие (noun), доста́точно (adv.)
plot за́говор (conspiracy), сюже́т, фа́була (of a story)
plug про́бка, заты́чка
plum сли́ва
plumber водопрово́дчик
plump пу́хленький
plus плюс
pneumonia воспале́ние лёгких
pocket карма́н
pocketbook су́мка
poem поэ́ма, стихотворе́ние
poet поэ́т
poetic поэти́ческий
poetry поэ́зия
point (to) пока́зывать, ука́зывать
point о́стрый коне́ц, пункт, то́чка
pointed острококе́чный
pointer стре́лка
poison яд
poisonous ядови́тый
pole столб, шест, по́люс
police поли́ция
policeman полице́йский
policy поли́тика, страхово́й по́лис (insurance)
polish (to) наводи́ть гля́нец, полирова́ть
polish гля́нец
Polish по́льский
polite ве́жливый, любе́зный
politeness ве́жливость (f.)
political полити́ческий
politics поли́тика
pollution (environmental) загрязне́ние окружа́ющей среды́
pond пруд
pool лу́жа, прудо́к
poor бе́дный
  to become poor бедне́ть
Pope ри́мский па́па
popular наро́дный, популя́рный
popularity популя́рность
population населе́ние
porch крыльцо́
pork свини́на
port порт
portable перено́сный, складно́й
porter носи́льщик
portion по́рция
portrait портре́т
portray (to) изобража́ть, опи́сывать
pose по́за
position положе́ние
positive уве́ренный
possess (to) облада́ть, владе́ть
possibility возмо́жность (f.)
possible возмо́жно, мо́жно

post по́чта
postage stamp почто́вая ма́рка
postcard откры́тка
poster афи́ша
posterity пото́мство
post office по́чта
postpone (to) отложи́ть
pot кастрю́ля
potato карто́фель (m.)
pound фунт
pour (to) налива́ть (a liquid), насыпа́ть (dry products)
  to pour out вылива́ть, высыпа́ть
poverty бе́дность (f.)
powder (to) пу́дриться
powder пу́дра
power власть (f.)
powerful си́льный
practical практи́чный
practice (to) упражня́ться
practice пра́ктика
praise (to) хвали́ть
prank вы́ходка
pray (to) моли́ть
prayer моли́тва
precaution предосторо́жность (f.)
precede (to) предше́ствовать
precious драгоце́нный
precise то́чный
precisely то́чно
precision то́чность (f.)
predicament затрудни́тельное положе́ние
predict (to) предсказа́ть
preface предисло́вие
prefer (to) предпочита́ть
preference предпочте́ние
pregnant бере́менная
prejudice предрассу́док
preliminary предвари́тельный
premature преждевре́менный
premeditated преднаме́ренный
preparation приготовле́ние
prepare (to) приготовля́ть
prepared гото́вый
prepay (to) плати́ть вперёд
preposition предло́г
prescribe (to) предпи́сывать
prescription реце́пт
presence прису́тствие
present (to) представля́ть
present настоя́щее (noun), ны́не (adv.), настоя́щий (adj.)
  at present тепе́рь
preservation сохране́ние
preserve (to) сохраня́ть
preserves варе́нье
president председа́тель (m.), президе́нт
press (to) нажима́ть, гла́дить (clothes)
press печа́ть (f.) (journalism)

pressing спе́шный
pressure давле́ние, нажа́тие
prestige прести́ж
prestigious прести́жный
presume (to) предполага́ть
pretend (to) притворя́ться, де́лать вид
pretension прете́нзия
pretty хоро́шенький (adj.), дово́льно (adv.)
  to grow pretty хороше́ть
prevent (to) предупрежда́ть
prevention предупрежде́ние
previous предыду́щий
price цена́
pride самолю́бие
priest свяще́нник
primary перви́чный, основно́й
prime minister премье́р-мини́стр
principal гла́вный
principle при́нцип
print (to) печа́тать
prison тюрьма́
private ча́стный
privilege привиле́гия
prize (to) цени́ть
prize награ́да, приз
probably вероя́тно
problem зада́ча, пробле́ма
procedure процеду́ра
proceed (to) продолжа́ть
process проце́сс
proclamation воззва́ние, официа́льное объявле́ние
produce (to) выраба́тывать
producer производи́тель (one who produces), продю́сер (of a film)
product проду́кт
production произведе́ние, произво́дство (manufacture)
profession профе́ссия, ремесло́
professor профе́ссор
profile про́филь
profit (to) приноси́ть по́льзу
  to profit by воспо́льзоваться
profit дохо́д, по́льза
profitable при́быльный
profound углублённый
program програ́мма
programming программи́рование
progress (to) продвига́ться, развива́ться
progress прогре́сс
progressive передово́й, прогресси́вный
prohibit (to) воспреща́ть(ся), запреща́ть,
prohibition запреще́ние
project (to) броса́ть, проекти́ровать
project прое́кт
prolong (to) растя́гивать

prolonged продолжительный
promise (to) обещать
promise обещание
prompt (to) подсказать
prompt быстрый
pronoun местоимение
pronounce (to) произносить
pronunciation произношение
proof доказательство
proofreader корректор
propaganda агитация, пропаганда
proper приличный (decent)
property имущество, собственность (f.)
prophecy предсказание
prophesy (to) пророчить, предсказывать
prophet пророк
proportion пропорция
proposal предложение
propose (to) предлагать
prose проза
prospect вид, надежда
prosper (to) процветать
prosperity процветание
prosperous процветающий, богатый
protect (to) защищать
protection защита
protector защитник
protest протест
proud гордый
prove (to) доказывать
proverb пословица
provide (to) обеспечивать
province область (f.)
provisions продукты (pl.)
provoke (to) возбуждать, провоцировать
prudence благоразумие
prudent благоразумный
prune чернослив
psychiatrist психиатр
psychologist психолог
psychology психология
public публика (noun), общественный (adj.)
publication издание
publicity реклама
publicize (to) рекламировать
publish (to) издавать (books), публиковать (to announce)
publishing house издательство
publisher издатель (m.)
puddle лужа
puff out (to) надувать
pull (to) тянуть, таскать
pulse пульс
pump насос
punctual аккуратный, пунктуальный
puncture прокол

pungency острота
pungent острый, едкий
punk (fashion) панк
punish (to) наказывать
punishment наказание
pupil ученик, ученица (f.)
puppy щенок
purchase (to) покупать
purchase покупка
pure чистый
purity чистота
purpose цель (f.), намерение
purposely нарочно
purse кошелёк
pursue (to) преследовать
push (to) толкать
put (to) класть, положить, (horizontally); ставить (vertically)
  to put away убирать
  to put down подавлять, записывать
  to put forth проявлять, пускать
  to put forward выдвигать, предлагать
  to put in вставлять, вкладывать, всовывать
  to put off откладывать
  to put on надевать, принимать вид
  to put out выгонять, удалять
  to put through выполнять
  to put up подпимать, строить, воздвигать
pyramid пирамида
puzzle загадка

Q

quaint необычный, странный
qualification квалификация
qualified квалифицированный
qualify (to) квалифицировать(ся)
quality качество
quantity количество
quarrel (to) ссориться
quarter четверть, четвертак (25c)
queer странный
quench (to) тушить, утолять (thirst)
question (to) спрашивать
question вопрос
questionable сомнительный, спорный
questionnaire анкета
quick быстрый, скорый
quicken (to) ускорять
quiet тишина (noun), спокойный, тихий (adj.)
quietly спокойно, тихо
quit (to) оставлять работу (a job), перестать (stop)
quite вовсе, вполне, совсем

quiver (to) дрожа́ть
quotation цита́та
quotation marks кавы́чки
quote (to) цити́ровать

R

rabbi равви́н
rabbit кро́лик
race ра́са (species), ска́чки, бега́ (horseraces)
radiator радиа́тор
radio ра́дио
rag тря́пка
rage бе́шенство, я́рость (f.)
ragged поно́шенный, рва́ный
railroad желе́зная доро́га
  railroad car ваго́н
  railroad station вокза́л
rain дождь
rainbow ра́дуга
raincoat плащ
rainy дождли́вый
raise (to) повыша́ть, поднима́ть (lift)
raisin изю́м
rank чин
rap (to) стуча́ть
rapid бы́стрый, ско́рый
rapidly бы́стро
rapture упое́ние, экста́з
rare ре́дкий
rarity ре́дкость (f.)
rash сыпь (noun, f.) (skin), стреми́тельный (adj.) (hasty)
raspberries мали́на
rate (to) оце́нивать, счита́ть
rate проце́нт (percent), темп (speed), ско́рость (f.) (speed)
rather дово́льно, скоре́е, слегка́
ratio пропо́рция
rational рассу́дочный
rationally рациона́льно
rave (to) бре́дить, восторга́ться
raw сыро́й
ray луч
razor бри́тва
reach (to) доставА́ть, достига́ть, доезжа́ть
react (to) реаги́ровать
reaction реа́кция
read (to) чита́ть
readily охо́тно
reading чте́ние
ready гото́вый
  in readiness нагото́ве
  ready-made гото́вые изде́лия
real настоя́щий
realistic реалисти́ческий
realization осозна́ние, реализа́ция

realize (to) представля́ть себе, понима́ть я́сно
really действи́тельно, неуже́ли, ра́зве
realm сфе́ра
rear (to) воспи́тывать (bring up)
rear за́дний
reason (to) рассужда́ть
reason причи́на (cause), ра́зум (intelligence)
reasonable разу́мный
reassure (to) успока́ивать
rebel (to) восстава́ть
rebel бунтовщи́к
rebellion восста́ние
recall (to) вспомина́ть
receipt распи́ска
receive (to) получа́ть, принима́ть
receiver получа́тель (m.), приёмник
recent неда́вний, но́вый
recently неда́вно
reception приём (noun), приёмный (adj.)
recess переры́в
recipe реце́пт
reciprocal взаи́мный
recite (to) деклами́ровать
recklessly аза́ртно, сломя́ го́лову
recognition призна́ние
recognize (to) признава́ть, узнава́ть
recollect (to) вспомина́ть
recollection воспомина́ние
recommend (to) рекомендова́ть
recommendation рекоменда́ция
reconcile (to) примиря́ть
reconciliation примире́ние
record (to) запи́сывать
record за́пись, протоко́л
recover (to) поправля́ться
recovery излече́ние
rectangle прямоуго́льник
recycle (to) сдава́ть/сдать буты́лки
red кра́сный
Red Cross Кра́сный Крест
red-haired ры́жий
reduce (to) убавля́ть (weight), уменьша́ть
reduction сниже́ние, ски́дка (price)
refer (to) ссыла́ться, упомина́ть
reference рекоменда́ция
  in reference to относи́тельно
  reference book спра́вочник
refine (to) очища́ть, усоверше́нствовать
refined изя́щный
refinement изы́сканность (f.)
reflect (to) отража́ть, мы́слить, размышля́ть
reflection отраже́ние, размышле́ние (thought)

reform (to) улучша́ть
reform рефо́рма, улучше́ние
refrain (to) сде́рживать, возде́рживаться
refresh (to) освежа́ть
refreshment оживле́ние, освежа́ющий напи́ток
refrigerator холоди́льник
refuge убе́жище
refugee эмигра́нт, бе́женец
refund (to) возвраща́ть
refund возмеще́ние, возврат (money)
refusal отка́з
refuse (to) отка́зывать
regard уваже́ние
regime режи́м
regiment полк
region райо́н
register (to) регистри́ровать(ся)
regret (to) жале́ть
regret сожале́ние
regular пра́вильный, регуля́рный
regulate (to) регули́ровать
regulation пра́вило
rehearsal репети́ция
rehearse (to) репети́ровать
reign цари́ть
reinforce (to) подкрепля́ть
reject (to) отклоня́ть, отка́зывать
rejoice (to) ра́доваться
relate (to) расска́зывать
relation отноше́ние, связь (f.)
relationship отноше́ние
relative ро́дственник
relaxation о́тдых, развлече́ние
release (to) освобожда́ть
release освобожде́ние
relent (to) смягча́ться
reliable надёжный, соли́дный
reliability надёжность (f.)
relief облегче́ние
relieve (to) облегча́ть
religion рели́гия
religious религио́зный
reluctance неохо́та
reluctantly неохо́тно, не́хотя
rely (to) полага́ться
remain (to) остава́ться
remainder оста́ток
remaining остально́й
remark (to) замеча́ть
remark замеча́ние
remarkable замеча́тельный
remedy сре́дство от боле́зни, лека́рство
remember (to) по́мнить, вспомина́ть
remembrance воспомина́ние
remind (to) напомина́ть
reminder напомина́ние
remodeling переде́лка, ремо́нт

remorse раска́яние
remote далёкий, удалённый
remove (to) снима́ть, убира́ть
rename (to) переименова́ть
render (to) ока́зывать
renew (to) обновля́ть
renewal возобновле́ние
rent (to) нанима́ть
rent аре́ндная пла́та
repair (to) исправля́ть, поправля́ть, почини́ть
repairs ремо́нт
repay (to) заплати́ть, отпла́чивать
repayment отпла́та
repeat (to) повторя́ть
repeatedly многокра́тно
repent (to) раска́иваться
repertoire репертуа́р
repetition повторе́ние
replacement заме́на (f.)
reply (to) отвеча́ть
reply отве́т
report (to) сообща́ть
report докла́д, сообще́ние
reporter корреспонде́нт
represent (to) представля́ть
representation представи́тельство
representative представи́тель (m.)
repress (to) подавля́ть
repression подавле́ние
reprimand вы́говор
reproach (to) попрека́ть, упрека́ть
reproach упрёк
reproduction репроду́кция
republic респу́блика
reputation изве́стность (f.), репута́ция
request (to) проси́ть
request про́сьба, тре́бование
require (to) нужда́ться
required потре́бный, обяза́тельный
requirement тре́бование
rescue (to) спаса́ть
research иссле́дование
  research assistant нау́чный сотру́дник
resemblance схо́дство
resembling похо́жий
resent (to) негодова́ть
resentment негодова́ние
reservation огово́рка, ме́сто, зака́занное зара́нее
reserve фонд, запа́с
reservoir храни́лище, резервуа́р
residence местожи́тельство, прожива́ние
resident жи́тель (m.)
resign (to) отка́зываться, уходи́ть в отста́вку
resignation отка́з, отста́вка
resigned поко́рный
resist (to) сопротивля́ться

resistance сопротивление
resolute решительный, твёрдый
resolution решительность (f.)
resolve (to) решать (decide),
   разрешать (a problem)
resort курорт
resource средство
respect (to) уважать
respect почтение, уважение
respected уважаемый
respectful почтительный
responsibility обязанность (f.),
   ответственность (f.)
responsible ответственный
rest (to) отдыхать
rest отдых, покой
restaurant ресторан
restless беспокойный
restoration восстановление
restore (to) восстанавливать
restrain (to) сдерживать
restraint сдержанность (f.)
  with restraint сдержанно
restrict (to) ограничивать
restriction ограничение
result (to) следовать
result результат
resume (to) продолжать
retain (to) сохранять, удерживать
retaliate (to) отплачивать
retaliation отплата
retire (to) выходить в отставку
retired отставной
retreat (to) отступать
return (to) возвращать(ся)
return возвращение
reveal (to) проявлять, раскрывать
revelation откровение
revenge (to) мстить
revenge реванш, месть
reverse (to) перевернуть
reverse обратный
review обзор, рецензия (theater)
revise (to) проверять, изменять
revive (to) оживлять
revoke (to) отменять
revolt (to) восставать
revolt восстание
revolution революция
revolutionary революционный
revolve (to) вращаться
reward (to) вознаграждать
reward награда
rhyme рифма
rhythm ритм
rib ребро
ribbon лента
rice рис
rich богатый
  to grow rich богатеть
richness богатство
rid of (to get) избавлять(ся) от

riddle загадка
ride (to) ездить, кататься (for
  pleasure)
ridicule (to) осмеивать
ridiculous нелепый, смешной
right верный, правильный (adj.)
  (correct), правый (adj.), (position),
  право (noun)
  all right хорошо
  to the right направо
rigid негибкий, неподвижный
ring (to) звонить
ring кольцо
  wedding ring обручальное кольцо
ring звонок (sound)
rinse (to) полоскать
ripe спелый
ripe (to) зреть
rise (to) подниматься (increase,
  mount), вставать (get up), восходить (sun)
rise повышение, подъём
risk (to) рисковать
risk риск
ritual ритуал
rival конкурент, соперник
rivalry соперничество
river река (noun), речной (adj.)
road дорога
roar (to) реветь
roam (to) бродить (only on foot)
roast (to) жарить
roast жареное
  roast beef ростбиф
rob (to) грабить
robber разбойник
robbery ограбление
robe халат
robot робот
robust крепкий, здоровый
rock (to) качать
rock камень (m.)
rock musician рокер
rock star рок-звезда
rocket ракета
rocky каменистый, скалистый
rogue жулик
role роль (f.)
roll (to) катиться
roll булка (bread), связка, катушка
romance роман
romantic романтический
roof крыша
room комната
  no room (space) нет места
root корень (m.)
rope верёвка
rose роза
rot (to) портить(ся), гнить
rotten испорченный, гнилой
rough грубый, неделикатный
  (crude), неровный

round вокру́г (gen.), круго́м (adv.), кру́глый (adj.)
roundabout обхо́дный
rouse (to) буди́ть, возбужда́ть (anger)
route маршру́т
routine рути́на
row ряд
royalties (author's) а́вторские
rub (to) тере́ть
rubber рези́на
ruble рубль (m.)
rude неве́жливый
rug ковёр
ruin (to) разруша́ть
ruin ги́бель (f.)
rule (to) пра́вить, управля́ть
rule зако́н, пра́вило
ruler лине́йка
rumor слух
run (to) бе́гать, течь (water)
running бего́м
  run down издёрганный
rupture разры́в
rural се́льский
rush (to) торопи́ться
Russia Росси́я (f.)
Russian ру́сский (noun and adj.)
  in Russian по-ру́сски
rust (to) ржаве́ть
rusty заржа́вленный
rye рожь

S

sack мешо́к
sacred свяще́нный
sacrifice (to) же́ртвовать
sacrifice же́ртва
sad гру́стный, печа́льный
  to be sad грусти́ть
safe невреди́мый; сейф (noun)
safety безопа́сность (f.)
sail (to) пла́вать
sail па́рус
sailing пла́вание
sailor матро́с
sake (for the sake of) ра́ди
salad сала́т
salad bowl сала́тник
salary жа́лование
sale распрода́жа
salesman продаве́ц
saleswoman продавщи́ца
salmon лососи́на
salt соль (f.)
salty солёный
salute (to) приве́тствовать
salvation спасе́ние
same одина́ковый (identical)

all the same всё-таки́
it's all the same всё равно́
sample образе́ц
samovar самова́р
sand песо́к
sandal санда́лия
sandwich бутербро́д
sandy песо́чный
sane норма́льный
sanitary санита́рный
sap сок
sarcasm сарка́зм
sarcastic саркасти́ческий
satellite спу́тник
satiate (to) насыща́ть
satin атла́с
satisfaction удовлетворе́ние
satisfactory удовлетвори́тельный
satisfied дово́льный, сы́тый
satisfy (to) удовлетворя́ть
saturate (to) насыща́ть
saturation насы́щенность (f.)
Saturday суббо́та
sauce подли́вка, со́ус
saucepan кастрю́ля
sausage колбаса́
savage ди́кий (adj.), дика́рь (noun.)
save (to) спаса́ть, избавля́ть
say (to) говори́ть, сказа́ть
scale весы́ (weight), га́мма (musical)
scalp скальп
scan (to) разгля́дывать
scandal сканда́л
  to talk scandal спле́тничать
scanty ску́дный, ограни́ченный
scar шрам
scarce недоста́точный, ре́дкий
scarcely едва́, то́лько что
scare (to) пуга́ть
scare испу́г
scarf шарф
scarlet а́лый
scattered рассе́янный
scene сце́на
scented арома́тный
schedule расписа́ние
scheme схе́ма, прое́кт
scholar учёный
  scholarly research нау́чно-иссле́довательский
  scholarship стипе́ндия
school шко́ла
schoolteacher преподава́тель, -ница
science нау́ка
scientific нау́чный
scientist учёный
scissors но́жницы
scold (to) руга́ть
scorch (to) обжига́ть
score счёт
scorn (to) презира́ть
scornful презри́тельный

Scottish шотла́ндский
scoundrel негодя́й
scrape (to) скрести́
scratch (to) цара́пать, чеса́ться (oneself)
scratch цара́пина
scream (to) крича́ть
scream крик
screen экра́н (movies), ши́рма
screw винт
scribble (to) писа́ть небре́жно
scrupulous щепети́льный
scrutinize (to) рассма́тривать
sculptor ску́льптор
sculpture скульпту́ра
sea мо́ре
seagull ча́йка
seal (to) запеча́тывать, опеча́тывать
seal печа́ть (f.)
seam шов
seamstress швея́
search (to) иска́ть, иссле́довать
search по́иски
seashore морско́й бе́рег
season вре́мя го́да, сезо́н (events)
seasoning припра́ва
seat (to) сесть (oneself)
seat ме́сто
second второ́й (number), секу́нда (noun)
secondhand поде́ржанный
secret секре́т, та́йна (noun)
  in secret вта́йне (adj.)
secretary секрета́рша
sect се́кта
section отде́л, отделе́ние
secure (to) обеспе́чивать
secure уве́ренный (in something), безопа́сный (not dangerous)
security гара́нтия, безопа́сность
seduce (to) соблазня́ть
see (to) ви́деть
seed зерно́
seem (to) каза́ться
segment отре́зок
seize (to) хвата́ть, захва́тывать
seldom и́зредка, ре́дко
select (to) выбира́ть
selected и́збранный
selection ассортиме́нт, вы́бор
self сам (а,о, и), себя́ (reflex. pron.)
self-confidence самоуве́ренность (f.)
self-control вы́держка
self-government самоуправле́ние
selfish эгоисти́ческий
selfishness эгои́зм
self-satisfied самодово́льный
sell (to) продава́ть
semester семе́стр
semicolon то́чка с запято́й
senate сена́т
senator сена́тор

send (to) посыла́ть, усыла́ть (away)
senior ста́рший, выпускни́к
sensation ощуще́ние
sense (to) ощуща́ть, чу́вствовать
sense чу́вство, смысл
senseless бессмы́сленный
sensibility здравомы́слие
sensible здравомы́слящий
sensitive чу́ткий, чувстви́тельный
sensitivity чу́ткость, чувстви́тельность (f.)
sensual сладостра́стный
sensuality сладостра́стность (f.)
sentence пригово́р (legal), фра́за, предложе́ние (grammar)
sentiment чу́вство
sentimental сентимента́льный
separate (to) отделя́ть(ся), разделя́ть(ся), расходи́ться
separate отде́льный
separation отделе́ние, разделе́ние
September сентя́брь (m.)
serene споко́йный
series се́рия
serious серьёзный
seriously всерьёз
servant слуга́, служа́нка (female)
serve (to) подава́ть (meals), служи́ть, обслу́живать
service обслу́живание (maintenance), слу́жба (work), услу́га (good turn)
set (to) ста́вить, класть, назнача́ть, (determine) тверде́ть (harden), заходи́ть (sun)
  to set aside отложи́ть
  to set free пуска́ть
set прибо́р
settle (to) ула́дить, реша́ть (decide), устра́ивать (in a new place)
settlement упла́та, расчёт, населе́ние (people)
seven семь
seventeen семна́дцать
seventeenth семна́дцатый
seventh седьмо́й
seventy се́мьдесят
seventieth семидеся́тый
several не́сколько
severe стро́гий, суро́вый, тяжёлый (heavy)
sew (to) шить,
  to sew on нашива́ть
sewing шитьё
  sewing machine шве́йная маши́на
sex пол, род
shabby поно́шенный
shade тень (f.), што́ра (window)
shadow тень (f.)
shake (to) дрожа́ть, трясти́сь
shaky ша́ткий
shallow ме́лкий
shame стыд, позо́р (disgrace)

shameful позо́рный
shameless бессты́дный
shape фо́рма
share (to) дели́ть(ся), разделя́ть
share до́ля, часть (f.), а́кция (stock)
shareholder акционе́р
sharp о́стрый, ре́зкий
sharpen (to) заостря́ть, точи́ть
sharpness острота́
shave (to) брить(ся)
shawl шаль (f.)
she она́
shed (to) роня́ть, теря́ть
sheep овца́
sheer прозра́чный, лёгкий
sheet простыни́ (bed), лист (paper)
shelf по́лка
shell скорлупа́
shelter (to) приюти́ть, прикрыва́ть
shelter кров
shepherd пасту́х
shield (to) защища́ть
shield щит
shift (to) передвига́ть
shine (to) блесте́ть, свети́ть(ся), чи́стить
ship (to) грузи́ть, отправля́ть
ship кора́бль (m.)
shipment погру́зка, перево́зка
shirt руба́шка
shiver (to) дрожа́ть, вздра́гивать
shiver дрожь (f.)
shock (to) потряса́ть, шоки́ровать (behavior)
shock уда́р
shoe башма́к, ту́фля
  running shoes кроссо́вки
shoot (to) стреля́ть
shop ла́вка, магази́н
shore бе́рег
short коро́ткий, ни́зкий
shortage недоста́ток
shorten (to) сокраща́ть
shorthand стеногра́фия
shot вы́стрел
shoulder плечо́
shout (to) крича́ть
shout крик
shove (to) су́нуть(ся), толка́ть
shovel лопа́та
show (to) пока́зывать, дока́зывать
show вы́ставка, представле́ние, шо́у
shower душ (bath)
shrill пронзи́тельный
shrimp креве́тка
shrink (to) сади́ться
shun (to) избега́ть
shut (to) закрыва́ть
shut закры́тый
shy засте́нчивый, ро́бкий
  to be shy стесня́ться

sick больно́й
sickness боле́знь (f.)
side бок (physical), сторона́
sidewalk тротуа́р
sideways на боку́
sieve си́то
sigh (to) вздыха́ть
sigh вздох
sight вид (view), зрение
sign (to) подписа́ться
sign знак
signal (to) сигнализи́ровать
signal сигна́л
signature по́дпись
significance значе́ние
significant многозначи́тельный
significantly многозначи́тельно
signify (to) зна́чить
silence молча́ние, тишина́
silent молчали́вый
  to be silent молча́ть
  to become silent замолча́ть
silk шёлк
silken шёлковый
silly глу́пый
silver серебро́
similar похо́жий, подо́бный
similarity схо́дство
simple просто́й, несло́жный
simplicity простота́
simplification упроще́ние
simply про́сто
simulate (to) симули́ровать
simultaneous одновре́менный
sin (to) греши́ть
sin грех
since с (prep., gen.), так как
sincere и́скренний, нелицеме́рный
sincerity и́скренность (f.)
sinful гре́шный
sing (to) петь
singer певе́ц, певи́ца
singing пе́ние
single еди́нственный, оди́н
singular еди́нственное число́ (grammar), необыча́йный (unusual)
sinister злове́щий
sink (to) тону́ть, топи́ть (something else)
sink ра́ковина
sinner гре́шник
sip (to) потя́гивать
sip ма́ленький глото́к
sir су́дарь
sister сестра́
sit (to) сиде́ть, сесть (down)
site местоположе́ние
situated (to be) находи́ться
situation положе́ние, ситуа́ция
six шесть
sixteen шестна́дцать

sixteenth шестна́дцатый
sixth шесто́й
sixtieth шестидеся́тый
sixty шестьдеся́т
size величина́, разме́р
skate (to) ката́ться на конька́х
skates коньки́
skeleton скеле́т
skeptical скепти́ческий
sketch (to) рисова́ть эски́зы
sketch эски́з, набро́сок
skill иску́сство, мастерство́
skilled квалифици́рованный
skillful иску́сный, уме́лый
skillfully мастерски́
skin ко́жа
skip (to) скака́ть, пропуска́ть (miss)
skirt ю́бка
skis лы́жи
skull че́реп
sky не́бо
skyscraper небоскрёб
slander (to) клевета́ть
slander клевета́
slang жарго́н
slanting косо́й
slap пощёчина
slaughter убива́ть
slave раб
slavery ра́бство
sleep (to) спать
sleep сон
sleepy со́нный
sleeve рука́в
sleigh са́ни (only in pl.)
slender то́нкий
slice (to) ре́зать, нареза́ть
slice ло́мтик
slide (to) скользи́ть
slight лёгкий
slightly слегка́, чуть
slim то́нкий, стро́йный
slip (to) скользи́ть
slip оши́бка (error), комбина́ция
　(underwear)
slippery ско́льзкий
slope накло́н
slow ме́дленный
　to be slow ме́длить, отстава́ть
　(clock)
slowly ме́дленно, потихо́ньку
sly хи́трый
small ма́ленький, ме́лкий
　small things, change ме́лочь
smart у́мный (clever), наря́дный
　(clothes)
smash (to) разбива́ть
smear (to) ма́зать
smell (to) ню́хать (sniff), па́хнуть
　(of)
smell за́пах
smile (to) улыба́ться

smile улы́бка
smoke (to) кури́ть
smoke дым
smoking куре́ние
smooth гла́дкий
smother (to) души́ть, туши́ть
smudgy чума́зый
snake змея́
snapshot сни́мок
snatch (to) хвата́ть
sneer (to) насме́шливо улыба́ться
sneeze (to) чиха́ть
snore (to) храпе́ть
snow снег
snowstorm мете́ль
so так
　and so on и так да́лее (и т. д.)
　just so и́менно так
　so much сто́лько
soak (to) мо́кнуть, впи́тывать (up)
soap мы́ло
sob (to) рыда́ть
sobbing рыда́ние
sober тре́звый
sociable компане́йский
social обще́ственный
socialism социали́зм
society о́бщество, свет
sock носо́к, носки́ (pl.)
sofa дива́н, софа́
soft мя́гкий
soften (to) смягча́ться
soil (to) па́чкать(ся)
soil по́чва, земля́
soiled гря́зный
sold про́данный
soldier солда́т
sole подо́шва, еди́нственный (adj.)
　(only)
solemn торже́ственный
solemnity торжество́
solicit (to) проси́ть
solid соли́дный, твёрдый
solidity твёрдость (f.)
solitary уединённый, одино́кий
　(lonely)
solitude уедине́ние, одино́чество
solution реше́ние (answer),
　разреше́ние, раство́р (chemical)
solve (to) разреша́ть
somber мра́чный
some не́который
somebody кто́-то, кто́-нибудь
somehow ка́к-то, ка́к-нибудь
something что́-то, что́-нибудь
sometimes иногда́
somewhat слегка́
somewhere где́-то, куда́-то
　(direction)
son сын
song пе́сня
soon ско́ро

soot са́жа
soothe (to) успока́ивать, утеша́ть,
  облегча́ть (pain)
sore ра́на, я́зва (noun),
  чувстви́тельный, боле́зненный (adj.)
sorrow печа́ль (f.), скорбь (f.),
  го́ре
sorry (to feel) жале́ть
  I'm sorry. Мне жа́лко.
sort (to) разбира́ть
sort сорт, род
soul душа́
sound (to) звуча́ть
sound звук
soundless беззву́чный
soup суп
sour ки́слый
  sour cream смета́на
source исто́к, ключ
south юг
southern ю́жный
Soviet сове́тский
sow (to) се́ять
space простра́нство, расстоя́ние
space (adj.) косми́ческий
Spanish испа́нский
spare (to) щади́ть, бере́чь
spare запасно́й, ли́шний (extra)
spark и́скра
sparkle (to) блесте́ть, сверка́ть
sparrow воробе́й
speak (to) говори́ть
special специа́льный
specialist специали́ст
specialty специа́льность (f.)
species тип, разнови́дность
specific определённый, хара́кте́рный
spectacle спекта́кль (m.), зре́лище
spectator зри́тель (m.)
speech речь (f.)
speed ско́рость, быстрота́ (f.)
speedy бы́стрый, ско́рый
spell (to) писа́ть, писа́ться (is
  spelled)
spell заклина́ние
spelling написа́ние
spend (to) тра́тить
  to spend time проводи́ть вре́мя
sphere шар (ball), сфе́ра, о́бласть
sphinx сфинкс
spice (to) приправля́ть
spice пря́ность (f.)
spicy пря́ный
spider пау́к
spill (to) пролива́ть, просы́пать
spin (to) кружи́ться
spinach шпина́т
spine спинно́й хребе́т
spirit дух
spiritual духо́вный
spit (to) плева́ть

spite зло́ба
  in spite of несмотря́ на то
splash (to) забры́згивать
splendid великоле́пный, роско́ш-
  ный
splendor ро́скошь (f.), пы́шность
  (f.)
split (to) тре́скаться
split тре́щина
spoil (to) по́ртить(ся), балова́ть (a
  child)
spoiled испо́рченный, избало́ван-
  ный (child)
sponge гу́бка
spontaneous самопроизво́льный
spoon ло́жка
sport спорт
spot пятно́
spouse супру́г, -а
spread (to) распространя́ть(ся),
  разма́зывать (bread)
spring (to) пры́гать
spring весна́ (season), прыжо́к
  (jump), исто́чник (source)
spur шпо́ра
spurn (to) отверга́ть с презре́нием
square квадра́т, пло́щадь (f.)
squeak (to) скрипе́ть
squeeze (to) сжима́ть
squirrel бе́лка
stabilize (to) стабилизи́ровать
stable сто́йкий, усто́йчивый
stack (to) скла́дывать в стог,
  в ку́чу
stack стог, ку́ча
stadium стадио́н
staff штат слу́жащих, штаб,
  но́тные лине́йки (musical)
stage сце́на
stain (to) па́чкать(ся)
stain пятно́
stairs ле́стница
stammer (to) заика́ться
stamp ма́рка (postage), штамп
stand (to) стоя́ть
standard станда́рт, у́ровень (m.),
  но́рма (f.)
standard станда́ртный (adj.)
star звезда́
starch крахма́л
stare (to) смотре́ть при́стально
stare взгляд
start (to) начина́ть
  to start out (on a trip), отправля́ться
start нача́ло
starve (to) умира́ть от го́лода,
  голода́ть
state (to) заявля́ть
state штат, госуда́рство (government), состоя́ние (condition)
statement утвержде́ние, заявле́ние
station ста́нция

stationary неподви́жный
stationery канцеля́рские принад-
  ле́жности
statistics стати́стика
statue ста́туя
staunch пре́данный
stay (to) остава́ться, пробы́ть
stay пребыва́ние
steady усто́йчивый
steak бифште́кс
steal (to) красть
steam пар
steamship парохо́д
steel сталь (f.)
steep круто́й
steer (to) управля́ть
stem ствол
stenographer стенографи́стка
step похо́дка, шаг
stern стро́гий, суро́вый
stew (to) туши́ть(ся), вари́ть(ся)
stew тушёное мя́со
stick (to) втыка́ть, прикле́ивать
stick па́лка
sticky кле́йкий
stiff туго́й, ги́бкий
stiffen (to) де́лать неги́бким,
  тверде́ть
still (to) успока́ивать
still ти́хий, споко́йный (adj.), ещё
  (yet) (adv.)
stimulant возбужда́ющее сре́дство,
  сти́мул
stimulate (to) побужда́ть
sting (to) куса́ть, ужа́лить, укуси́ть
sting уку́с
stinginess ску́пость (f.)
stingy скупо́й
stipend стипе́ндия
stir (to) шевели́ть(ся), меша́ть
stitch (to) шить
stitch стежо́к
stock фонд, запа́с
  stock market фо́ндовая би́ржа
stockholder акционе́р
stocking чуло́к
stomach желу́док
stone ка́мень (m.)
stony ка́менный
stool скаме́ечка, табуре́тка
stoop (to) сгиба́ться
stop (to) остана́вливать(ся),
  конча́ть
stopper про́бка
store ла́вка, магази́н
storm бу́ря
stormy бу́рный
story расска́з, по́весть, исто́рия,
  эта́ж (floor)
stout по́лный
stove печь (f.)
straight прямо́й

straighten (to) выпрямля́ть, при-
  води́ть в поря́док (straighten up)
straightforward прямоду́шный
strain напряже́ние
strange чужо́й, стра́нный
stranger незнако́мец
strap реме́нь (m.)
stratosphere стратосфе́ра
straw соло́ма
strawberry клубни́ка
stream пото́к, река́ (river)
street у́лица
streetcar трамва́й
strength си́ла
strengthen (to) укрепля́ть
strenuous си́льный, энерги́чный
stress давле́ние, ударе́ние
stretch (to) тяну́ть(ся), растя́гивать
strict стро́гий
stride большо́й шаг
strike (to) ударя́ть (hit), бастова́ть
strike забасто́вка
string верёвка, шпага́т
strip (to) сдира́ть, разде́ть(ся)
  (clothes)
stripe полоса́
stroll (to) гуля́ть
stroll прогу́лка
stroke уда́р
strong си́льный, кре́пкий
structure зда́ние, соста́в, строе́ние,
  стукту́ра
struggle борьба́
  struggle with (to) би́ться, боро́ться
stubborn упо́рный, упря́мый
student студе́нт,-ка; учени́к,
  учени́ца
studies уче́ние
studio сту́дия
studious приле́жный
study (to) учи́ться, изуча́ть, зани-
  ма́ться
study кабине́т (room), эски́з, этю́д
  (sketch)
stuff (to) набива́ть, заполня́ть
stuffing фарш
stuffy ду́шный
stumble (to) спотыка́ться
stun (to) оглуша́ть
stunt по́двиг
stupendous изуми́тельный
stupid глу́пый, тупо́й
stupidity глу́пость (f.)
stupor оцепене́ние
sturdy си́льный, кре́пкий
stutter (to) заика́ться
style фасо́н, стиль (m.)
stylish мо́дный
subdue (to) подчиня́ть
subject те́ма, предме́т, сюже́т
  (theme)
subjugate (to) покоря́ть

submission подчинение
submissive покорный
submit (to) подчиняться
subordination подчинение
subscribe (to) подписывать(ся)
subscription подписка
subsequently затем, впоследствии
subsidiary филиал
subsist (to) существовать
substance сущность (f.), содержание
substantial реальный, значительный, фундаментальный
substitute (to) замещать (for)
substitute заместитель (m.)
substitution замена
subtle тонкий
subtract (to) вычитать
subtraction вычитание
suburb пригород
subway метро, тоннель
succeed (to) наследовать (to title or office), удаться, достигать цели
success удача, успех
successful удачный, успешный
succession последовательность (f.)
  in succession подряд
successor наследник
such такой, этакий
sudden внезапный, неожиданный
suddenly вдруг
suddenness неожиданность (f.)
suffer (to) страдать, терпеть (endure)
suffering страдание
suffice (to) хватать
sufficient достаточно
sugar сахар
  sugar bowl сахарница
suggest (to) предлагать
suggestion предложение
suicide самоубийство
suit костюм
suitable подходящий
sulfur сера
sulk (to) дуться
sullen угрюмый
sum сумма
summary конспект
summer лето, летний (adj.)
summit вершина
summon (to) вызывать
sumptuous роскошный, пышный
sum up (to) резюмировать
sun солнце (n.)
sunburn загар
Sunday воскресенье
sunny солнечный
sunrise восход
sunset заход, закат
suntan загар
superb прекрасный

superficial поверхностный
superfluous излишний, лишний
superior верхний, лучший
superiority превосходство, первенство
superstition суеверие
supervise (to) наблюдать
supper ужин
  to eat supper ужинать
supplement добавление, прибавка
supplementary дополнительный
supply (to) снабжать
supply запас
support (to) поддерживать, содержать
support поддержка
suppose (to) полагать, предполагать
supposition предположение
supreme верховный, высший
suppress (to) подавлять
sure верный, уверенный
surely конечно, наверно
surface поверхность (f.)
surgeon хирург
surgery хирургия
surmise (to) догадываться
surmount (to) преодолевать
surname фамилия
surpass (to) превосходить
surplus излишек
surprise (to) удивлять(ся) (be surprised)
surprise сюрприз
surprising удивительный
surrender(to) сдаваться
surround (to) окружать
surroundings окрестности
survey (to) осматривать
survey осмотр, обзор (review), опрос
survive (to) пережить
susceptibility впечатлительность (f.)
susceptible впечатлительный
suspect (to) подозревать
suspense неизвестность (f.)
suspicion подозрение
suspicious подозрительный
sustain (to) выдерживать
swallow (to) глотать
swallow глоток
swamp болото
swarthy смуглый
swear (to) клясться, ругаться
sweat (to) потеть
sweat пот
sweater свитер
Swedish шведский
sweep (to) подметать
sweet сладкий
sweetness сладость (f.)
swell (to) пухнуть, опухать

swift быстрый, скорый
swim (to) плавать
swimming плавание
swimming trunks (pl.) плавки
swindle (to) обманывать
swindler мошенник, жулик
swing качать
swinging качание
Swiss швейцарский
switch выключатель (m.)
sword меч
swordfish меч-рыба
syllable слог
symbol символ
symbolic символический
symmetrical симметричный
sympathize (to) сочувствовать
sympathizer сочувствующий
sympathy сочувствие
symphony симфония
symposium симпозиум
symptom симптом, признак
synagogue синагога (f.)
synthetic искусственный
syringe шприц
syrup сироп
system система, строй (order)
systematic методический, система-
    тический

T

table стол, таблица
  to set the table накрыть стол
tablespoon столовая ложка
tablecloth скатерть
taciturn молчаливый
tact деликатность (f.), такт
tactfully тактично
tactless бестактный
tail хвост
tailor портной
take (to) брать, принимать (medi-
    cine, advice)
  to take away убрать
  to take leave прощаться
  to take off снимать
tale история, рассказ
talent талант
talk (to) говорить (in general),
    разговаривать
to talk over переговорить
talk беседа, разговор
talkative разговорчивый
tall большой, высокий
tame (to) приручать
tame ручной
tangle (to) запутывать
tank бак, танк (military)
tank top майка

tap стук
tape тесьма, лента, плёнка
  tape recorder магнитофон
tar дёготь
tardy поздний
target цель (f.)
tarnish (to) тускнеть
task задание
taste (to) пробовать
taste вкус
tasteless безвкусный
tasty вкусный
tax налог
taxi такси (not declined)
tea чай (m.)
  teapot чайник
  teaspoon чайная ложка
teach (to) преподавать, учить
teacher преподаватель, -ница;
    учитель, -ница
team бригада (work), команда (sport)
tear (to) (cut) рвать, срывать
tear слеза (teardrop)
tease (to) дразнить
technical технический
  technical school техникум
technician техник
technique техника
tedious скучный
teenager подросток
teeth зубы
telegram телеграмма
telegraph (to) телеграфировать
telephone (to) звонить по телефону
telephone телефон
telescope телескоп
television телевидение
  television series телесериал
  television set телевизор
  television show host ведущий
    телепередачи
tell (to) рассказывать
temper темперамент, нрав
  to lose one's temper выйти из
    себя
temperate умеренный
temperature температура
tempest буря
temple висок (part of body), храм
temporary временный
tempt (to) привлекать, соблазнять
temptation искушение
ten десять
tenacious упорный, цепкий
tenacity упорство воли, цепкость
tendency тенденция
tender ласковый, нежный, чувст-
    вительный (feeling)
tennis теннис
  to play tennis играть в теннис
tense напряжённый, время (noun)
    (grammar)

tension напряже́ние
tent пала́тка
tentative про́бный, усло́вный
tenth деся́тый
tepid теплова́тый
term срок, семе́стр (school)
terminal заключи́тельный,
 коне́чный, вокза́л (noun)
terrible гро́зный, стра́шный,
 ужа́сный
terrify (to) ужаса́ть(ся)
territory террито́рия
terror у́жас
test о́пыт, про́ба
testify (to) свиде́тельство
testimony доказа́тельство
text текст
textbook уче́бник
than чем
thank (to) благодари́ть
 Thank you. Спаси́бо.
 Thanks a lot. Большо́е спаси́бо.
 thanks to благодаря́ тому́
thankful благода́рный
that (conj.) тот (та, то), что (conj.)
 in order that что́бы
 that is то́ есть (т. е.)
thaw (to) та́ять
the—no article in Russian
theater теа́тр
 theater notice реце́нзия
theatrical театра́льный
theft кра́жа
their, theirs их
them их, им
theme те́ма
themselves са́ми
then пото́м, тогда́, то
theory тео́рия
there там (location), туда́ (direction)
 from there отту́да
thereafter с э́того вре́мени
thereby посре́дством э́того
therefore поэ́тому, сле́довательно
thermometer термо́метр
these э́ти
thesis диссерта́ция, те́зис
they они́
thick густо́й (**dense**), то́лстый
thief вор
thigh бедро́
thimble напёрсток
thin худо́й
 to grow thin худе́ть
thing вещь (f.), шту́ка
think (to) ду́мать, мы́слить
 to think over обду́мывать, проду́-
 мать
third тре́тий
thirst жа́жда
thirteen трина́дцать
thirteenth трина́дцатый

thirtieth тридца́тый
thirty три́дцать
this э́тот (э́та, э́то)
 this is э́то
thorn колю́чка, шип
thorough по́лный, соверше́нный
thoroughfare прое́зд
though хотя́
thought мысль (f.)
thoughtful внима́тельный, забо́т-
 ливый
thoughtless легкомы́сленный,
 необду́манный
thousand ты́сяча
thousandth ты́сячный
thrash (to) бить
thread ни́тка
threat угро́за
threaten (to) угрожа́ть
threatening гро́зный
three три
threshold поро́г
thrift бережли́вость (f.)
thrifty бережли́вый
thrill глубо́кое волне́ние, тре́пет
thrive (to) процвета́ть
thriving цвету́щий
throat го́рло
throb (to) си́льно би́ться
throne престо́л, трон
throng толпа́
through сквозь (acc.), че́рез (acc.)
throughout наскво́зь
throw (to) броса́ть(ся)
 to throw out выбра́сывать
thumb большо́й па́лец
thunder (to) греме́ть
thunder гром
thunderstorm гроза́
Thursday четве́рг
thus так, таки́м о́бразом
ticket биле́т
 ticket window ка́сса
tickle (to) щекота́ть
ticklish щекотли́вый (issue)
tide морско́й прили́в (incoming), и
 отли́в (receding)
tidiness аккура́тность (f.)
tidy аккура́тный
tie (to) свя́зывать
tie связь (f.) (bond), га́лстук
 (necktie)
tiger тигр
tight те́сный, у́зкий
till до (gen.)
timber лесоматериа́л
time вре́мя, раз (occasion)
 It is time to go. Пора́ идти́.
 on time во́время
 to have time успе́ть
 What time is it? Кото́рый час?
timepiece часы́ (m., pl.)

timid ро́бкий
timidity ро́бость (f.)
tin о́лово
tiny о́чень ма́ленький
tip ко́нчик
  to give a tip дать на чай
tipsy пья́ный
tire (to) устава́ть, утомля́ть(ся)
tire ши́на
tired уста́лый
tireless неутоми́мый
tiresome надое́дливый, ску́чный
title загла́вие, назва́ние
to в(асс.), к (dat.), на (асс.)
toast тост
tobacco таба́к
today ны́не, сего́дня
toe па́лец
toenail но́готь (m.)
together вме́сте (adv.)
  to draw together сближа́ться
toil труди́ться
toilet туале́т, убо́рная
token знак
tolerable сно́сный
tolerance терпи́мость (f.)
tolerant терпи́мый
tolerate (to) выноси́ть, терпе́ть
tomato помидо́р
tomb моги́ла
tomorrow за́втра
ton то́нна
tone тон
tongue язы́к
tonight сего́дня ве́чером
too то́же (also), сли́шком, чересчу́р
  (much)
tool инструме́нт, ору́дие
tooth зуб
  toothbrush зубна́я щётка
  toothpaste зубна́я па́ста
top верши́на, верх
torch фа́кел
torment (to) му́чить
torment му́ка, муче́ние
torture (to) пыта́ть, му́чить
torture пы́тка, муче́ние
toss (to) кида́ть
total це́лое
totally соверше́нно
touch (to) тро́гать
touching тро́гательный
touchy оби́дчивый, чувстви́тельный
tough жёсткий
tour (to) путеше́ствовать
tour путеше́ствие, объе́зд
tourist тури́ст
tournament турни́р
toward к (dat.)
towel полоте́нце
tower ба́шня
town го́род

toy игру́шка
trace (to) черти́ть (draw), просле-
  ди́ть
trace след
track след
tractor тра́ктор
trade торго́вля
tradition тради́ция
traditional традицио́нный
traffic движе́ние
tragedy траге́дия
tragic траги́ческий
train (to) воспи́тывать, трениро-
  ва́ть
train по́езд
training воспита́ние, трениро́вка
trait черта́
traitor изме́нник
trample (to) топта́ть
tranquil споко́йный
tranquillity споко́йствие
transaction сде́лка, де́ло
transfer (to) переноси́ть, переда-
  ва́ть
transform (to) преобража́ть
transformation преображе́ние
transgress (to) переступа́ть
transit прохо́д, прое́зд, перехо́д
transitional перехо́дный
translate (to) переводи́ть
translation перево́д
translator перево́дчик
transmission переда́ча
transmit (to) передава́ть
transparent прозра́чный
transport (to) перевози́ть
transportation перево́зка; пути́
  сообще́ния
trap (to) лови́ть
trap лову́шка
trash отбро́сы, му́сор
  trash can ведро́ (с му́сором)
travel (to) путеше́ствовать
travel путеше́ствие
traveler путеше́ственник, пу́тник
tray подно́с
treacherous преда́тельскийs
treachery преда́тельство
treason изме́на
treasure (to) дорожи́ть
treasure драгоце́нность
treasurer казначе́й
treasury госуда́рственное казна-
  че́йство
treat (to) обраща́ться, относи́ться
  to treat medically лечи́ть
treat наслажде́ние
treatment обраще́ние, обрабо́тка
treaty догово́р
tree де́рево
tremble (to) трепета́ть
trembling трепета́ние
tremendous грома́дный

trend направле́ние, тече́ние (direction)
trial про́ба, суд
triangle треуго́льник
tribe пле́мя
tribute дань (f.)
trick фо́кус
trifle ме́лочь
  a trifle немно́жко
trifling пустя́чный
trim (to) подстрига́ть (hair), украша́ть (decorate)
trimming украше́ние
trip (to) споткну́ться
trip путь, экску́рсия
triple тройно́й
triumph (to) победи́ть (win), торжествова́ть
triumph торжество́, триу́мф
trivial тривиа́льный
trolley bus тролле́йбус
tropical тропи́ческий
trot (to) е́хать ры́сью
trouble (to) беспоко́иться, хлопота́ть
trouble беда́, забо́та, хло́поты (fuss)
troubled беспоко́йный
trousers брю́ки
truck грузови́к
true ве́рный (faithful), пра́вильный (correct)
truly пои́стине, то́чно
trunk чемода́н, сунду́к
trust (to) ве́рить, доверя́ть
trust ве́ра, дове́рие
trustworthy надёжный
truth и́стина, пра́вда
truthful правди́вый
try (to) про́бовать, пыта́ться, стара́ться, суди́ть (in court)
  to try on примеря́ть
T-shirt футбо́лка
Tuesday вто́рник
tumble (to) па́дать
tumult шум и кри́ки
tune мело́дия
tunnel тунне́ль
turban тюрба́н
turkey индю́к
turmoil сумато́ха
turn (to) повора́чивать(ся)
  to turn around перевора́чиваться
  to turn out получа́ться
  to turn pages перели́стывать
turn поворо́т (rotation), о́чередь (chance)
twelfth двена́дцатый
twelve двена́дцать
twentieth двадца́тый
twenty два́дцать
twice два́жды, вдво́е
twilight полусве́т, су́мрак

twin двойно́й
twins близнецы́
twist (to) крути́ть
two два (m.), две (f.)
type (to) печа́тать
typewriter пи́шущая маши́нка
typical характе́рный
typist машини́стка
tyranny деспоти́зм
tyrant тира́н, де́спот

U

ugly безобра́зный
ultimate максима́льный
umbrella зо́нтик
umpire посре́дник, ре́фери, арби́тр
unable неспосо́бный, неуме́ющий
unaffected безыску́сственный
unanimous единогла́сный
unattainable недостижи́мый
unattractive некраси́вый
unaware неожи́данно
unbearable несно́сный, нестерпи́мый, невыноси́мый
unbelievable невероя́тный
unbreakable небью́щийся
unbutton (to) расстёгивать
uncertain неопределённый (indefinite), неуве́ренный (unsure)
uncle дя́дя
uncomfortable неудо́бный
uncommon ре́дкий
unconscious бессозна́тельный
unconsciousness беспа́мятство
uncover (to) раскрыва́ть
undecided нерешённый
undeniable несомне́нный
under под (inst.—location; acc. direction)
underestimate (to) недооце́нивать
undergo (to) испы́тывать
underline (to) подчёркивать
underneath под (under)
understand (to) понима́ть
understandable поня́тный
understanding соглаше́ние, понима́ние
  to come to an understanding договори́ться
undertake (to) предпринима́ть
undertaker гробовщи́к
underwear ни́жнее бельё
undeserved незаслу́женный
undesirable нежела́тельный
undo (to) развя́зывать
undoubtedly безусло́вно
undress (to) раздева́ть(ся)
uneasiness трево́га
uneasy неспоко́йный

uneducated необразо́ванный

unemployed неза́нятый, безрабо́тный

unemployment безрабо́тица

unequal нера́вный

uneven неро́вный

unexpectedly неожи́данно

unfair несправедли́вый

unfaithful неве́рный

unfavorable отрица́тельный

unfeeling бесчу́вственный

unfinished недоко́нченный

unforeseen непредви́денный

unforgettable незабыва́емый

unfortunate несча́стный, неуда́чный

unfortunately к сожале́нию

unfriendly недружелю́бный

ungentlemanly непоря́дочный

ungraceful неграцио́зный

ungrateful неблагода́рный

unhappy несчастли́вый, несча́стный

unharmed невреди́мый

unhealthy боле́зненный

unheard of неслы́ханный

uniform фо́рма (noun), однообра́зный (adj.)

uniformity единообра́зие

unify (to) объединя́ть

unimportant нева́жный

unintentionally нево́льно

union сою́з, соедине́ние

unit едини́ца, едини́ца измере́ния

unite (to) соединя́ть

united соединённый

United States Соединённые Шта́ты

universal универса́льный

universe ко́смос

university университе́т

unjust несправедли́вый

unkind недо́брый

unknown неизве́стный

unlawful беззако́нный

unless е́сли…не

unlike неправдоподо́бный, непохо́жий

unlimited неограни́ченный

unlock (to) отпира́ть

unlocked о́тпертый

unluckily к сожале́нию

unmarried нежена́тый, холосто́й (of men), незаму́жняя (of women)

unmerciful немилосе́рдный

unnatural неесте́ственный

unnecessary нену́жный

unoccupied неза́нятый, свобо́дный

unpack (to) раскла́дываться

unpleasant неприя́тный

unpleasantness неприя́тность (f.)

unprecedented небыва́лый

unprofitable недохо́дный

unprotected беззащи́тный

unpublished неи́зданный

unquestionably несомне́нно, бесспо́рно

unravel (to) распу́тывать

unreal ненастоя́щий

unreasonable неразу́мный

unreliable ненадёжный

unrestrained несде́ржанный

unripe незре́лый

unroll (to) развёртывать

unsafe опа́сный

unsatisfactory неудовлетвори́тельный

unsatisfied неудовлетворённый

unscrupulous бессо́вестный

unselfish бескоры́стный

unsociable нелюди́мый

unsophisticated простоду́шный

unsteady неусто́йчивый

unsuccessful неуда́чный

unsuitable неподходя́щий

untidy неаккура́тный

untie (to) развя́зывать

until до (gen.)

untrue ло́жный, непра́вильный, неве́рный (faithless)

unusual необыкнове́нный

unwell нездоро́вый

unwilling нескло́нный

unwillingly неохо́тно, не́хотя

unwise неблагоразу́мный

unworthy недосто́йный

up, upward наве́рх

uphold (to) подде́рживать

upkeep содержа́ние

upper ве́рхний

upright прямо́й

uprising восста́ние

upset (to) опроки́дывать, беспоко́ить

upside down вверх дном

upstairs наверху́

urge (to) наста́ивать на, убежда́ть

urgency настоя́тельность (f.)

urgent насто́йчивый, спе́шный

us нас, нам

use (to) по́льзоваться, употребля́ть

use по́льза, употребле́ние

used to (to become) привыка́ть

useful поле́зный

useless бесполе́зный

usual обыкнове́нный

usually обыкнове́нно, обы́чно

utility поле́зность (f.), вы́годность (f.)

utilize (to) испо́льзовать

utmost са́мый отдалённый, кра́йний

utter (to) произноси́ть

utterly чрезвыча́йно

V

vacant незанятый, свободный
vacation отпуск, каникулы
vaccination прививка
vacuum (to) пылесосить
vacuum пустота
vacuum cleaner пылесос
vaguely неотчётливо, смутно
vain тщеславный
  in vain напрасно, даром, тщетно
valiant храбрый
valid действительный, имеющий
  силу
validity действительность (f.)
valise чемодан
valley долина
valuable ценный
value (to) ценить
value ценность (f.)
valve вентиль, клапан
vanilla ваниль
vanish (to) исчезать
vanity суета
vanquish (to) побеждать
vapor пар
variable изменчивый, переменный
variation изменение, вариация
varied различный
variety разнообразие
various разный, разнообразный
varnish (to) лакировать
vary (to) менять (ся)
vase ваза
vast громадный
vault сейф
VCR видеомагнитофон
veal телятина
vegetables зелень, овощи
vehicle повозка, телега
veil (to) закрывать покрывалом,
  скрывать (hide)
veil покрывало
vein вена
velvet бархат
venerable почтенный
venerate (to) благоговеть перед
  кем-либо
veneration почитание
vengeance месть (f.)
ventilation проветривание, венти-
  ляция
ventilator вентилятор
venture (to) рисковать
verb глагол
verbal устный
verdict приговор, осуждение
verge край
verification подтверждение
verify (to) проверять
versatile многосторонний

verse стих
version перевод (translation), версия
vertical вертикальный
very очень
vest жилет
vexation досада
vibrate (to) вибрировать
vibration вибрация
vice порок
vice versa наоборот
vicinity близость (f.), окрестности
vicious злой
victim жертва
victorious победоносный
victory победа
video видео
view вид
viewpoint подход, точка зрения
vigorous энергичный
vile подлый
village село, деревня
villain подлец
vinegar уксус
violate (to) преступать
violation нарушение
violence насилие
violent бешеный
violet фиалка
violet фиолетовый (color)
violin скрипка
violinist скрипач
virtue добродетель, качество
virtuous добродетельный
visa виза
visible видимый
vision зрение
visit (to) посещать
visit визит, посещение
visitor гость, посетитель (m.)
visual зрительный
vital жизненный, роковой
vitality жизненность (f.)
vitamin витамин
vivacious живой
vivid яркий
vocabulary словарь (m.), запас
  слов
vocal голосовой
vocation призвание
vodka водка
vogue мода
voice голос
void пустота (noun), пустой,
  недействительный (invalid)
volt вольт
volume том
voluntary добровольный
volunteer доброволец
vote (to) голосовать
vote голос
vow клятва
vowel гласный

voyage путешéствие
vulgar грýбый, вульгáрный
vulnerable уязви́мый

W

wager (to) держáть пари́
wager пари́
wages зарплáта
waist тáлия
wait (to) ждать
  to wait for (expect) ожидáть
  waiting room приёмная
waiter официáнт, -ка
wake up (to) просыпáться
walk (to) идти́, ходи́ть
walk прогýлка
wall стенá
wallet бумáжник
waltz вальс
wander (to) броди́ть
want (to) хотéть
want недостáток (lack), нуждá (need)
war войнá
wardrobe шкаф, гардерóб
wares товáры, продýкты
warm (to) греть, согревáть
warm тёплый
warmth теплотá
warn (to) предупреждáть
warning предупреждéние
wash (to) мыть (ся), умывáть(ся),
  стирáть (clothes)
wast to расточáть
waste products отхóды
wasteful нерасчётливый
watch (to) наблюдáть, сторожи́ть
watch часы́ (pl.)
watchful бди́тельный
watchman стóрож
water водá
waterfall водопáд
water color акварéль (f.)
watermelon арбýз
waterproof водонепроницáемый
wave to махáть
wave волнá
wax воск
way дорóга, путь (road) спóсоб
  (manner)
we мы
weak слáбый, бесси́льный
weaken (to) слабéть, ослаблять
weakness слáбость (f.)
wealth богáтство
wealthy богáтый
weapon орýжие
wear (to) носи́ть
weariness устáлость (f.), утомлéние
wearing утоми́тельный

weary устáлый, утомлённый
weary (to) уставáть
weather погóда
weave (to) ткать
web ткань, паути́на
wedding свáдьба
Wednesday средá
weed сóрная травá
week недéля
weekend конéц недéли
weekly еженедéльный
weep (to) плáкать
weigh (to) взвéшивать (ся)
weight вес
welcome (to) привéтствовать
  Welcome! Добрó пожáловать!
welcome привéтствие, рáдушный
  приём
welfare благосостоя́ние
well хорошó, благополýчно
well-read начи́танный
west зáпад
western зáпадный
westward на зáпад
wet мóкрый
what как, что
  what a, what kind of какóй
wheel колесó
when когдá
whenever когдá бы ни
where где, кудá
  where... from откýда
whereas так как
whether ли
  I don't know whether he is here.
  Я не знáю, здесь ли он.
which котóрый (ая, ое, ые)
whichever какóй угóдно, какóй бы
  ни
while покá
whim капри́з
whiskers усы́
whisper (to) шептáть
  in a whisper шёпотом
whistle (to) свистéть
whistle свист, (sound), свистóк
  (device to be blown)
white бéлый
who кто, котóрый (inter. pron.)
whole весь (вся, всё, все), цéлый
  as a whole в цéлом, целикóм
wholesale óптом
wholesome здорóвый, полéзный
wholly вполнé
whom когó, комý, о ком
whose чей (чья, чьё, чьи)
why почемý, зачéм
wicked злой
wide широ́кий, нáстежь (adv.)
widen (to) расширять
widow вдовá
widower вдовéц

width ширина
wife жена
wild дикий
wilderness пустыня, дикое место
will воля, завещание (legal)
willing готовый
willingly охотно
win (to) выиграть, побеждать
 (a victory)
wind (to) виться
wind ветер
window окно
wind-surfing виндсерфинг
windy ветреный
wine вино
 wineglass рюмка, бокал
wing крыло
wink (to) мигать
winter зима
wipe (to) вытирать, уничтожать
 (wipe out)
wire проволока, провод
wisdom мудрость (f.)
wise мудрый
wish (to) желать
wish желание
wit ум, разум
witch ведьма
with с (inst.)
wither (to) вянуть, сохнуть
within внутри (adv. and prep.,
 gen.)
without без (gen.), снаружи (adv.),
 (outside)
 without fail непременно,
 обязательно
witness (to) быть свидетелем
witness свидетель (m.)
witty остроумный
woe горе
wolf волк
woman женщина
wonder (to) желать знать, удив-
 ляться (be surprised)
wonder чудо, удивление (surprise)
wonderful изумительный, чуд-
 ный
wood дерево
wooden деревянный
woods лес
wool шерсть
woolen шерстяной
word слово
work (to) работать
work труд, работа, сочинение
 (composition)
worker рабочий
works (plant) завод
world мир, свет
 world outlook мировоззрение
wordly светский
worried озабоченный, издёрганный

worry (to) беспокоить (ся)
 Don't worry. Не беспокойтесь.
worry тревога, забота
worse хуже
worship (to) бывать в церкви,
 молиться (pray), обожать (adore)
worst наихудший
worth цена, достоинство
worthless негодный, недостойный
worthy достойный
wound (to) ранить
wound рана
wounded раненый
wrap (to) обёртывать, завёртывать
wrath гнев, ярость
wreck (to) разрушать
wreck авария, крушение
wrench (tool) гаечный ключ
wretched жалкий, несчастный
wring (to) выжимать, скручивать
wrinkle складка, морщина
 (facial)
write (to) писать
writer писатель (m.)
writing писание (noun), письменный (adj.)
 in writing письменно
wrong неправильный

X

X-rays рентгеновские лучи

Y

yacht яхта
yard двор (courtyard)
yarn нить
yawn (to) зевать
yawn зевота
year год
 years лета
yearly ежегодный
yearn (to) тосковать
yearning тоска, желание
yeast дрожжи
yell (to) кричать
yellow жёлтый
yes да
yesterday вчера
yet ещё
yield (to) производить
yield (harvest) урожай
you вы, ты (pl. and polite, sing.)
 вас, тебя (acc. pl. and polite, sing.),
 вам, тебе (dat. pl. and polite, sing.)
young молодой
younger младший

your, yours ваш (а, е, и) (pl. and
polite), твой (твоя́, твоё, твой)
(sing.)
youth ю́ность (f.), молодёжь (f.,
coll.) (young people), ю́ность (f.)
(early years)

zero нуль
zinc цинк
zipper застёжка-мо́лния
zone зо́на, по́яс
zoo зоопа́рк
zoology зооло́гия

Z

zeal усе́рдие
zealous усе́рдный

GLOSSARY OF GEOGRAPHICAL NAMES

Adriatic Sea Адриати́ческое мо́ре
Africa А́фрика
Alaska Аля́ска
Albania Алба́ния
Algeria Алжи́р
Alps, The Альпы
America Аме́рика
Arabia Ара́вия
Argentina Аргенти́на
Asia А́зия
Astrakhan Астраха́нь
Atlantic Ocean Атланти́ческий океа́н
Australia Австра́лия
Austria А́встрия
Azerbaijan Азербайджа́н
Baikal (Lake) Байка́л
Baku Баку́
Belgium Бе́льгия
Black Sea Чёрное мо́ре
Bonn Бонн
Boston Бо́стон
Brazil Брази́лия
Brussels Брюссе́ль
Bulgaria Болга́рия
Belarus Белору́ссия
Carpathian Mountains, The Карпа́тские го́ры
Caspian Sea Каспи́йское мо́ре
Caucasus (Mountains), The Кавка́з
Chicago Чика́го
Chile Чи́ли
China Кита́й
Commonwealth of Independent States Содру́жество Незави́симых Госуда́рств
Copenhagen Копенга́ген
Crimea Крым
Czech Republic Че́хия
Danube (River) Дуна́й
Denmark Да́ния
Detroit Детро́йт
Dnieper (River) Днепр
Don (River) Дон
Egypt Еги́пет
England А́нглия
English Channel Лама́нш
Europe Евро́па
Finland Финля́ндия
France Фра́нция
Geneva Жене́ва
Georgia Гру́зия
Germany Герма́ния
Great Britain Великобрита́ния
Hamburg Га́мбург
Helsinki Хе́льсинки
Hungary Ве́нгрия
India И́ндия
Iran Ира́н
Iraq Ира́к

Ireland Ирла́ндия
Israel Изра́иль
Italy Ита́лия
Japan Япо́ния
Jerusalem Иерусали́м
Jordan Иорда́ния
Kiev Ки́ев
Korea Коре́я
London Ло́ндон
Los Angeles Лос-А́нджелес
Madrid Мадри́д
Magnitogorsk Магнитого́рск
Mediterranean Sea Средизе́мное мо́ре
Mexico Ме́ксика
Moscow Москва́
Munich Мю́нхен
Netherlands, The Нидерла́нды
Neva (River) Нева́
New-York Нью-Йо́рк
North America Се́верная Аме́рика
Norvay Норве́гия
Odessa Оде́сса
Pacific Ocean Ти́хий океа́н
Panama Canal Пана́мский кана́л
Paris Пари́ж
Philadelphia Филаде́льфия
Poland По́льша
Portugal Португа́лия
Pyrenees (Mountains) Пирене́и
Rhine (River) Рейн
Rocky Mountains Скали́стые го́ры
Rome Рим
Russia Росси́я
Saint Petersburg Санкт-Петербу́рг
San Francisco Сан-Франци́ско
Scotland Шотла́ндия
Seine (River) Се́на
Siberia Сиби́рь
Slovak Republic Слова́кия
South America Ю́жная Аме́рика
Spain Испа́ния
Stockholm Стокго́льм
Sweden Шве́ция
Switzerland Швейца́рия
Syria Си́рия
Tajikistan Таджикиста́н
Tashkent Ташке́нт
Tbilisi Тбили́си
Thames (River) Те́мза
Tokyo То́кио
Turkey Ту́рция
Ukraine Украи́на
United States of America Соединённые Шта́ты Аме́рики
Urals (Mountains) Ура́л
Vladivostok Владивосто́к
Volga (River) Во́лга
Volgograd Волгогра́д
Washington Вашингто́н
Yugoslavia Югосла́вия

GLOSSARY OF PROPER NAMES

Adelaide, Adelle Аделаи́да, Аде́ль
Agatha Ага́фья
Agnes Агне́са
Alexander Алекса́ндр
Alexandra Алекса́ндра
Alexei Алексе́й
Alfred Альфре́д
Alice Али́са
Amy Любо́вь
Anastasia Анастаси́я
Anatole Анато́лий
Andrew Андре́й
Anna Анна
Anthony Анто́н
Arthur Арту́р
Barbara Варва́ра
Boris Бори́с
Carl Карл
Catherine Екатери́на
Charlotte Шарло́тта
Claudia Кла́вдия
Constantine Константи́н
Daniel Дании́л
David Дави́д
Dimitry Дими́трий
Dorothy Дороте́я
Edward Эдуа́рд
Eleanore Элеоно́ра
Elias, Ilya Илья́
Elizabeth Елизаве́та
Eugene Евге́ний
Eva Ева
George Гео́ргий
Gregory Григо́рий
Helen Еле́на
Herman Ге́рман
Irene, Irina Ири́на
Jacob, Yakov Я́ков
John, Ivan Ива́н
Joseph Ио́сиф
Julia Юлия

Lawrence Лавре́нтий
Leo, Lou Ле́в
Leonid Леони́д
Louise, Louisa Луи́за
Ludmilla Людми́ла
Luke, Luka Лука́
Macar, Mark Мака́р
Margaret Маргари́та
Marie, Mary Мари́я
Marina Мари́на
Martha Ма́рфа
Matthew Матве́й
Maxim Макси́м
Michael Михаи́л
Nadezhda Наде́жда
Natalia Ната́лья
Nicholas, Nikolai Никола́й
Nikita Ники́та
Oleg Оле́г
Olga Ольга
Paul, Pavel Па́вел
Peter Пётр
Philip Фили́пп
Samuel Самуи́л
Sergei Серге́й
Simon Семён
Sofia Со́фья
Susan, Suzanna Суса́нна
Sviatoslaff Святосла́в
Theodore, Fyodor Фёдор
Thomas Фома́
Timothy Тимофе́й
Valentina Валенти́на
Valentine Валенти́н
Vera Ве́ра
Victor Ви́ктор
Vladimir Влади́мир
Walter Ва́льтер
William Вильге́льм
Zachary Заха́р